ANDREW CARNEGIE

TABLE DES MATIÈRES

Préface

Après s'être retiré des affaires actives, mon mari a cédé aux sollicitations sérieuses de ses amis, ici et en Grande-Bretagne, et a commencé à noter de temps en temps des souvenirs de ses débuts. Il s'est vite rendu compte, cependant, qu'au lieu des loisirs qu'il attendait, sa vie était plus occupée par les affaires que jamais auparavant, et la rédaction de ces mémoires était réservée à ses loisirs en Écosse. Chaque été, pendant quelques semaines, nous nous retirions dans notre petit bungalow sur les landes d'Aultnagar pour profiter de la vie simple, et c'est là que M. Carnegie écrivait le plus. Il aimait revenir à cette époque et, en écrivant, il la revivait. Il était ainsi occupé en juillet 1914, lorsque les nuages de la guerre ont commencé à s'amonceler, et lorsque la nouvelle fatidique du 4 août nous est parvenue, nous avons immédiatement quitté notre retraite dans les collines et sommes retournés à Skibo pour être plus au fait de la situation.

Ces mémoires s'arrêtent à ce moment-là. Désormais, il ne put plus s'intéresser aux affaires privées. Il fit plusieurs fois l'essai de continuer à écrire, mais s'avéra inutile. Jusqu'alors, il avait mené la vie d'un homme d'âge mûr - et jeune de surcroît - jouant au golf, pêchant, nageant chaque jour, faisant parfois les trois dans la même journée. Optimiste comme il l'avait toujours été et essayait de l'être, même face à l'échec de ses espoirs, le désastre du monde était de trop. Son cœur est brisé. Une grave attaque de grippe suivie de deux graves attaques de pneumonie ont précipité la vieillesse sur lui.

On a dit d'un contemporain décédé quelques mois avant M. Carnegie qu'"il n'aurait jamais pu supporter le fardeau de la vieillesse". La partie la plus inspirante de la vie de M. Carnegie, pour ceux qui ont eu le privilège de la connaître intimement, est peut-être la façon dont il a supporté le "fardeau de la vieillesse". Toujours patient, prévenant, joyeux, reconnaissant pour tout petit plaisir ou service, ne pensant jamais à lui-même, mais toujours à l'aube d'un jour meilleur, son esprit a brillé de plus en plus fort jusqu'à ce qu'"il n'était plus, car Dieu l'a pris."

Ces mots sont écrits de sa propre main sur la page de garde de son manuscrit : "Il est probable que l'on puisse tirer de ces mémoires la matière d'un petit volume que le public aurait envie de lire, et qu'un volume privé et plus important pourrait plaire à mes parents et amis. Beaucoup de ce que j'ai écrit de temps en temps peut, je pense, être judicieusement omis. Celui qui mettra en forme ces notes devra veiller à ne pas surcharger le public avec trop de choses. Il faut choisir un homme de cœur aussi bien que de tête."

Qui, alors, pourrait si bien remplir cette description que notre ami le professeur John C. Van Dyke ? Lorsqu'on lui a montré le manuscrit, il a fait remarquer, sans avoir lu la note de M. Carnegie, "Ce serait un travail d'amour que de préparer ceci pour la publication". Ici, donc, le choix était mutuel, et la manière dont il a accompli ce "travail" prouve la sagesse du choix - un choix fait et réalisé au nom d'une rare et belle amitié.

Louise Whitfield Carnegie
NewYork
16 avril 1920

Chapitre 1 : Les parents et l'enfance

SI L'HISTOIRE DE LA vie d'un homme, vraiment racontée, doit être intéressante, comme le dit un sage, ceux de mes parents et amis immédiats qui ont insisté pour avoir un récit de la mienne ne seront pas déçus outre mesure par ce résultat. Je peux me consoler en me disant qu'une telle histoire doit intéresser au moins un certain nombre de personnes qui m'ont connu, et que cette connaissance m'encouragera à poursuivre. Un livre de ce genre, écrit il y a des années par mon ami, le juge Mellon, de Pittsburgh, m'a donné tant de plaisir que je suis enclin à me ranger à l'avis du sage dont j'ai donné l'opinion ci-dessus ; car, certainement, l'histoire que le juge a racontée s'est avérée une source de satisfaction infinie pour ses amis, et doit continuer à influencer les générations successives de sa famille à bien vivre. Et ce n'est pas tout : pour certains, au-delà de son cercle immédiat, elle tient le rang de leurs auteurs préférés. Le livre contient une caractéristique essentielle de valeur - il révèle l'homme. Il a été écrit sans aucune intention d'attirer l'attention du public, étant destiné uniquement à sa famille. De la même manière, j'ai l'intention de raconter mon histoire, non pas comme quelqu'un qui se pavane devant le public, mais comme au milieu de mes gens et de mes amis, éprouvés et fidèles, à qui je peux parler avec la plus grande liberté, en sentant que même des incidents insignifiants peuvent ne pas être totalement dépourvus d'intérêt pour eux. Pour commencer, donc, je suis né à Dunfermline, dans le grenier d'une petite maison à un étage, à l'angle de Moodie Street et de Priory Lane, le 25 novembre 1835, et, comme on dit, "de parents pauvres, mais honnêtes, de bonne famille". Dunfermline était depuis longtemps connu comme le centre du commerce de damas en Écosse. Mon père, William Carnegie, était un tisseur de damas, le fils d'Andrew Carnegie dont je porte le nom. Mon grand-père Carnegie était bien connu dans tout le district pour son esprit et son humour, sa nature géniale et son esprit irrépressible. Il était à la tête des jeunes gens animés de son époque, et connus de loin comme le chef de leur joyeux club, le "Patiemuir College". À mon retour à Dunfermline, après une absence de quatorze ans, je me souviens avoir été abordé par un vieil homme à qui l'on avait dit que j'étais le petit-fils du "Professeur", titre que mon grand-père portait parmi ses amis. Il était l'image même de l'ancien paralysé ; "Son nez et son menton, ils l'ont menacé aussi." Alors qu'il traversait la pièce en titubant pour venir vers moi et poser sa main tremblante sur ma tête, il a dit : "Et vous êtes le petit-fils d'Andra Carnegie ! Eh, mon gars, j'ai vu le jour où ton grand-père et moi aurions pu faire sortir un homme raisonnable de ses gonds."

LIEU DE NAISSANCE D'ANDREW CARNEGIE

PLUSIEURS AUTRES PERSONNES âgées de Dunfermline m'ont raconté des histoires sur mon grand-père. Voici l'une d'entre elles : Une nuit de Hogmanay, une vieille femme, un personnage dans le village, étant surprise par un visage déguisé qui se glissait soudainement à la fenêtre, leva les yeux et après un moment de pause s'exclama, "Oh, c'est juste cet idiot d'Andra Carnegie". Elle avait raison ; mon grand-père, âgé de soixante-quinze ans, était en train d'effrayer ses amies vieilles dames, déguisées comme d'autres jeunes en ébats. Je pense que ma nature optimiste, ma capacité à me débarrasser des problèmes et à rire de la vie, en faisant "de tous mes canards des cygnes", comme le disent mes amis, doit avoir été héritée de ce vieux et charmant grand-père masqué dont je suis fier de porter le nom. Un tempérament enjoué vaut plus que la fortune. Les jeunes gens devraient savoir qu'elle peut être cultivée ; que l'esprit, comme le corps, peut passer de l'ombre au soleil. Alors, faisons-le. Riez des problèmes si possible, et on y arrive généralement si l'on est un tant soit peu philosophe, à condition que le reproche ne vienne pas de sa propre faute. Cela reste toujours. Il est impossible de se débarrasser de ces "taches maudites". Le juge intérieur siège à la Cour suprême et ne peut jamais être trompé. D'où la grande règle de vie que donne Burns : "Tu ne crains que ton propre opprobre." Cette devise adoptée au début de ma vie m'a plus apporté que tous les sermons que j'ai entendus, et je n'en ai pas entendu beaucoup, bien que je puisse admettre une certaine ressemblance avec mon vieil ami Baillie Walker dans mes années de maturité. Interrogé par son médecin sur son sommeil, il répondit qu'il était loin d'être satisfaisant, qu'il était très éveillé, ajoutant avec un clin d'œil : "Mais je m'endors un peu à la kirk de temps en temps." Du côté de ma mère, le grand-père était encore plus marqué, car mon grand-père Thomas Morrison était un ami de William Cobbett, un collaborateur de son "Register", et entretenait une correspondance constante avec lui. Au moment où j'écris ces lignes, à Dunfermline, des hommes âgés qui ont connu le grand-père Morrison parlent de lui comme de l'un des meilleurs orateurs et des hommes les plus capables qu'ils aient connus. Il était l'éditeur de "The Precursor", une petite édition, pourrait-on dire, du "Register" de Cobbett, et on pense qu'il a été le premier journal radical d'Écosse. J'ai lu certains de ses écrits et, compte tenu de l'importance accordée aujourd'hui à l'enseignement technique, je pense que le plus remarquable d'entre eux est un pamphlet qu'il a publié il y a soixante-dix ans, intitulé "Head-ication versus Hand-ication". Il insiste sur l'importance de cette dernière d'une manière qui ferait honneur au plus ardent défenseur de l'enseignement technique d'aujourd'hui. Il se termine par ces mots : "Je remercie Dieu d'avoir appris dans ma jeunesse à fabriquer et à réparer des chaussures". Cobbett l'a publié dans le "Register" en 1833, en faisant la remarque suivante : "L'une des communications les plus précieuses jamais publiées dans le "Register" sur ce sujet est celle de notre estimé ami et correspondant en Écosse, Thomas Morrison, qui figure dans ce numéro". Il semble donc que mes propensions à la gribouille soient héritées des deux côtés, car les Carnegie étaient aussi des lecteurs et des penseurs. Mon grand-père Morrison était un orateur né, un politicien passionné, et le chef de l'aile avancée du parti radical dans le district - une position que son fils, mon oncle Bailie Morrison, a occupée en tant que son successeur. Plus d'un Écossais bien connu en Amérique a fait appel à moi pour serrer la main du "petit-fils de Thomas Morrison". M. Farmer, président de la Cleveland and Pittsburgh Railroad Company, m'a dit un jour : "Je dois tout ce que j'ai de savoir et de culture à l'influence de votre grand-père" ; et Ebenezer Henderson, auteur de la remarquable histoire de Dunfermline, a déclaré qu'il devait en grande partie son avancement dans la vie au fait heureux qu'il était entré au service de mon grand-père lorsqu'il était enfant. Je n'ai pas traversé la vie sans recevoir quelques compliments, mais je pense qu'aucun compliment ne m'a jamais fait autant plaisir que celui-ci, écrit par un journaliste de Glasgow, qui avait assisté à un discours sur le Home Rule en Amérique que j'avais prononcé à Saint Andrew's Hall. Le correspondant écrivait que l'on parlait alors beaucoup en Écosse de moi et de ma famille, et en particulier de mon grand-père Thomas Morrison, et il poursuivait en disant : "Jugez de ma surprise lorsque j'ai trouvé dans le petit-fils sur l'estrade, dans ses manières, ses gestes et son apparence, un parfait fac-similé du Thomas Morrison d'autrefois". Ma surprenante ressemblance avec mon grand-père, que je ne me souviens pas d'avoir jamais vu, ne peut être mise en doute, car je me souviens bien, lors de mon premier retour à Dunfermline dans ma vingt-septième année, alors que j'étais assis sur un sofa avec mon oncle Bailie Morrison, que ses grands yeux noirs se remplirent de larmes. Il ne pouvait pas parler et s'est précipité hors de la pièce, bouleversé. Il revint un peu plus tard et expliqua que quelque chose en moi lui faisait penser de temps en temps à son père, qui disparaissait instantanément, mais revenait par intervalles. Il s'agissait d'un geste, mais il n'a pas pu en déterminer la nature exacte. Ma mère remarquait continuellement en moi certaines des particularités de mon grand-père. La doctrine des tendances héréditaires est prouvée chaque jour et chaque heure, mais combien subtile est la loi qui transmet le geste, quelque chose comme au-delà du corps matériel. J'ai été profondément impressionné. Mon grand-père Morrison a épousé Miss Hodge, d'Édimbourg, une dame instruite, bien élevée et bien placée, qui est morte alors que la famille était encore jeune. À cette époque, il était en bonne situation, marchand de cuir et tanneur à Dunfermline ; mais la paix qui suivit la bataille de Waterloo l'entraîna dans la ruine, comme des milliers d'autres ; ainsi, alors que mon oncle Bailie, le fils aîné avait été élevé dans ce qu'on pourrait appeler le luxe, car il avait un poney à monter, les plus jeunes membres de la famille connurent des jours plus difficiles. La deuxième fille, Margaret, était ma mère, dont je ne peux me permettre de parler longuement. Elle a hérité de sa mère la dignité, le raffinement et l'air de la dame cultivée. Peut-être pourrai-je un jour parler au monde de cette héroïne, mais j'en doute. J'estime qu'elle est sacrée pour moi et qu'il n'appartient pas aux autres de la connaître. Personne ne pourra jamais la connaître vraiment - je suis le seul à l'avoir fait. Après la mort précoce de mon père, elle était toute à moi. La dédicace de mon premier livre raconte l'histoire. C'était : "À mon héroïne préférée, ma mère."

ABBAYE DE DUNFERMLINE

FORTUNÉ DANS MES ANCÊTRES, je l'étais suprêmement dans mon lieu de naissance. Le lieu de naissance est très important, car différents environnements et traditions attirent et stimulent différentes tendances latentes chez l'enfant. Ruskin observe avec sincérité que chaque garçon brillant d'Édimbourg est influencé par la vue du château. Il en est de même pour l'enfant de Dunfermline, par sa noble abbaye, la Westminster d'Écosse, fondée au début du XIe siècle (1070) par Malcolm Canmore et sa reine Margaret, la sainte patronne de l'Écosse. Les ruines du grand monastère et du palais où sont nés les rois sont encore debout, et là aussi se trouve Pittencrieff Glen, qui englobe le sanctuaire de la reine Margaret et les ruines de la tour du roi Malcolm, par laquelle commence la vieille ballade de "Sir Patrick Spens" : "Le roi est assis dans la tour de Dunfermline, buvant le vin rouge bluid." Le tombeau de Bruce se trouve au centre de l'abbaye, celui de Sainte Margaret est tout proche, et de nombreux membres de la famille royale dorment tout autour. Heureux, en effet, l'enfant qui voit pour la première fois la lumière dans cette ville romantique, qui occupe un terrain élevé à trois miles au nord du Firth of Forth, surplombant la mer, avec Édimbourg en vue au sud, et au nord les sommets des Ochils clairement en vue. Tout rappelle encore le puissant passé où Dunfermline était la capitale de l'Écosse, tant sur le plan national que religieux. L'enfant qui a le privilège de se développer dans un tel environnement absorbe la poésie et le romantisme avec l'air qu'il respire, assimile l'histoire et la tradition en regardant autour de lui. Ces lieux deviennent pour lui le monde réel de l'enfance - l'idéal est le réel omniprésent. Le réel est encore à venir lorsque, plus tard dans sa vie, il est lancé dans le monde quotidien de la dure réalité. Même à ce moment-là, et jusqu'à son dernier jour, les premières impressions demeurent, parfois pour de courtes périodes, disparaissant parfois, mais seulement apparemment chassées ou supprimées. Elles se lèvent et reviennent sans cesse sur le devant de la scène pour exercer leur influence, élever sa pensée et colorer sa vie. Aucun enfant brillant de Dunfermline ne peut échapper à l'influence de l'abbaye, du palais et du Glen. Ils le touchent et enflamment l'étincelle latente en lui, faisant de lui quelque chose de différent et au-delà de ce qu'il serait devenu s'il n'était pas né heureux. C'est dans ces conditions inspirantes que mes parents étaient également nés, d'où, je n'en doute pas, la puissance de l'esprit romantique et poétique qui les imprégnait tous deux. Lorsque mon père a réussi dans le domaine du tissage, nous avons quitté Moodie Street pour une maison beaucoup plus spacieuse dans Reid's Park. Les quatre ou cinq métiers à tisser de mon père occupaient l'étage inférieur ; nous résidions dans l'étage supérieur, auquel on accédait, selon un mode courant dans les vieilles maisons écossaises, par un escalier extérieur partant du trottoir. C'est ici que commencent mes souvenirs les plus anciens et, curieusement, la première trace de ma mémoire me ramène au jour où j'ai vu une petite carte de l'Amérique. Elle était sur des rouleaux et faisait environ 60 cm de côté. Sur celle-ci, mon père, ma mère, mon oncle William et ma tante Aitken cherchaient Pittsburgh et indiquaient le lac Érié et le Niagara. Peu après, mon oncle et ma tante Aitken se sont embarqués pour la terre promise. À cette époque, je me souviens que mon cousin-frère, George Lauder ("Dod"), et moi-même étions profondément impressionnés par le grand danger qui nous menaçait, car un drapeau anarchique était caché dans la mansarde. Il avait été peint pour être porté, et je crois qu'il a été porté par mon père, ou mon oncle, ou un autre bon radical de notre famille, dans une procession pendant l'agitation de la Corn Law. Il y avait eu des émeutes dans la ville et une troupe de cavalerie était cantonnée dans le Guildhall. Mes grands-pères et mes oncles des deux côtés, et mon père, avaient été les premiers à prendre la parole lors des réunions, et tout le cercle familial était en effervescence. Je me souviens comme si c'était hier d'avoir été réveillé pendant la nuit par un coup frappé à la fenêtre de derrière par des hommes qui étaient venus informer mes parents que mon oncle, Bailie Morrison, avait été jeté en prison parce qu'il avait osé tenir une réunion qui avait été interdite. Le shérif, avec l'aide des soldats, l'avait arrêté à quelques kilomètres de la ville où la réunion avait eu lieu, et l'avait amené dans la ville pendant la nuit, suivi par une immense foule de gens. On craignait de sérieux ennuis, car la populace menaçait de le secourir, et, comme nous l'avons appris par la suite, le prévôt de la ville l'avait incité à s'avancer vers une fenêtre donnant sur la High Street et à prier les gens de se retirer. Ce qu'il fit, en disant : "S'il y a un ami de la bonne cause ici ce soir, qu'il croise les bras". C'est ce qu'ils ont fait. Puis, après une pause, il a dit : "Maintenant, partez en paix !" Mon oncle, comme toute notre famille, était un homme de morale et fort pour l'obéissance à la loi, mais radical jusqu'au bout et un admirateur intense de la République américaine. On peut imaginer, alors que tout cela se passait en public, combien étaient amères les paroles qui passaient de l'un à l'autre en privé. Les dénonciations du gouvernement monarchique et aristocratique, du privilège sous toutes ses formes, la grandeur du système républicain, la supériorité de l'Amérique, une terre peuplée par notre propre race, une maison pour les libres dans laquelle le privilège de chaque citoyen était le droit de chaque homme - tels étaient les thèmes passionnants sur lesquels j'ai été élevé. Enfant, j'aurais pu tuer un roi, un duc ou un seigneur, et considérer leur mort comme un service rendu à l'État et donc un acte héroïque. L'influence des premières associations de l'enfance est telle qu'il a fallu longtemps avant que je puisse me faire confiance pour parler respectueusement d'une classe ou d'une personne privilégiée qui ne s'était pas distinguée d'une manière ou d'une autre et qui n'avait donc pas gagné le droit au respect public. Il y avait toujours le ricanement derrière le simple pedigree - "il n'est rien, il n'a rien fait, ce n'est qu'un accident, une fraude qui se pavane dans des plumes empruntées ; tout ce qu'il a à son compte, c'est le hasard de la naissance ; la partie la plus fructueuse de sa famille, comme pour la pomme de terre, se trouve sous terre". Je me demandais comment des hommes intelligents pouvaient vivre là où un autre être humain était né avec un privilège qui n'était pas aussi son droit de naissance. Je ne me lassais pas de citer les seuls mots qui donnaient une juste mesure à mon indignation : "Il y avait un Brutus qui aurait supporté le diable éternel pour garder son état à Rome aussi facilement qu'un roi." Mais les rois étaient des rois, pas de simples ombres. Tout cela était hérité, bien sûr. Je ne faisais que répéter ce que j'entendais à la maison. Dunfermline a longtemps été réputée comme étant peut-être la ville la plus radicale du Royaume, même si je sais que Paisley a des prétentions. Cela est d'autant plus honorable pour la cause du radicalisme qu'à l'époque dont je parle, la population de Dunfermline était en grande partie composée d'hommes qui étaient de petits fabricants, chacun possédant son ou ses propres métiers à tisser. Ils n'étaient pas liés par des horaires réguliers, leur travail étant à la pièce. Ils se procuraient les toiles auprès des grands fabricants et le tissage se faisait à la maison. C'était une époque d'intense excitation politique, et on voyait fréquemment dans toute la ville, peu après le repas de midi, de petits groupes d'hommes portant leur tablier et discutant d'affaires d'État. Les noms de Hume, Cobden et Bright étaient sur toutes les lèvres. J'étais souvent attiré, petit comme je l'étais, par ces cercles et j'écoutais attentivement la conversation, qui était totalement unilatérale. La conclusion généralement acceptée était qu'il devait y avoir un changement. Des clubs ont été formés parmi les habitants de la ville et les journaux de Londres ont été souscrits. Les principaux éditoriaux étaient lus chaque soir aux gens, étrangement, depuis l'une des chaires de la ville. Mon oncle, Bailie Morrison, était souvent le lecteur et, comme les articles étaient commentés par lui et par d'autres après avoir été lus, les réunions étaient assez passionnantes. Ces réunions politiques étaient fréquentes et, comme on pouvait s'y attendre, j'étais aussi profondément intéressé que n'importe quel membre de la famille et j'ai assisté à de nombreuses réunions. L'un de mes oncles ou mon père était généralement entendu. Je me souviens qu'un soir, mon père a pris la parole lors d'une grande réunion en plein air dans les Pends. Je m'étais glissé sous les jambes des auditeurs, et à un applaudissement plus fort que tous les autres, je n'ai pu retenir mon enthousiasme. Levant les yeux vers l'homme sous les jambes duquel j'avais trouvé refuge, je lui dis que c'était mon père qui parlait. Il me souleva sur son épaule et m'y maintint. Lors d'une autre réunion, mon père m'a emmené écouter John Bright, qui a parlé en faveur de J.B. Smith comme candidat libéral pour les Burghs de Stirling. J'ai critiqué à la maison le fait que M. Bright ne parlait pas correctement, car il disait "men" quand il voulait dire "maan". Il ne donnait pas le large a auquel nous étions habitués en Écosse. Il n'est pas étonnant que, élevé dans un tel environnement, je sois devenu un jeune républicain violent dont la devise était "mort aux privilèges". A cette époque, je ne savais pas ce que signifiait le mot "privilège", mais mon père le savait. L'une des meilleures histoires de mon oncle Lauder concernait ce même J.B. Smith, l'ami de John Bright, qui se présentait au Parlement à Dunfermline. L'oncle était membre de son comité et tout allait bien jusqu'à ce qu'il soit proclamé que Smith était un "Unitawrian". Le district a été placardé avec l'enquête : voudriez-vous voter pour un "Unitawrian" ? C'était sérieux. Le président du comité de Smith dans le village de Cairney Hill, un forgeron, a déclaré qu'il ne voterait jamais. L'oncle s'est rendu sur place pour lui faire des remontrances. Ils se sont rencontrés à la taverne du village autour d'un verre : "Mec, je ne peux pas voter pour un Unitawrian", a dit le président. "Mais," dit mon oncle, "Maitland [le candidat adverse] est un Trinitawrian." "Merde, c'est génial", a-t-il répondu. Et le forgeron a voté à droite. Smith a gagné par une petite majorité. Le passage du métier à tisser manuel au métier à tisser à vapeur a été désastreux pour notre famille. Mon père ne se rendait pas compte de la révolution imminente et se débattait dans l'ancien système. Ses métiers à tisser perdirent beaucoup de leur valeur, et il fallut que cette force qui n'a jamais failli dans les situations d'urgence - ma mère - se manifeste et s'efforce de réparer la fortune familiale. Elle ouvrit une petite boutique dans Moodie Street et contribua aux revenus qui, bien que minces, suffisaient néanmoins à l'époque à nous maintenir dans le confort et la "respectabilité". Je me souviens que peu après, j'ai commencé à apprendre ce que signifiait la pauvreté. Des jours terribles arrivaient lorsque mon père apportait la dernière de ses toiles au grand fabricant, et je voyais ma mère attendre anxieusement son retour pour savoir si une nouvelle toile allait être obtenue ou si une période d'oisiveté nous attendait. Je me suis alors mis à penser que mon père, bien que n'étant ni "abject, ni méchant, ni vil", comme le dit Burns, avait néanmoins dû faire face à des difficultés. "Supplie un frère de la terre pour lui donner le droit de travailler." Et c'est là que j'ai décidé de remédier à cela quand je serais un homme. Nous n'étions cependant pas réduits à la pauvreté par rapport à beaucoup de nos voisins. Je ne sais pas jusqu'à quelles privations ma mère n'aurait pas été prête à aller pour voir ses deux garçons porter de grands cols blancs et être habillés avec soin. Dans un moment d'imprudence, mes parents avaient promis que je ne serais jamais envoyé à l'école avant d'avoir demandé la permission d'y aller. J'ai appris par la suite que cette promesse leur causait beaucoup de soucis, car en grandissant, je ne montrais aucune disposition à le demander. On demanda au maître d'école, M. Robert Martin, de s'intéresser à moi et on l'incita à le faire. Il m'emmena un jour en excursion avec quelques-uns de mes camarades qui fréquentaient l'école, et mes parents éprouvèrent un grand soulagement lorsqu'un jour peu après, je vins demander la permission d'aller à l'école de M. Martin. Je n'ai pas besoin de dire que la permission a été dûment accordée. J'étais alors entré dans ma huitième année, ce qui, d'après mon expérience ultérieure, est assez tôt pour qu'un enfant commence à fréquenter l'école. L'école était un vrai plaisir pour moi, et si quelque chose m'empêchait d'y aller, j'étais malheureux. Cela arrivait de temps en temps, car ma tâche matinale était d'aller chercher de l'eau au puits situé au bout de Moodie Street. L'approvisionnement était insuffisant et irrégulier. Parfois, il n'était pas autorisé à fonctionner avant la fin de la matinée et une vingtaine de vieilles femmes étaient assises autour, le tour de chacune ayant été assuré pendant la nuit en plaçant un bidon sans valeur dans la file. Comme on pouvait s'y attendre, cela a donné lieu à de nombreuses disputes au cours desquelles je ne me laissais pas abattre, même par ces vieilles dames vénérables. J'ai gagné la réputation d'être "un petit gars génial". C'est probablement de cette façon que j'ai développé cette tendance à l'argumentation, ou peut-être à la combativité, qui m'est toujours restée. Dans l'exercice de ces fonctions, j'étais souvent en retard à l'école, mais le maître, connaissant la cause, pardonnait ces écarts. Dans le même ordre d'idées, je peux mentionner que j'avais souvent des courses à faire au magasin après l'école, de sorte qu'en jetant un regard sur ma vie, j'ai la satisfaction de sentir que j'ai été utile à mes parents, même à l'âge de dix ans. Peu de temps après, les comptes des différentes personnes qui s'occupaient du magasin m'ont été confiés, de sorte que j'ai été familiarisé, dans une certaine mesure, avec les affaires commerciales dès mon enfance. Il y avait cependant une cause de misère dans mon expérience scolaire. Les garçons me surnommaient " le chouchou de Martin ", et me criaient parfois cette épithète redoutable lorsque je passais dans la rue. Je ne savais pas tout ce que cela signifiait, mais cela me semblait un terme du plus grand opprobre, et je sais que cela m'empêchait de répondre aussi librement que je l'aurais fait à cet excellent professeur, mon seul maître d'école, envers qui j'ai une dette de gratitude que je regrette de n'avoir jamais eu l'occasion de faire plus que reconnaître avant sa mort. Je peux mentionner ici un homme dont l'influence sur moi ne peut être surestimée, mon oncle Lauder, le père de George Lauder. [Mon père devait travailler constamment à l'atelier de tissage et avait peu de loisirs à me consacrer pendant la journée. Mon oncle, qui était commerçant dans la High Street, n'avait pas cette contrainte. Notez le lieu, car il s'agissait de l'aristocratie des commerçants, et il y avait des degrés élevés et variés d'aristocratie même parmi les commerçants de Dunfermline. Profondément affecté par la mort de ma tante Seaton, survenue au début de ma scolarité, il a trouvé son principal réconfort dans la compagnie de son fils unique, George, et de moi-même. Il possédait un don extraordinaire pour s'occuper des enfants et nous a appris beaucoup de choses. Je me souviens notamment de la façon dont il nous enseignait l'histoire britannique en imaginant chacun des monarques à une certaine place sur les murs de la pièce en train d'accomplir l'acte pour lequel il était connu. Ainsi, pour moi, le roi Jean est assis à ce jour au-dessus de la cheminée, signant la Magna Charta, et la reine Victoria est au dos de la porte avec ses enfants sur les genoux. On peut considérer comme acquis que l'omission que, des années plus tard, j'ai trouvé dans la salle capitulaire de l'abbaye de Westminster a été entièrement comblée dans notre liste de monarques. Une dalle dans une petite chapelle de Westminster dit que le corps d'Oliver Cromwell a été enlevé de là. Dans la liste des monarques que j'ai apprise sur les genoux de mon oncle, le grand monarque républicain apparaît en écrivant son message au pape de Rome, informant Sa Sainteté que " s'il ne cessait pas de persécuter les protestants, le tonnerre des canons de la Grande-Bretagne se ferait entendre au Vatican. " Il est inutile de dire que l'estimation que nous avons faite de Cromwell était qu'il les valait "a' thegither". C'est de mon oncle que j'ai appris tout ce que je sais de l'histoire ancienne de l'Écosse - de Wallace, Bruce et Burns, de l'histoire de Blind Harry, de Scott, Ramsey, Tannahill, Hogg et Fergusson. Je peux vraiment dire, avec les mots de Burns, qu'il y a eu alors et qu'il s'est créé en moi une veine de préjugés (ou de patriotisme) écossais qui ne cessera d'exister qu'avec la vie. Wallace, bien sûr, était notre héros. Tout ce qui était héroïque était centré sur lui. Triste fut le jour où un méchant grand garçon de l'école me dit que l'Angleterre était bien plus grande que l'Écosse. Je suis allé voir l'oncle, qui avait le remède. "Pas du tout, Naig ; si l'Écosse était roulée à plat comme l'Angleterre, l'Écosse serait la plus grande, mais auriez-vous les Highlands roulés à plat ?". Oh, jamais ! Il y avait du baume en Galilée pour le jeune patriote blessé. Plus tard, la plus grande population d'Angleterre m'a été imposée, et je suis retourné chez mon oncle. "Oui, Naig, sept contre un, mais il y avait plus que cette cote contre nous à Bannockburn." Et de nouveau, la joie m'envahit - la joie qu'il y ait eu plus d'Anglais là-bas, car la gloire était plus grande. C'est une sorte de commentaire sur la vérité selon laquelle la guerre engendre la guerre, que chaque bataille sème les graines de futures batailles et que les nations deviennent ainsi des ennemis traditionnels. L'expérience des garçons américains est celle des Écossais. Ils grandissent en lisant les histoires de Washington et de Valley Forge, de Hessois engagés pour tuer des Américains, et ils en viennent à détester le nom même d'Anglais. C'est ce que j'ai vécu avec mes neveux américains. L'Écosse, ça allait, mais l'Angleterre qui avait combattu l'Écosse était le mauvais partenaire. Ce n'est que lorsqu'ils sont devenus des hommes que les préjugés ont été éradiqués, et même encore, certains d'entre eux peuvent subsister. L'oncle Lauder m'a raconté depuis qu'il faisait souvent entrer des gens dans la pièce en leur assurant qu'il pouvait faire pleurer "Dod" (George Lauder) et moi, rire, ou fermer nos petits poings prêts à se battre - bref, jouer sur toutes nos humeurs par l'influence de la poésie et de la chanson. La trahison de Wallace était sa carte maîtresse qui ne manquait jamais de faire sangloter nos petits cœurs, une dépression complète étant le résultat invariable. Il avait beau raconter cette histoire, elle ne perdait jamais de sa force. Sans doute recevait-il de temps en temps de nouveaux embellissements. Les histoires de mon oncle n'ont jamais voulu "le chapeau et le bâton" que Scott leur a donnés. Quelle merveilleuse influence peut avoir un héros sur les enfants ! J'ai passé de nombreuses heures et soirées dans la High Street avec mon oncle et "Dod", et c'est ainsi qu'a commencé une alliance fraternelle de toute une vie entre ce dernier et moi. "Dod" et "Naig", nous avons toujours été dans la famille. Je n'ai pas pu dire "George" dans mon enfance et il n'a pas pu obtenir plus que "Naig" de Carnegie, et il y a toujours eu "Dod" et "Naig" chez nous. Aucun autre nom n'aurait de sens. Il y avait deux routes pour retourner de la maison de mon oncle dans la High Street à ma maison dans Moodie Street au pied de la ville, l'une longeant le sinistre cimetière de l'Abbaye des morts, où il n'y avait pas de lumière, et l'autre longeant les rues éclairées en passant par la Porte de mai. Quand il me fallait rentrer chez moi, mon oncle, avec un malin plaisir, me demandait de quel côté j'allais. En pensant à ce que ferait Wallace, je répondais toujours que je passais par l'Abbaye. J'ai la satisfaction de croire que jamais, pas même en une seule occasion, je n'ai cédé à la tentation de prendre l'autre tournant et de suivre les lampes au carrefour de la porte de mai. J'ai souvent passé le long de ce cimetière et sous l'arc sombre de l'abbaye avec le cœur dans la bouche. Essayant de siffler et de garder mon courage, j'avançais péniblement dans l'obscurité, me remettant dans toutes les situations d'urgence à la pensée de ce que Wallace aurait fait s'il avait rencontré un ennemi, naturel ou surnaturel. Le roi Robert the Bruce n'a jamais été jugé par mon cousin ou moi-même dans notre enfance. Il nous suffisait qu'il soit un roi alors que Wallace était l'homme du peuple. Sir John Graham était notre second. L'intensité du patriotisme d'un garçon écossais, élevé comme je l'ai été, constitue une véritable force dans sa vie jusqu'à la fin. Si l'on étudiait la source de mon stock de cet article primordial - le courage - je suis sûr que l'analyse finale montrerait qu'il est fondé sur Wallace, le héros de l'Écosse. C'est une tour de force pour un garçon d'avoir un héros. Cela m'a fait de la peine de découvrir, lorsque j'ai atteint l'Amérique, qu'il y avait un autre pays qui prétendait avoir quelque chose dont on pouvait être fier. Qu'était un pays sans Wallace, Bruce et Burns ? Je trouve dans l'Écossais d'aujourd'hui, qui n'a jamais voyagé, quelque chose de ce sentiment. Il reste à des années plus mûres et à des connaissances plus étendues à nous dire que chaque nation a ses héros, ses romans, ses traditions et ses réalisations ; et tandis que le véritable Écossais ne trouvera pas de raison, dans les années à venir, de revoir à la baisse l'estimation qu'il a faite de son propre pays et de sa position même parmi les plus grandes nations de la terre, il trouvera amplement de raisons d'élever son opinion des autres nations parce qu'elles ont toutes beaucoup de raisons d'être fières - assez pour inciter leurs fils à agir de façon à ne pas déshonorer le pays qui leur a donné naissance. Il a fallu des années avant que je puisse sentir que cette nouvelle terre pouvait être autre chose qu'une résidence temporaire. Mon cœur était en Écosse. Je ressemblais au petit garçon du principal Peterson qui, lorsqu'il était au Canada, en réponse à une question, disait qu'il aimait le Canada "très bien pour une visite, mais qu'il ne pourrait jamais vivre si loin des restes de Bruce et de Wallace

Chapitre 2 : Dunfermline et l'Amérique

Mon bon oncle Lauder accordait à juste titre une grande valeur à la récitation dans l'éducation, et nombreux étaient les centimes que Dod et moi recevions pour cela. Dans nos petites redingotes ou chemises, les manches retroussées, les casques de papier et les visages noircis, avec des lattes en guise d'épées, mon cousin et moi étions constamment en train de réciter Norval et Glenalvon, Roderick Dhu et James Fitz-James à nos camarades de classe et souvent aux personnes plus âgées. Je me souviens très bien que, dans le célèbre dialogue entre Norval et Glenalvon, nous avions quelques scrupules à répéter la phrase : "et faux comme l'enfer". Au début, nous avons fait une légère toux sur le mot répréhensible, ce qui a toujours créé de l'amusement parmi les spectateurs. Ce fut un grand jour pour nous lorsque mon oncle nous persuada que nous pouvions dire "enfer" sans jurer. Je crains que nous l'ayons pratiqué très souvent. Je jouais toujours le rôle de Glenalvon et je faisais une grande bouchée du mot. Il avait pour moi la merveilleuse fascination attribuée au fruit défendu. Je comprends bien l'histoire de Marjory Fleming, qui, croisée un matin lorsque Walter Scott l'appela pour lui demander comment elle allait, répondit : "Je suis très fâché ce matin, M. Scott. J'ai envie de dire 'zut', mais je ne peux pas." Par la suite, l'expression de ce mot effrayant était un point important. Les ministres pouvaient dire "damnation" en chaire sans pécher, et nous aussi, nous avions toute latitude pour réciter "enfer". Un autre passage a fait une profonde impression. Dans le combat entre Norval et Glenalvon, Norval dit : " Quand nous nous disputons à nouveau, notre combat est mortel. " En utilisant ces mots dans un article écrit pour la "North American Review" en 1897, mon oncle est tombé dessus et s'est immédiatement assis et m'a écrit de Dunfermline qu'il savait où j'avais trouvé ces mots. Il était le seul homme vivant à le savoir. Mon pouvoir de mémorisation a dû être considérablement renforcé par le mode d'enseignement adopté par mon oncle. Je ne peux pas nommer un moyen plus important pour aider les jeunes gens que de les encourager à mémoriser leurs morceaux préférés et à les réciter souvent. Tout ce qui me plaisait, je pouvais l'apprendre avec une rapidité qui surprenait les amis partiels. Je pouvais mémoriser n'importe quoi, que cela me plaise ou non, mais si cela ne m'impressionnait pas fortement, cela passait en quelques heures. L'une des épreuves de ma vie de garçon à l'école de Dunfermline était de mémoriser deux doubles versets des Psaumes que je devais réciter quotidiennement. J'avais l'intention de ne pas regarder le psaume avant de partir pour l'école. Ce n'était pas plus de cinq ou six minutes de marche lente, mais je pouvais facilement maîtriser la tâche dans ce laps de temps, et, comme le psaume était la première leçon, j'étais préparé et je passais l'épreuve avec succès. Si on m'avait demandé de répéter le psaume trente minutes plus tard, la tentative se serait soldée, je le crains, par un échec désastreux. Le premier penny que j'ai gagné ou reçu d'une personne en dehors du cercle familial fut celui de mon instituteur, M. Martin, pour avoir répété devant l'école le poème de Burns, "Man was made to Mourn". En écrivant ceci, je me souviens que plus tard, lors d'un dîner avec M. John Morley à Londres, la conversation a porté sur la vie de Wordsworth, et M. Morley a dit qu'il avait cherché dans son Burns le poème sur la "Vieillesse", tant vanté par ce dernier, qu'il n'avait pas pu trouver sous ce titre. J'ai eu le plaisir de lui en répéter une partie. Il m'a rapidement remis un deuxième penny. Ah, aussi grand que soit Morley, il n'était pas mon maître d'école, M. Martin - le premier " grand " homme que j'ai connu. Il était vraiment grand pour moi. Mais un héros, c'est sûrement "l'honnête John" Morley. En matière de religion, nous n'étions pas trop gênés. Alors que les autres garçons et filles de l'école étaient obligés d'apprendre le catéchisme court, Dod et moi, par un arrangement dont je n'ai jamais bien compris les détails, étions absous. Tous les membres de notre famille, Morrison et Lauders, étaient avancés dans leurs opinions théologiques comme dans leurs opinions politiques, et avaient des objections au catéchisme, je n'en doute pas. Nous n'avions pas un seul presbytérien orthodoxe dans notre cercle familial. Mon père, mon oncle et ma tante Aitken, mon oncle Lauder, et aussi mon oncle Carnegie, s'étaient éloignés des principes du calvinisme. Plus tard, la plupart d'entre eux ont trouvé refuge pour un temps dans les doctrines de Swedenborg. Ma mère a toujours été réticente aux sujets religieux. Elle ne m'en a jamais parlé et n'allait pas à l'église, car elle n'avait pas de domestique à cette époque et faisait tous les travaux ménagers, y compris la préparation de notre dîner du dimanche. Grande lectrice, toujours, Channing l'unitarien était à l'époque sa joie particulière. Elle était une merveille !

LA MÈRE D'ANDREW CARNEGIE

PENDANT MON ENFANCE, l'atmosphère qui m'entourait était dans un état de violente perturbation dans les questions théologiques aussi bien que politiques. Parallèlement aux idées les plus avancées qui étaient agitées dans le monde politique - la mort des privilèges, l'égalité des citoyens, le républicanisme - j'entendais de nombreuses disputes sur des sujets théologiques dont l'enfant impressionnable s'imprégnait dans une mesure tout à fait impensable pour ses aînés. Je me souviens bien que les doctrines sévères du calvinisme étaient pour moi comme un terrible cauchemar, mais cet état d'esprit s'est vite dissipé, grâce aux influences dont j'ai parlé. J'ai grandi en gardant précieusement en moi le fait que mon père s'était levé et avait quitté l'Église presbytérienne un jour où le ministre prêchait la doctrine de la damnation des enfants. C'était peu de temps après que j'aie fait mon apparition. Père n'a pas pu le supporter et a dit : "Si telle est votre religion et tel est votre Dieu, je cherche une meilleure religion et un Dieu plus noble." Il quitta l'Église presbytérienne pour ne plus jamais y revenir, mais il ne cessa de fréquenter diverses autres églises. Je l'ai vu entrer dans le placard chaque matin pour prier et cela m'a impressionné. C'était vraiment un saint et il est toujours resté pieux. Toutes les sectes devenaient pour lui des agences du bien. Il avait découvert que les théologies étaient nombreuses, mais que la religion était une. J'étais tout à fait convaincu que mon père savait mieux que le pasteur, qui ne représentait pas le Père céleste, mais le cruel vengeur de l'Ancien Testament - un "Tortionnaire éternel" comme Andrew D. White se risque à l'appeler dans son autobiographie. Heureusement, cette conception de l'Inconnu appartient maintenant en grande partie au passé. L'un des principaux plaisirs de mon enfance a été l'élevage de pigeons et de lapins. Je suis reconnaissant chaque fois que je pense à la peine que mon père a prise pour construire une maison convenable pour ces animaux de compagnie. Notre maison devenait le quartier général de mes jeunes compagnons. Ma mère voyait toujours dans les influences domestiques le meilleur moyen de garder ses deux garçons dans le droit chemin. Elle avait l'habitude de dire que le premier pas dans cette direction était de rendre la maison agréable ; et il n'y avait rien qu'elle et mon père ne fassent pas pour nous faire plaisir, ainsi qu'aux enfants des voisins qui nous entouraient. Ma première entreprise commerciale a été de m'assurer les services de mes compagnons pour une saison en tant qu'employeur, la compensation étant que les jeunes lapins, lorsqu'ils arriveraient, devraient porter leur nom. Le samedi férié était généralement consacré par mon troupeau à la collecte de nourriture pour les lapins. Ma conscience me reproche aujourd'hui, en regardant en arrière, quand je pense au marché difficile que j'ai conclu avec mes jeunes camarades de jeu, dont beaucoup étaient heureux de cueillir avec moi des pissenlits et des trèfles pendant toute une saison, à condition d'avoir cette unique récompense - le plus mauvais retour jamais fait au travail. Hélas ! qu'avais-je d'autre à leur offrir ? Pas un centime. Je garde précieusement le souvenir de ce plan comme la première preuve de la puissance organisatrice sur laquelle repose mon succès matériel dans la vie - un succès qui ne doit pas être attribué à ce que j'ai su ou fait moi-même, mais à la faculté de connaître et de choisir d'autres personnes qui savaient mieux que moi. C'est une connaissance précieuse à posséder pour tout homme. Je ne comprenais pas les machines à vapeur, mais j'ai essayé de comprendre cette pièce de mécanisme beaucoup plus compliquée qu'est l'homme. Lors d'une halte dans une petite auberge des Highlands au cours de notre voyage en 1898, un gentleman s'est avancé et s'est présenté. Il s'agissait de M. MacIntosh, le grand fabricant de meubles d'Écosse - un excellent personnage, comme je l'ai découvert par la suite. Il a dit qu'il s'était aventuré à se faire connaître parce qu'il était l'un des garçons qui avaient ramassé, et parfois il craignait de "convoyer", du gibier pour les lapins, et qu'il en avait "un qui portait son nom". Vous pouvez imaginer à quel point j'étais heureux de le rencontrer - le seul des garçons lapins que j'ai rencontré dans l'au-delà. J'espère garder son amitié jusqu'à la fin et le voir souvent. [Alors que je lis ce manuscrit aujourd'hui, le 1er décembre 1913, j'ai reçu une note très précieuse de sa part, rappelant les vieux temps où nous étions garçons ensemble. Il a une réponse à cette heure qui lui réchauffera le cœur comme sa note a réchauffé le mien. Avec l'introduction et l'amélioration des machines à vapeur, le commerce s'est détérioré de plus en plus à Dunfermline pour les petits fabricants, et finalement une lettre a été écrite aux deux sœurs de ma mère à Pittsburgh déclarant que l'idée que nous allions chez elles était sérieusement envisagée - non pas, comme je me souviens avoir entendu mes parents le dire, pour améliorer leur propre condition, mais pour le bien de leurs deux jeunes fils. Des lettres satisfaisantes ont été reçues en réponse. La décision fut prise de vendre les métiers à tisser et les meubles aux enchères. Et la douce voix de mon père chantait souvent pour ma mère, mon frère et moi : "À l'ouest, à l'Ouest, au pays de la liberté, où le puissant Missouri descend jusqu'à la mer, où l'homme est un homme même s'il doit travailler et où le plus pauvre peut récolter les fruits du sol." Le produit de la vente est très décevant. Les métiers à tisser n'ont presque rien rapporté, et le résultat est que vingt livres de plus ont été nécessaires pour permettre à la famille de payer le passage en Amérique. Permettez-moi d'évoquer ici un acte d'amitié accompli par une compagne de longue date de ma mère - qui attirait toujours des amis solides parce qu'elle était elle-même solide - Mme Henderson, de naissance Ella Ferguson, nom sous lequel elle était connue dans notre famille. Elle se risqua à avancer les vingt livres nécessaires, mes oncles Lauder et Morrison garantissant le remboursement. L'oncle Lauder a également prêté son aide et ses conseils, gérant tous les détails pour nous, et le 17 mai 1848, nous avons quitté Dunfermline. L'âge de mon père était alors de quarante-trois ans, celui de ma mère de trente-trois ans. J'étais dans ma treizième année, mon frère Tom dans sa cinquième année - un bel enfant aux cheveux blancs et aux yeux noirs brillants, qui attirait partout l'attention. J'avais quitté l'école pour toujours, à l'exception d'un hiver de cours du soir en Amérique, et plus tard d'un professeur de français de nuit pendant un certain temps, et, chose étrange, d'un élocutionniste de qui j'ai appris à déclamer. Je savais lire, écrire et chiffrer, et j'avais commencé l'étude de l'algèbre et du latin. Une lettre écrite à mon oncle Lauder pendant le voyage, et qui m'a été rendu depuis, montre que j'étais alors un meilleur écrivain que maintenant. J'avais lutté avec la grammaire anglaise, et je savais aussi peu de ce qu'elle était censée enseigner que les enfants le font habituellement. J'avais peu lu, sauf sur Wallace, Bruce et Burns, mais je connaissais par cœur de nombreux poèmes familiers. J'ajouterais à cela les contes de fées de mon enfance, et surtout les "Mille et une nuits", qui m'ont transporté dans un Nouveau Monde. J'étais au pays des rêves lorsque je dévorais ces histoires. Le matin du jour où nous sommes partis de notre chère Dunfermline, dans l'omnibus qui circulait sur le chemin de fer à charbon vers Charleston, je me souviens que je suis resté debout, les yeux pleins de larmes, à regarder par la fenêtre jusqu'à ce que Dunfermline disparaisse de la vue, la dernière structure à disparaître étant la vieille abbaye grandiose et sacrée. Pendant mes quatorze premières années d'absence, je pensais presque chaque jour, comme ce matin-là, "Quand est-ce que je te reverrai ?". Rares étaient les jours où je ne voyais pas dans mon esprit les lettres talismaniques sur la tour de l'abbaye : "King Robert The Bruce". Tous mes souvenirs d'enfance, tout ce que je savais du pays des fées, tournaient autour de la vieille abbaye et de sa cloche de couvre-feu, qui sonnait tous les soirs à huit heures et qui était le signal pour moi de courir me coucher avant qu'elle ne s'arrête. J'ai fait référence à cette cloche dans mon "American Four-in-Hand in Britain" en passant devant l'abbaye et je peux aussi bien la citer maintenant : Alors que nous descendions les Pends, je me tenais sur le siège avant de la voiture avec le prévôt Walls, lorsque j'ai entendu le premier coup de cloche de l'abbaye, sonné en l'honneur de ma mère et de moi-même. Mes genoux se sont dérobés sous moi, les larmes ont jailli sans que je m'en rende compte, et je me suis retourné pour dire au prévôt que je devais céder. Pendant un instant, j'ai eu l'impression que j'allais m'évanouir. Heureusement, j'ai vu qu'il n'y avait pas de foule devant nous à une certaine distance. J'ai eu le temps de reprendre le contrôle de la situation et, me mordant les lèvres jusqu'à ce qu'elles saignent, je me suis murmuré : " Peu importe, gardez votre sang-froid, vous devez continuer " ; mais jamais un son ne parviendra à mes oreilles sur terre ni n'entrera aussi profondément dans mon âme, un son qui me hantera et me subjuguera par sa puissance douce, gracieuse et fondante comme celui-là. À la sonnerie du couvre-feu, j'avais été couché dans mon petit lit pour dormir du sommeil de l'innocence enfantine. Le père et la mère, tantôt l'un, tantôt l'autre, m'avait dit, alors qu'ils se penchaient affectueusement sur moi nuit après nuit, ce que cette cloche disait en sonnant. Beaucoup de bons mots m'ont été dits par cette cloche à travers leurs traductions. Il n'y a pas eu une seule mauvaise action que j'ai commise au cours de la journée et que cette voix, tirée de tout ce que je savais du ciel et du grand Père qui s'y trouve, ne m'a pas expliquée avec gentillesse avant de m'endormir, en prononçant les mots si clairement que je savais que la puissance qui l'animait avait tout vu et n'était pas en colère, jamais en colère, jamais, mais tellement, tellement désolée. Aujourd'hui encore, cette cloche n'est pas muette quand j'entends sa voix. Elle a toujours son message, et maintenant elle a sonné pour accueillir à nouveau la mère et le fils exilés sous sa précieuse protection. Le monde n'a pas le pouvoir de concevoir, et encore moins de nous accorder, une récompense telle que celle que la cloche de l'Abbaye a donnée lorsqu'elle a sonné en notre honneur. Mais mon frère Tom aurait dû être là aussi ; c'est la pensée qui m'est venue. Lui aussi commençait à connaître les merveilles de cette cloche avant que nous ne soyons partis vers le nouveau pays. Rousseau souhaitait mourir au son d'une douce musique. Si je pouvais choisir mon accompagnement, je pourrais souhaiter passer dans l'obscurité de l'au-delà avec le tintement de la cloche de l'abbaye qui résonne à mes oreilles, qui me parle de la course qui a été faite et qui m'appelle, comme elle avait appelé le petit enfant aux cheveux blancs, pour la dernière fois, à dormir. J'ai reçu de nombreuses lettres de lecteurs parlant de ce passage de mon livre, certains allant jusqu'à dire qu'ils avaient versé des larmes en lisant. Ce passage venait du cœur et c'est peut-être pour cela qu'il a atteint le cœur des autres. On nous a fait traverser à la rame dans un petit bateau pour rejoindre le vapeur d'Édimbourg dans le Firth of Forth. Alors que l'on s'apprêtait à me faire passer de la barque au bateau à vapeur, je me suis précipité vers l'oncle Lauder et me suis accroché à son cou en criant : "Je ne peux pas te quitter ! Je ne peux pas te quitter !" Je fus arraché à lui par un gentil marin qui me souleva sur le pont du bateau à vapeur. Lors de ma visite de retour à Dunfermline, ce cher vieil homme, lorsqu'il est venu me voir, m'a dit que c'était la séparation la plus triste à laquelle il n'ait jamais assisté. Nous sommes partis du Broomielaw de Glasgow dans le voilier de 800 tonnes Wiscasset. Pendant les sept semaines du voyage, j'ai appris à bien connaître les marins, j'ai appris le nom des cordages et j'ai pu demander aux passagers de répondre à l'appel du maître d'équipage, car le navire étant en sous-effectif, l'aide des passagers était requise de toute urgence. En conséquence, j'ai été invité par les marins à participer, le dimanche, à la seule friandise du mess des marins, le plum duff. J'ai quitté le navire avec un regret sincère. L'arrivée à New York fut déconcertante. On m'avait emmené voir la Reine à Édimbourg, mais c'était là l'étendue de mes voyages avant d'émigrer. Nous n'avons pas eu le temps de voir Glasgow avant d'embarquer. New York était la première grande ruche d'industrie humaine parmi les habitants de laquelle je m'étais mêlé, et l'agitation et l'excitation qui y régnaient me submergeaient. L'incident de notre séjour à New York qui m'a le plus marqué s'est produit alors que je me promenais dans Bowling Green à Castle Garden. J'ai été prise dans les bras d'un des marins du Wiscasset, Robert Barryman, qui était habillé à la manière des Jack ashore, avec une veste bleue et un pantalon blanc. Je l'ai trouvé le plus bel homme que j'aie jamais vu. Il me conduisit à une buvette et commanda un verre de salsepareille pour moi, que je bus avec autant de délectation que si c'était le nectar des dieux. À ce jour, rien de ce que j'ai vu ne rivalise avec l'image qui reste dans mon esprit de la beauté du récipient en laiton hautement orné d'où le nectar a jailli. Souvent, en passant devant le même endroit, je vois le stand de salsepareille de la vieille femme, et je m'étonne de ce qu'est devenu le cher vieux marin. J'ai essayé de le retrouver, mais en vain, en espérant que s'il était retrouvé, il pourrait jouir d'un âge mûr et qu'il serait en mon pouvoir d'ajouter au plaisir de ses années de déclin. Il était mon Tom Bowling idéal, et lorsque cette belle vieille chanson est chantée, je vois toujours comme la "forme de la beauté virile" mon cher vieil ami Barryman. Hélas ! avant cela, il est parti dans les airs. Eh bien, par sa gentillesse pendant le voyage, il a fait d'un garçon son ami dévoué et son admirateur. Nous ne connaissions que M. et Mme Sloane à New York - les parents des célèbres

John, Willie et Henry Sloane. Mme Sloane (Euphemia Douglas) était la compagne de ma mère dans son enfance à Dunfermline. M. Sloane et mon père avaient été collègues tisserands. Nous leur avons rendu visite et avons été chaleureusement accueillis. Ce fut un véritable plaisir lorsque Willie, son fils, m'a acheté en 1900 un terrain en face de notre résidence de New York pour ses deux filles mariées, de sorte que nos enfants de la troisième génération sont devenus des camarades de jeu comme l'étaient nos mères en Écosse. Mon père a été incité par des agents d'émigration à New York à prendre le canal Érié en passant par Buffalo et le lac Érié jusqu'à Cleveland, puis à descendre le canal jusqu'à Beaver - un voyage qui durait alors trois semaines, et qui se fait aujourd'hui en dix heures par chemin de fer. Il n'y avait alors aucune communication ferroviaire avec Pittsburgh, ni d'ailleurs avec aucune ville de l'Ouest. Le chemin de fer Érié était en construction et nous avons vu des équipes d'hommes à l'œuvre sur ce chemin de fer pendant notre voyage. Rien ne manque à la jeunesse, et je repense à mes trois semaines comme passager sur le bateau du canal avec un plaisir non feint. Tout ce qui était désagréable dans mon expérience s'est depuis longtemps effacé de mes souvenirs, à l'exception de la nuit où nous avons été obligés de rester sur le bateau à quai de Beaver en attendant le bateau à vapeur qui devait nous faire remonter l'Ohio jusqu'à Pittsburgh. Ce fut notre premier contact avec le moustique dans toute sa férocité. Ma mère a tellement souffert que le matin, elle pouvait à peine voir. Nous étions tous effrayés, mais je ne me souviens pas que même la misère piquante de cette nuit m'ait empêché de dormir profondément. Je pouvais toujours dormir, sans jamais connaître "l'horrible nuit, l'enfant de l'enfer". Nos amis de Pittsburgh attendaient impatiemment de nos nouvelles, et leur accueil chaleureux et affectueux nous a fait oublier tous nos problèmes. Nous nous sommes installés avec eux à Allegheny City. Un frère de mon oncle Hogan avait construit un petit atelier de tissage à l'extrémité arrière d'un terrain dans Rebecca Street. Il y avait deux pièces au deuxième étage, et c'est dans ces pièces (gratuites, car elles appartenaient à ma tante Aitken) que mes parents ont commencé à habiter. Mon oncle a rapidement abandonné le tissage et mon père a pris sa place et a commencé à fabriquer des nappes, qu'il devait non seulement tisser, mais aussi, en tant que commerçant, parcourir et vendre, car il n'y avait pas de revendeurs pour les prendre en quantité. Il était obligé de les commercialiser lui-même, en les vendant de porte en porte. Les bénéfices étaient extrêmement maigres.

ANDREW CARNEGIE À SEIZE ANS AVEC SON FRÈRE THOMAS

Comme d'habitude, ma mère est venue à la rescousse. Il n'y avait pas moyen de la retenir. Dans sa jeunesse, elle avait appris à lier les chaussures dans l'entreprise de son père pour de l'argent de poche, et l'habileté ainsi acquise était maintenant mise à profit pour le bien de la famille. M. Phipps, père de mon ami et partenaire M. Henry Phipps, était, comme mon grand-père, un maître cordonnier. Il était notre voisin à Allegheny City. Nous lui demandions du travail et, en plus de s'occuper de ses tâches ménagères - car, bien sûr, nous n'avions pas de domestique - cette femme merveilleuse, ma mère, gagnait quatre dollars par semaine en liant des chaussures. À minuit, on la trouvait souvent au travail. Dans les intervalles de la journée et de la soirée, lorsque les soins ménagers le permettaient et que mon jeune frère était assis à ses genoux pour enfiler des aiguilles et cirer le fil pour elle, elle lui récitait, comme elle l'avait fait pour moi, les joyaux de la minstrelsy écossaise qu'elle semblait avoir par cœur, ou lui racontait des histoires qui ne manquaient pas de contenir une morale. C'est là que les enfants de la pauvreté honnête ont le plus précieux de tous les avantages sur ceux de la richesse. La mère, la nourrice, la cuisinière, la gouvernante, l'institutrice, la sainte, tout en un ; le père, l'exemple, le guide, le conseiller, l'ami ! C'est ainsi que nous avons été élevés, mon frère et moi. Qu'a l'enfant d'un millionnaire ou d'un noble qui compte comparé à un tel héritage ? Ma mère était une femme très occupée, mais tout son travail n'empêchait pas ses voisins de la reconnaître rapidement comme une femme sage et gentille à qui ils pouvaient demander conseil ou de l'aide en cas de problème. Beaucoup m'ont raconté ce que ma mère avait fait pour eux. Il en fut de même par la suite, partout où nous résidions ; riches et pauvres venaient lui confier leurs épreuves et trouvaient en elle de bons conseils. Elle dominait ses voisins partout où elle allait.

Chapitre 3 : Pittsburgh et le travail

La grande question était maintenant de savoir ce que l'on pouvait trouver à faire pour moi. Je venais de terminer ma treizième année et j'avais hâte de me mettre au travail pour aider la famille à prendre un bon départ dans ce nouveau pays. La perspective du manque était devenue pour moi un effrayant cauchemar. À cette époque, mes pensées étaient centrées sur la détermination de gagner et d'économiser suffisamment d'argent pour produire trois cents dollars par an, soit vingt-cinq dollars par mois, ce qui, selon moi, était la somme requise pour nous permettre de ne pas dépendre des autres. Tout ce qui était nécessaire était très bon marché à cette époque. Le frère de mon oncle Hogan demandait souvent ce que mes parents comptaient faire de moi, et un jour, il s'est produit la scène la plus tragique de toutes celles dont j'ai été témoin. Je ne pourrai jamais l'oublier. Il a dit à ma mère, avec les meilleures intentions du monde, que j'étais un garçon intelligent et capable d'apprendre ; et il croyait que si on m'équipait d'un panier avec des bibelots à vendre, je pourrais les colporter sur les quais et gagner une somme considérable. Je n'avais jamais su jusqu'alors ce que signifiait une femme enragée. Ma mère était assise en train de coudre à ce moment-là, mais elle s'est levée d'un bond, les mains tendues, et les lui a serrées au visage. "Quoi ? Mon fils un colporteur et aller parmi les hommes rudes sur les quais ! Je préférerais le jeter dans la rivière Allegheny. Laissez-moi", cria-t-elle en montrant la porte, et M. Hogan partit. Elle se tenait comme une reine tragique. L'instant d'après, elle s'était effondrée, mais pendant quelques instants seulement, des larmes ont coulé et des sanglots sont venus. Puis elle prit ses deux garçons dans ses bras et nous dit de ne pas faire attention à sa bêtise. Il y avait beaucoup de choses à faire dans le monde et nous pouvions être des hommes utiles, honorés et respectés, si nous faisions toujours ce qui était juste. C'était une répétition d'Helen Macgregor, dans sa réponse à Osbaldistone dans laquelle elle menaçait de faire découper ses prisonniers "en autant de morceaux qu'il y a de carreaux dans le tartan". Mais la raison de ce déchaînement était différente. Ce n'était pas parce que l'occupation suggérée était un travail paisible, car on nous a appris que l'oisiveté était honteuse ; mais parce que l'occupation suggérée avait un caractère quelque peu vagabond et n'était pas entièrement respectable à ses yeux. Une meilleure mort. Oui, maman aurait pris ses deux garçons, un sous chaque bras, et aurait péri avec eux plutôt qu'ils ne se mêlent à la basse société dans leur extrême jeunesse. Quand je repense aux premières luttes, je peux dire ceci : il n'y avait pas de famille plus fière dans le pays. Un sens aigu de l'honneur, de l'indépendance, du respect de soi, imprégnait la maison. Walter Scott a dit de Burns qu'il avait l'œil le plus extraordinaire qu'il ait jamais vu chez un être humain. Je peux en dire autant de ma mère. Comme le dit Burns : "Son regard s'est même tourné vers l'espace vide, et a rayonné avec honneur." Tout ce qui était bas, méchant, fourbe, sournois, grossier, sournois ou bavard était étranger à cette âme héroïque. Tom et moi ne pouvions pas nous empêcher de devenir des personnages respectables, ayant une telle mère et un tel père, car le père, lui aussi, était un des nobles de la nature, aimé de tous, un saint. Peu après cet incident, mon père trouva nécessaire d'abandonner le tissage sur métier à main et d'entrer dans l'usine de coton de M. Blackstock, un vieil Écossais, à Allegheny City, où nous habitions. Dans cette usine, il a également obtenu pour moi un poste de bobinier, et mon premier travail y a été effectué à un dollar et vingt cents par semaine. C'était une vie difficile. En hiver, mon père et moi devions nous lever et prendre notre petit-déjeuner dans l'obscurité, rejoindre l'usine avant le lever du jour et, avec un court intervalle pour le déjeuner, travailler jusqu'à la tombée de la nuit. Les heures me pesaient et le travail lui-même ne me procurait aucun plaisir ; mais le nuage avait un bon côté, car il me donnait le sentiment de faire quelque chose pour mon monde - notre famille. J'ai gagné des millions depuis, mais aucun de ces millions ne m'a apporté autant de bonheur que les gains de ma première semaine. J'étais maintenant une aide pour la famille, un soutien de famille, et non plus une charge totale pour mes parents. J'avais souvent entendu le beau chant de mon père sur "The Boatie Rows" et souvent j'avais envie de réaliser les dernières lignes du couplet : "Quand Aaleck, Jock, et Jeanettie, sont en place et ont leur repaire, ils serviront à garer le canotage, et éclairciront nos soins." J'allais faire écumer notre petit bateau. Il faut noter ici qu'Aaleck, Jock et Jeanettie ont été les premiers à recevoir leur éducation. L'Écosse a été le premier pays à exiger de tous les parents, qu'ils soient de haut ou de bas rang, qu'ils éduquent leurs enfants, et a créé les écoles publiques paroissiales. Peu après, M. John Hay, un fabricant de bobines écossais d'Allegheny City, avait besoin d'un garçon et m'a demandé si je ne voulais pas entrer à son service. J'y suis allé, et j'ai reçu deux dollars par semaine ; mais au début, le travail était encore plus pénible que celui de l'usine. Je devais faire fonctionner une petite machine à vapeur et alimenter la chaudière dans la cave de l'usine de bobines. C'était trop pour moi. Je me retrouvais nuit après nuit, assis dans mon lit, à essayer les jauges de vapeur, craignant tantôt que la vapeur soit trop faible et que les ouvriers d'en haut se plaignent de ne pas avoir assez de puissance, tantôt que la vapeur soit trop forte et que la chaudière puisse éclater. Mais c'était une question d'honneur de cacher tout cela à mes parents. Ils avaient leurs propres problèmes et les ont supportés. Je devais jouer le rôle de l'homme et supporter les miens. J'avais de grands espoirs, et j'attendais chaque jour un changement. Je ne savais pas ce que ce serait, mais j'étais certain que cela arriverait si je continuais. D'ailleurs, à cette date, je n'étais pas loin de me demander ce que Wallace aurait fait et ce qu'un Écossais devait faire. J'étais sûr d'une chose : il ne devait jamais abandonner. Un jour, l'occasion s'est présentée. M. Hay devait établir des factures. Il n'avait pas de clerc et était lui-même un pauvre écrivain. Il m'a demandé de quelle main j'étais capable d'écrire et m'a donné à écrire. Le résultat lui a plu, et il a trouvé pratique de me laisser ensuite établir ses factures. J'étais également doué pour les chiffres, et il trouva bientôt que c'était dans son intérêt - et d'ailleurs, cher vieux, je crois qu'il était animé d'un bon sentiment envers le garçon aux cheveux blancs, car il avait bon cœur et était écossais, et il souhaitait me soulager de la machine pour me confier d'autres tâches, moins désagréables sauf sur un point. Il était maintenant de mon devoir de baigner les bobines nouvellement fabriquées dans des cuves d'huile. Heureusement, il y avait une pièce réservée à cet effet et j'étais seul, mais toute la résolution que je pouvais rassembler, et toute l'indignation que je ressentais face à ma propre faiblesse, n'empêchèrent pas mon estomac d'être en proie à un comportement des plus pervers. Je n'ai jamais réussi à surmonter la nausée produite par l'odeur de l'huile. Même Wallace et Bruce se sont avérés impuissants ici. Mais si je devais perdre le petit déjeuner ou le dîner, je n'en avais que plus d'appétit pour le souper, et le travail prévu était accompli. Un vrai disciple de Wallace ou de Bruce ne pourrait pas abandonner ; il mourrait le premier. Mon service chez M. Hay représentait un net progrès par rapport à l'usine de coton, et j'ai également fait la connaissance d'un employeur qui était très gentil avec moi.

M. Hay tenait ses livres en simple entrée, et j'étais capable de les manipuler pour lui ; mais en entendant que toutes les grandes entreprises tenaient leurs livres en double entrée, et après avoir discuté de la question avec mes compagnons, John Phipps, Thomas N. Miller et William Cowley, nous avons tous décidé de suivre des cours du soir pendant l'hiver et d'apprendre le plus grand système. Nous sommes donc allés tous les quatre chez un certain M. Williams à Pittsburgh et avons appris la comptabilité en partie double. Un soir, au début de 1850, alors que je rentrais du travail, on m'a dit que M. David Brooks, directeur du bureau télégraphique, avait demandé à mon oncle Hogan s'il savait où trouver un bon garçon pour faire office de messager. M. Brooks et mon oncle étaient des joueurs de dames enthousiastes, et c'est au cours d'une partie de dames que cette importante demande a été faite. C'est sur de telles bagatelles que reposent les conséquences les plus importantes. Un mot, un regard, un accent, peuvent affecter le destin non seulement des individus, mais aussi des nations. C'est un homme audacieux qui appelle quelque chose une bagatelle. Qui était-ce qui, ayant reçu le conseil de ne pas tenir compte des bagatelles, disait qu'il le ferait toujours si quelqu'un pouvait lui dire ce qu'était une bagatelle ? Les jeunes devraient se rappeler que c'est souvent sur des bagatelles que reposent les meilleurs cadeaux des dieux. Mon oncle a mentionné mon nom, et a dit qu'il verrait si j'accepterais le poste. Je me souviens si bien du conseil de famille qui s'est tenu. Bien sûr, j'étais folle de joie. Aucun oiseau qui n'ait jamais été enfermé dans une cage n'aspirait plus que moi à la liberté. Ma mère était d'accord, mais mon père était disposé à refuser mon souhait. Ce serait trop pour moi, disait-il ; j'étais trop jeune et trop petit. Pour les deux dollars et demi par semaine offerts, il était évident qu'on attendait un garçon beaucoup plus grand. Tard dans la nuit, je pourrais être amené à courir dans la campagne avec un télégramme, et il y aurait des dangers à affronter. Dans l'ensemble, mon père a dit qu'il était préférable que je reste là où j'étais. Il a ensuite retiré son objection, jusqu'à me donner la permission d'essayer, et je crois qu'il est allé voir M. Hay pour le consulter. M. Hay a pensé que ce serait à mon avantage, et bien que, comme il l'a dit, ce serait un inconvénient pour lui, il m'a tout de même conseillé d'essayer, et si j'échouais, il a eu la gentillesse de me dire que mon ancienne place me serait ouverte. Cela étant décidé, on m'a demandé de traverser la rivière jusqu'à Pittsburgh et de rendre visite à M. Brooks. Mon père souhaitait m'accompagner et il a été décidé qu'il me suivrait jusqu'au bureau du télégraphe, à l'angle des rues Fourth et Wood. C'était une matinée claire et ensoleillée, ce qui était de bon augure. Père et moi avons marché d'Allegheny à Pittsburgh, une distance de près de deux miles de notre maison. Arrivé à la porte, j'ai demandé à père d'attendre dehors. J'ai insisté pour monter seul au deuxième étage ou à l'étage des opérations pour voir le grand homme et apprendre mon destin. J'ai été poussé à le faire, peut-être parce que j'avais alors commencé à me considérer comme un Américain. Au début, les garçons m'appelaient "Scotchie ! Scotchie !" et je répondais : "Oui, je suis écossais et je suis fier de ce nom". Mais dans la parole et dans l'adresse, le large écossais s'était un peu effacé, et je m'imaginais que je pourrais faire une plus belle démonstration si j'étais seul avec M. Brooks que si mon bon vieux père écossais était présent, peut-être pour sourire de mes airs. J'étais vêtu de ma seule chemise de lin blanche, qui était habituellement gardée sacrée pour le jour du sabbat, de mon rond-de-cuir bleu et de tout mon costume du dimanche. À cette époque, et pendant quelques semaines après mon entrée dans le service télégraphique, je n'avais qu'un seul vêtement d'été en lin ; et chaque samedi soir, peu importe si c'était ma nuit de service et que je ne rentrais pas avant minuit, ma mère lavait ces vêtements et les repassait, et je les mettais tout frais le matin du sabbat. Il n'y a rien que l'héroïne n'ait fait dans la lutte que nous menions pour avoir une place dans le monde occidental. Les longues heures passées à l'usine par mon père mettaient ses forces à rude épreuve, mais lui aussi se battait comme un héros et ne manquait jamais de m'encourager. L'entretien a été fructueux. J'ai pris soin d'expliquer que je ne connaissais pas Pittsburgh, que peut-être je ne ferais pas l'affaire, que je ne serais pas assez fort ; mais tout ce que je voulais, c'était un essai. Il m'a demandé dans combien de temps je pourrais venir, et j'ai répondu que je pouvais rester maintenant si je le voulais. Et, en repensant à cette circonstance, je pense que cette réponse pourrait bien être méditée par les jeunes hommes. C'est une grande erreur de ne pas saisir l'occasion. Le poste m'était offert ; quelque chose pouvait se produire, un autre garçon pouvait être envoyé. Après m'être fait embaucher, j'ai proposé d'y rester si je le pouvais. M. Brooks a eu la gentillesse d'appeler l'autre garçon - on voulait un messager supplémentaire - et lui a demandé de me faire visiter les lieux et de me laisser l'accompagner pour apprendre le métier. J'ai rapidement trouvé l'occasion de courir jusqu'au coin de la rue pour dire à mon père que tout allait bien, et de rentrer à la maison pour dire à ma mère que j'avais obtenu le poste.

DAVID Mc CARGO

ET C'EST AINSI QU'EN 1850, j'ai pris mon premier vrai départ dans la vie. De la cave sombre où je faisais tourner une machine à vapeur à deux dollars par semaine, souillée par la saleté du charbon, sans la moindre trace des influences de la vie, j'ai été élevé au paradis, oui, au ciel, comme il me semblait, avec des journaux, des stylos, des crayons et du soleil autour de moi. Il n'y avait pas une minute où je ne pouvais pas apprendre quelque chose ou découvrir combien il y avait à apprendre et combien je savais peu. J'avais l'impression que mon pied était sur l'échelle et que je devais grimper. Je n'avais qu'une crainte, c'était de ne pas apprendre assez vite les adresses des différentes maisons de commerce auxquelles il fallait délivrer des messages.

Je me suis donc mis à noter les enseignes de ces maisons d'un côté de la rue et de l'autre. La nuit, j'exerçais ma mémoire en nommant successivement les différentes entreprises. Au bout d'un certain temps, je pouvais fermer les yeux et, en commençant au pied d'une rue commerciale, citer les noms des entreprises dans l'ordre le long d'un côté jusqu'au sommet de la rue, puis en passant de l'autre côté, descendre dans l'ordre jusqu'au pied. L'étape suivante consistait à connaître les hommes eux-mêmes, car cela donnait un grand avantage à un messager, et lui évitait souvent un long voyage, s'il connaissait des membres ou des employés de sociétés. Il pouvait rencontrer l'un d'entre eux se rendant directement à son bureau. Les garçons considéraient comme un grand triomphe le fait de délivrer un message dans la rue. Et il y avait une satisfaction supplémentaire pour le garçon lui-même, qu'un grand homme (et la plupart des hommes sont grands pour les messagers), arrêté dans la rue de cette façon, manquait rarement de remarquer le garçon et de le complimenter. Le Pittsburgh de 1850 était très différent de ce qu'il est devenu depuis. Elle ne s'était pas encore remise du grand incendie qui avait détruit toute la partie commerciale de la ville le 10 avril 1845. Les maisons étaient principalement en bois, quelques-unes seulement en briques, et aucune n'était à l'épreuve du feu. La population totale de Pittsburgh et des environs ne dépassait pas quarante mille habitants. La partie commerciale de la ville ne s'étendait pas jusqu'à la Cinquième Avenue, qui était alors une rue très tranquille, remarquable uniquement parce qu'elle abritait un théâtre. Federal Street, Allegheny, était constituée de maisons de commerce éparpillées avec de grands espaces libres entre elles, et je me souviens avoir patiné sur des étangs au cœur même de l'actuel Fifth Ward. Le site de notre Union Iron Mills était alors, et bien des années plus tard, un jardin de choux. Le général Robinson, à qui j'ai remis de nombreux messages télégraphiques, était le premier enfant blanc né à l'ouest de la rivière Ohio. J'ai vu la première ligne télégraphique s'étendre de l'est jusqu'à la ville et, plus tard, j'ai également vu la première locomotive, destinée au chemin de fer de l'Ohio et de la Pennsylvanie, amenée par le canal de Philadelphie et déchargée d'un chaland à Allegheny City. Il n'y avait pas de communication ferroviaire directe avec l'Est. Les passagers empruntaient le canal jusqu'au pied des montagnes Allegheny, par lesquelles ils étaient transportés jusqu'à Hollidaysburg, une distance de trente milles par chemin de fer ; de là, ils reprenaient le canal jusqu'à Columbia, puis parcouraient quatre-vingt-un milles par chemin de fer jusqu'à Philadelphie, un voyage qui durait trois jours. Le grand événement de la journée à Pittsburgh à cette époque était l'arrivée et le départ du paquet à vapeur vers et depuis Cincinnati, car une communication quotidienne avait été établie. Les activités de la ville consistaient principalement à acheminer des marchandises de l'Est et de l'Ouest, car elle était la grande station de transfert du fleuve au canal. Un laminoir avait commencé à laminer du fer, mais pas une tonne de fonte brute n'était fabriquée, et pas une tonne d'acier pendant de nombreuses années. La fabrication de fonte brute a d'abord été un échec total en raison du manque de combustible approprié, bien que le gisement de charbon à coke le plus précieux du monde se trouve à quelques kilomètres de là, tout aussi insoupçonné pour le coke destiné à la fonte de la pierre de fer que les réserves de gaz naturel qui, pendant des siècles, sont restées intactes sous la ville. À cette époque, il n'y avait pas une demi-douzaine d'entreprises de " transport " dans la ville, et ce n'est que bien des années plus tard que l'on a tenté d'introduire la livrée, même pour un cocher. En 1861, peut-être, l'événement financier le plus notable des annales de Pittsburgh était le retrait des affaires de M. Fahnestock avec la somme énorme de 174 000 $, payée par ses partenaires pour sa participation. Comme cette somme semblait importante à l'époque et comme elle est insignifiante aujourd'hui ! Ma position de messager m'a rapidement fait connaître les quelques hommes importants de la ville. Le barreau de Pittsburgh était distingué. Le juge Wilkins en était le chef, et lui, ainsi que le juge MacCandless, le juge McClure, Charles Shaler et son associé, Edwin M. Stanton, qui devint par la suite le grand secrétaire à la Guerre (" le bras droit de Lincoln "), étaient tous bien connus de moi - ce dernier en particulier, car il avait eu la bonté de s'intéresser à moi lorsque j'étais enfant. Dans les cercles d'affaires, parmi les hommes éminents qui ont survécu, Thomas M. Howe, James Park, C.G. Hussey, Benjamin F. Jones, William Thaw, John Chalfant, le colonel Herron étaient de grands hommes que les garçons messagers considéraient comme des modèles, et pas de mauvais modèles non plus, comme leur vie l'a prouvé. (Hélas ! tous morts au moment où je révise ce paragraphe en 1906, tant le cortège solennel se déplace avec constance). Ma vie de messager télégraphique a été à tous égards, heureuse, et c'est à ce poste que j'ai jeté les bases de mes plus grandes amitiés. Le messager le plus âgé ayant été promu, il fallait un nouveau garçon, et il se présenta en la personne de David McCargo, qui devint par la suite le surintendant bien connu de l'Allegheny Valley Railway. Il est devenu mon compagnon et nous devions livrer tous les messages de la ligne de l'Est, tandis que deux autres garçons livraient les messages de l'Ouest. Les compagnies télégraphiques de l'Est et de l'Ouest étaient alors distinctes, bien qu'elles occupaient le même bâtiment. "Davy et moi sommes tout de suite devenus des amis très proches, le fait qu'il soit écossais constituant un lien important. En effet, bien que Davy soit né en Amérique, son père était tout aussi écossais, même dans son langage, que mon propre père. Peu de temps après la nomination de "Davy", un troisième garçon était nécessaire, et cette fois, on m'a demandé si je pouvais en trouver un convenable. Je n'eus aucune difficulté à le faire avec mon ami Robert Pitcairn, qui me succéda plus tard comme surintendant et agent général à Pittsburgh de la Pennsylvania Railroad. Robert, comme moi, était non seulement écossais, mais né en Écosse, de sorte que "Davy", "Bob" et "Andy" sont devenus les trois garçons écossais qui livraient tous les messages de l'Eastern Telegraph Line à Pittsburgh, pour le magnifique salaire de deux dollars et demi par semaine. Les garçons étaient chargés de balayer le bureau chaque matin, ce que nous faisions à tour de rôle, ce qui montre que nous avons tous commencé au bas de l'échelle. L'honorable H.W. Oliver, chef de la grande entreprise manufacturière Oliver Brothers, et W.C. Morland, avocat de la ville, ont par la suite rejoint le corps et ont commencé de la même façon. Ce n'est pas le fils du riche que le jeune qui lutte pour son avancement doit craindre dans la course de la vie, ni son neveu ni son cousin. Qu'il cherche le "cheval noir" dans le garçon qui commence par balayer le bureau.

ROBERT PITCAIRN

À CETTE ÉPOQUE, UN garçon messager avait de nombreux plaisirs. Il y avait des magasins de fruits en gros, où l'on pouvait parfois obtenir une poche de pommes pour la livraison rapide d'un message ; des boulangeries et des confiseries, où on lui offrait parfois des gâteaux sucrés. Il rencontrait des hommes très aimables, qu'il considérait avec respect ; ils lui disaient un mot agréable et le complimentaient sur sa promptitude, lui demandant peut-être de livrer un message sur le chemin du retour au bureau. Je ne connais pas de situation dans laquelle un garçon est plus apte à attirer l'attention, ce qui est tout ce dont un garçon vraiment intelligent a besoin pour s'élever. Les hommes sages sont toujours à la recherche de garçons intelligents. Une des grandes excitations de cette vie était le supplément de dix cents que nous étions autorisés à percevoir pour les messages livrés au-delà d'une certaine limite. Ces "messages à dix cents", comme on pouvait s'y attendre, étaient surveillés de près, et des querelles éclataient entre nous quant au droit de livraison. Dans certains cas, il a été allégué que des garçons avaient pris un message de dix cents de temps en temps sans y être autorisés. Ce fut la seule cause de problèmes sérieux entre nous. En guise de règlement, j'ai proposé que nous mettions ces messages en commun et que nous partagions l'argent en parts égales à la fin de chaque semaine. J'ai été nommé trésorier. La paix et la bonne humeur ont régné par la suite. Cette mise en commun des gains supplémentaires, qui n'avait pas pour but de créer des prix artificiels, était une véritable coopération. Ce fut mon premier essai d'organisation financière. Les garçons considéraient qu'ils avaient parfaitement le droit de dépenser ces dividendes, et la confiserie voisine avait des comptes courants avec la plupart d'entre eux. Ces comptes étaient parfois largement à découvert. Le trésorier dut donc avertir le confiseur, ce qu'il fit en bonne et due forme, qu'il ne serait pas responsable des dettes contractées par les garçons trop affamés et trop gourmands. Robert Pitcairn était le pire contrevenant de tous, ayant apparemment non seulement une dent sucrée, mais toutes ses dents de ce caractère. Il m'expliqua confidentiellement un jour, alors que je le grondais, qu'il avait des êtres vivants dans l'estomac qui lui rongeait les entrailles jusqu'à ce qu'il se nourrisse de sucreries.

Chapitre 4 : Le colonel Anderson et les livres

Malgré tous leurs plaisirs, les messagers travaillaient dur. Un soir sur deux, ils devaient être de service jusqu'à la fermeture du bureau, et ces nuits-là, il était rare que j'arrive à la maison avant onze heures. Les nuits alternées, nous étions relevés à six heures. Cela ne laissait pas beaucoup de temps pour se perfectionner, et les besoins de la famille ne laissaient pas d'argent à dépenser en livres. Cependant, comme une bénédiction venue d'en haut, il y eut un moyen par lequel les trésors de la littérature me furent révélés. Le colonel James Anderson - je bénis son nom au moment où j'écris - a annoncé qu'il ouvrirait sa bibliothèque de quatre cents volumes aux garçons, de sorte que tout jeune homme pourrait emprunter, chaque samedi après-midi, un livre qui pourrait être échangé contre un autre le samedi suivant. Mon ami, M. Thomas N. Miller, m'a rappelé récemment que les livres du colonel Anderson ont d'abord été ouverts aux " garçons travailleurs ", et la question s'est posée de savoir si les garçons messagers, les commis et autres, qui ne travaillaient pas de leurs mains, avaient droit à des livres. Ma première communication à la presse a été une note, écrite au "Pittsburgh Dispatch", dans laquelle j'insistais pour que nous ne soyons pas exclus ; que même si nous ne travaillions pas de nos mains à l'heure actuelle, certains d'entre nous l'avaient fait, et que nous étions vraiment des ouvriers. Le cher colonel Anderson a rapidement approuvé la classification. Ma première apparition en tant qu'écrivain public fut donc un succès. Mon cher ami Tom Miller, qui faisait partie du cercle restreint, vivait près du colonel Anderson et m'a présenté à lui, et c'est ainsi que les fenêtres se sont ouvertes dans les murs de mon cachot pour laisser entrer la lumière du savoir. Chaque jour de labeur et même les longues heures de service de nuit étaient éclairées par le livre que je portais sur moi et que je lisais dans les intervalles de temps que je pouvais m'octroyer. Et l'avenir s'éclaircissait à la pensée que, le samedi venu, je pourrais me procurer un nouveau volume. C'est ainsi que je me suis familiarisé avec les essais et l'histoire de Macaulay, ainsi qu'avec l'histoire des États-Unis de Bancroft, que j'ai étudiée avec plus de soin que tout autre livre que j'avais lu à l'époque. Les essais de Lamb m'ont particulièrement plu, mais je n'avais à cette époque aucune connaissance du grand maître de tous, Shakespeare, en dehors des morceaux choisis dans les manuels scolaires. J'ai acquis mon goût pour lui un peu plus tard, au vieux théâtre de Pittsburgh. John Phipps, James R. Wilson, Thomas N. Miller, William Cowley - des membres de notre cercle - ont partagé avec moi le privilège inestimable de l'utilisation de la bibliothèque du colonel Anderson. Des livres qu'il m'aurait été impossible d'obtenir ailleurs ont été, grâce à sa sage générosité, mis à ma portée ; et c'est à lui que je dois un goût pour la littérature que je n'échangerais pas contre tous les millions que l'homme n'ait jamais amassés. La vie serait tout à fait intolérable sans lui. Rien n'a autant contribué à nous préserver, mes compagnons et moi-même, de la mauvaise camaraderie et des mauvaises habitudes que la bienfaisance du bon colonel. Plus tard, lorsque la fortune me sourit, l'une de mes premières tâches fut d'ériger un monument à mon bienfaiteur. Il se dresse devant le Hall et la bibliothèque de Diamond Square, que j'ai offert à Allegheny, et porte cette inscription : Au colonel James Anderson, fondateur des bibliothèques gratuites de Pennsylvanie occidentale. Il a ouvert sa bibliothèque aux garçons qui travaillaient et, le samedi après-midi, il faisait office de bibliothécaire, consacrant ainsi non seulement ses livres, mais aussi sa propre personne à cette noble tâche. Ce monument est érigé en souvenir reconnaissant par Andrew Carnegie, l'un des "garçons travailleurs" à qui furent ainsi ouverts les précieux trésors de connaissance et d'imagination grâce auxquels la jeunesse peut s'élever.

COLONEL JAMES ANDERSON

CE N'EST QU'UN LÉGER hommage qui ne donne qu'une faible idée de la profondeur de la gratitude que je ressens pour ce qu'il a fait pour moi et mes compagnons. C'est à partir de ma propre expérience que j'ai décidé qu'il n'y avait pas d'utilisation de l'argent qui puisse être aussi productive de bien pour les garçons et les filles qui ont du bien en eux et la capacité et l'ambition de le développer, que la fondation d'une bibliothèque publique dans une communauté qui est prête à la soutenir en tant qu'institution municipale. Je suis sûr que l'avenir des bibliothèques que j'ai eu le privilège de fonder prouvera la justesse de cette opinion. Car si un garçon dans chaque district de bibliothèque, en ayant accès à l'une de ces bibliothèques, bénéficie de la moitié du bénéfice que j'ai reçu en ayant accès aux quatre cents volumes bien usés du colonel Anderson, je considérerai qu'elles n'ont pas été créées en vain. "Comme la brindille est pliée, l'arbre est incliné." Les trésors du monde que contiennent les livres se sont ouverts à moi au bon moment. L'avantage fondamental d'une bibliothèque est qu'elle ne donne rien pour rien. Les jeunes doivent acquérir le savoir eux-mêmes. Il n'y a pas d'échappatoire à cela. J'ai eu la grande satisfaction de découvrir, bien des années plus tard, que mon père était l'un des cinq tisserands de Dunfermline qui ont rassemblé les quelques livres qu'ils possédaient et ont formé la première bibliothèque de circulation de cette ville. L'histoire de cette bibliothèque est intéressante. Elle s'est agrandie et a été déplacée pas moins de sept fois d'un endroit à l'autre, le premier déménagement ayant été effectué par les fondateurs, qui ont transporté les livres dans leurs tabliers et deux godets de charbon depuis l'atelier de tissage à la main jusqu'au deuxième lieu de repos. Que mon père ait été l'un des fondateurs de la première bibliothèque de sa ville natale, et que j'aie eu la chance d'être le fondateur de la dernière, est certainement pour moi l'un des incidents les plus intéressants de ma vie. J'ai souvent dit, dans des discours publics, que je n'avais jamais entendu parler d'une lignée pour laquelle j'échangerais celle d'un tisserand fondateur de bibliothèque. [J'ai suivi mon père dans la fondation de bibliothèques sans le savoir - je suis presque tenté de dire providentiellement - et cela a été pour moi une source de satisfaction intense. Un père comme le mien était un guide à suivre - une des natures les plus douces, les plus pures et les plus gentilles que j'aie jamais connues. J'ai déjà dit que c'est le théâtre qui a stimulé mon amour pour Shakespeare. À l'époque où j'étais messager, le vieux théâtre de Pittsburgh était dans toute sa splendeur sous la direction de M. Foster. Ses activités télégraphiques étaient gratuites, et les opérateurs télégraphiques recevaient en retour une entrée gratuite au théâtre. Ce privilège s'étendait aussi, dans une certaine mesure, aux messagers, qui, je le crains, retenaient parfois les télégrammes qui lui arrivaient en fin d'après-midi jusqu'à ce qu'ils puissent être présentés à la porte du théâtre le soir, avec la timide demande que le messager soit autorisé à se glisser au deuxième étage - demande qui était toujours accordée. Les garçons s'échangeaient les fonctions pour donner à chacun l'entrée convoitée à son tour. C'est ainsi que je me suis familiarisé avec le monde qui se trouvait derrière le rideau vert. Les pièces, en général, étaient de l'ordre du spectaculaire ; sans grande valeur littéraire, mais bien calculée pour éblouir l'œil d'un jeune de quinze ans. Non seulement je n'avais jamais rien vu d'aussi grandiose, mais je n'avais jamais rien vu de tel. Je n'avais jamais été dans un théâtre, ni même dans une salle de concert ni vu aucune forme d'amusement public. C'était un peu la même chose avec "Davy" McCargo, "Harry" Oliver et "Bob" Pitcairn. Nous étions tous fascinés par la lumière des projecteurs, et nous saisissions chaque occasion d'aller au théâtre avec enthousiasme. Mes goûts ont changé lorsque "Gust" Adams, l'un des plus célèbres tragédiens de l'époque, a commencé à jouer à Pittsburgh une série de personnages shakespeariens. Désormais, il n'y avait rien d'autre pour moi que Shakespeare. Il me semblait que j'étais capable de le mémoriser presque sans effort. Jamais auparavant je n'avais réalisé quelle magie se cachait dans les mots. Le rythme et la mélodie semblaient tous trouver une place en moi, se fondre en une masse solide prête à venir à l'appel. C'était un nouveau langage et je dois certainement son appréciation à la représentation dramatique, car, jusqu'à ce que je voie jouer "Macbeth", mon intérêt pour Shakespeare n'avait pas été éveillé. Je n'avais pas lu les pièces. C'est beaucoup plus tard que Wagner m'a été révélé dans "Lohengrin". J'avais entendu à l'Académie de musique de New York, peu ou rien de lui, quand l'ouverture de "Lohengrin" m'a fait vibrer comme une nouvelle révélation. Il y avait là un génie, en effet, différent de tous ceux qui l'avaient précédé, une nouvelle échelle sur laquelle je pouvais m'élever, comme Shakespeare, un nouvel ami. Je peux parler ici d'une autre affaire qui appartient à cette même période. Quelques personnes à Allegheny - probablement pas plus d'une centaine en tout - s'étaient regroupées dans une société swedenborgienne, dans laquelle nos parents américains jouaient un rôle important. Mon père a fréquenté cette église après avoir quitté la presbytérienne, et, bien sûr, j'y ai été amené. Ma mère, cependant, ne s'intéressait pas à Swedenborg. Bien qu'elle ait toujours inculqué le respect de toutes les formes de religion, et découragé les disputes théologiques, elle gardait pour elle-même une réserve marquée. Sa position pourrait être mieux définie par la célèbre maxime de Confucius : "Bien accomplir les devoirs de cette vie, sans se préoccuper d'une autre, voilà la sagesse première." Elle encourageait ses garçons à aller à l'église et à l'école du dimanche, mais il n'y avait aucune difficulté à voir que les écrits de Swedenborg et une grande partie de l'Ancien et du Nouveau Testament avaient été discrédités par elle comme indignes de la paternité divine ou d'être acceptés comme guides faisant autorité pour la conduite de la vie. Je me suis profondément intéressé aux doctrines mystérieuses de Swedenborg, et j'ai reçu les félicitations de ma dévouée tante Aitken pour mon aptitude à exposer le "sens spirituel". Cette chère vieille femme attendait avec impatience le moment où je deviendrais une lumière brillante dans la nouvelle Jérusalem, et je sais qu'il n'était parfois pas au-delà des limites de son imagination que je puisse m'épanouir dans ce qu'elle appelait un "prédicateur de la Parole". Au fur et à mesure que je m'éloignais de la théologie artificielle, ces tendres espoirs s'affaiblissaient, mais l'intérêt et l'affection de ma tante pour son premier neveu, qu'elle avait posé sur ses genoux en Écosse, ne se sont jamais démentis. Mon cousin Leander Morris, qu'elle espérait sauver grâce à la révélation swedenborgienne, la déçut gravement en devenant baptiste et en se faisant tremper. C'en était trop pour l'évangéliste, même si elle aurait dû se souvenir que son père avait vécu la même expérience et avait souvent prêché pour les baptistes d'Édimbourg. L'accueil de Léandre lors de sa première visite après sa chute fut loin d'être cordial. On lui fit comprendre que le dossier familial avait souffert de sa déchéance alors qu'il se trouvait aux portes mêmes de la nouvelle Jérusalem révélée par Swedenborg et qui lui avait été présentée par l'un des principaux disciples, sa tante. Il commença de manière dépréciative : "Pourquoi es-tu si dure avec moi, ma tante ? Regarde Andy, il n'est membre d'aucune église et tu ne le grondes pas. L'Église baptiste est sûrement mieux que rien." La réponse a été rapide : "Andy ! Oh ! Andy, il est nu, mais tu es vêtu de haillons." Il n'a jamais retrouvé sa place auprès de cette chère tante Aitken. Je pouvais encore être réformé, étant sans attaches ; mais Leander avait choisi une secte et cette secte n'était pas celle de la nouvelle Jérusalem. C'est en relation avec la Société Swedenborgian que mon goût pour la musique s'est éveillé pour la première fois. En appendice au livre d'hymnes de la société, il y avait de courtes sélections d'oratorios. Je m'y attachai instinctivement et, bien que dépourvu de voix, mais crédité d'une certaine "expression", j'assistais constamment aux répétitions de la chorale. Le chef de chœur, M. Koethen, j'ai des raisons de croire qu'il pardonnait souvent les discordances que je produisais dans la chorale en raison de mon enthousiasme pour la cause. Lorsque, plus tard, j'ai pris connaissance de l'intégralité des oratorios, j'ai eu le plaisir de constater que plusieurs de ceux qui sont considérés dans les cercles musicaux comme les joyaux de l'œuvre de Haendel étaient ceux que le garçon ignorant que j'étais avait choisis comme favoris. Le début de mon éducation musicale date donc de la petite chorale de la Société Swedenborgienne de Pittsburgh. Je ne dois cependant pas oublier que mon amour pour les sons doux a trouvé une très bonne base dans l'inégalable minstrelsy de mon pays natal, chanté par mon père. Il n'y a guère de vieille chanson écossaise avec laquelle je n'ai pas été familiarisé, tant au niveau des paroles que de l'air. Les chansons populaires sont la meilleure base possible pour progresser vers les sommets de Beethoven et de Wagner. Mon père étant l'un des chanteurs les plus doux et les plus pathétiques que j'aie jamais entendus, j'ai probablement hérité de son amour de la musique et du chant, même si je n'ai pas reçu sa voix. L'exclamation de Confucius résonne souvent à mes oreilles : "Musique, langue sacrée de Dieu ! Je t'entends appeler et je viens." Un incident de cette même période montre la libéralité de mes parents dans un autre domaine. En tant que messager, je n'avais pas de vacances, à l'exception de deux semaines en été, que je passais à faire du bateau sur la rivière avec des cousins chez mon oncle à East Liverpool, Ohio. J'aimais beaucoup patiner, et pendant l'hiver dont je parle, les eaux calmes de la rivière en face de notre maison étaient magnifiquement gelées. La glace était dans un état splendide, et en arrivant à la maison tard le samedi soir, la question s'est posée de savoir si je pouvais être autorisé à me lever tôt le matin et à aller patiner avant l'heure de l'église. Aucune question d'un caractère plus sérieux n'aurait pu être soumise à des parents écossais ordinaires. Ma mère a été claire sur le sujet : dans ces circonstances, je devais être autorisé à patiner aussi longtemps que je le souhaitais. Mon père a dit qu'il pensait qu'il était juste que j'aille patiner, mais il espérait que je serais de retour à temps pour l'accompagner à l'église. Je suppose que cette décision serait prise aujourd'hui par neuf cent quatre-vingt-dix-neuf foyers sur mille en Amérique, et probablement aussi par la majorité des foyers en Angleterre, mais pas en Écosse. Mais ceux qui soutiennent aujourd'hui que le sabbat, dans son sens le plus complet, a été créé pour l'homme, et qui ouvriraient au public les galeries d'art et les musées, et feraient de ce jour une sorte de journée de plaisir pour les masses au lieu de leur imposer le devoir de se lamenter sur des péchés largement imaginaires, ne sont pas plus avancés que ne l'étaient mes parents il y a quarante ans. Ils étaient plus qu'orthodoxes à l'époque où il était à peine permis, du moins chez les Écossais, de se promener pour le plaisir ou de lire des livres autres que religieux le jour du sabbat.

Chapitre 5 : Le bureau du télégraphe

J'ai servi comme messager pendant environ un an, lorsque le colonel John P. Glass, le directeur du bureau du rez-de-chaussée, qui était en contact avec le public, a commencé à me choisir de temps en temps pour surveiller le bureau pendant quelques minutes pendant son absence. Comme M. Glass était un homme très populaire et qu'il avait des aspirations politiques, ces périodes d'absence sont devenues de plus en plus longues et fréquentes, de sorte que je suis rapidement devenu un adepte de cette branche du travail. Je recevais les messages du public et veillais à ce que ceux qui venaient de la salle des opérations soient correctement assignés aux garçons pour une livraison rapide. C'était un poste éprouvant pour un garçon, et à l'époque je n'étais pas populaire auprès des autres garçons, qui m'en voulaient d'être dispensé d'une partie de mon travail légitime. On m'a également reproché d'être pénible dans mes habitudes - c'est-à-dire, comme le disaient les garçons. Je ne dépensais pas mes centimes supplémentaires, mais ils n'en connaissaient pas la raison. Je savais que chaque centime que je pouvais économiser était nécessaire à la maison. Mes parents étaient sages et rien ne m'était caché. Je connaissais chaque semaine les recettes de chacun des trois qui travaillaient - mon père, ma mère et moi-même. Je connaissais aussi toutes les dépenses. Nous nous consultions sur les ajouts qui pouvaient être faits à notre maigre stock de meubles et de vêtements et chaque nouveau petit article obtenu était une source de joie. Il n'y a jamais eu de famille plus unie. Jour après jour, comme maman pouvait épargner un demi-dollar en argent, il était soigneusement placé dans un bas et caché jusqu'à ce que deux cents soient rassemblés, lorsque j'ai obtenu une traite pour rembourser les vingt livres si généreusement prêtées par son amie, Mme Henderson. Ce fut un jour que nous avons fêté. La famille Carnegie était libérée de toute dette. Oh, le bonheur de ce jour-là ! La dette était, en effet, acquittée, mais il reste une dette de gratitude qui ne pourra jamais être payée. La vieille Mme Henderson vit encore aujourd'hui. Je vais chez elle comme dans un sanctuaire, pour la voir lors de mes visites à Dunfermline ; et quoi qu'il arrive, je ne pourrai jamais l'oublier. [En lisant ces lignes, écrites il y a quelques années, je gémis : "Partie, partie avec les autres !" Paix aux cendres d'une chère, bonne, noble amie de ma mère]. L'incident de ma vie de messager qui m'a immédiatement élevé au septième ciel s'est produit un samedi soir, alors que le colonel Glass payait aux garçons leur salaire mensuel. Nous nous tenions en rang devant le comptoir, et M. Glass payait chacun à son tour. J'étais à la tête de la file et j'ai tendu la main pour prendre les onze premiers dollars et quart lorsque M. Glass les a sortis. À ma grande surprise, il les a fait passer devant moi et a payé le garçon suivant. J'ai pensé qu'il s'agissait d'une erreur, car j'avais été payé en premier jusqu'alors, mais les autres garçons ont suivi à tour de rôle. Mon cœur commença à se serrer. La disgrâce semblait arriver. Qu'avais-je fait ou n'avais-je pas fait ? On était sur le point de me dire qu'il n'y avait plus de travail pour moi. Je devais déshonorer la famille. C'était la douleur la plus vive de toutes. Lorsque tout fut payé et que les garçons furent partis, M. Glass m'emmena derrière le comptoir et me dit que je valais plus que les autres garçons et qu'il avait décidé de me payer treize dollars et demi par mois. J'avais la tête qui tournait, je doutais d'avoir bien entendu. Il a compté l'argent. Je ne sais pas si je l'ai remercié ; je ne crois pas l'avoir fait. J'ai pris l'argent et j'ai fait un bond vers la porte et je ne me suis pas arrêté avant d'arriver à la maison. Je me souviens distinctement d'avoir couru ou plutôt d'avoir bondi d'un bout à l'autre du pont qui traverse la rivière Allegheny - à l'intérieur sur la voie ferrée du wagon parce que la voie piétonne était trop étroite. C'était samedi soir. J'ai remis à ma mère, qui était la trésorière de la famille, les onze dollars et un quart et je n'ai rien dit des deux dollars et un quart restant dans ma poche - qui valaient plus pour moi à l'époque que tous les millions que j'ai gagnés depuis. Tom, un petit garçon de neuf ans, et moi-même avons dormi ensemble dans le grenier, et une fois que nous avons été en sécurité dans notre lit, j'ai chuchoté le secret à mon cher petit frère. Même à son jeune âge, il a compris ce que cela signifiait, et nous avons parlé de l'avenir. C'est alors que, pour la première fois, je lui ai décrit comment nous allions nous lancer dans les affaires ensemble, que la société des "Frères Carnegie" serait grande, et que père et mère devraient encore monter dans leur voiture. À l'époque, cela nous semblait englober tout ce que l'on appelle la richesse et la plupart des choses qui valent la peine d'être recherchées. La vieille Écossaise, dont la fille avait épousé un marchand de Londres, à qui son gendre demandait de venir à Londres et de vivre près d'eux, promettant qu'elle "monterait dans son carrosse", répondit : "À quoi bon monter dans une voiture si je ne peux pas être vu par les gens de Strathbogie ?" Le père et la mère ne seraient pas seulement vus à Pittsburgh, mais devraient visiter Dunfermline, leur ancienne maison, avec style. Le dimanche matin, alors que père, mère et Tom prenaient leur petit-déjeuner, j'ai présenté les deux dollars et un quart supplémentaire. La surprise fut grande et il leur fallut quelques instants pour comprendre la situation, mais ils s'en rendirent vite compte. Le regard de fierté affectueuse du père et l'œil flamboyant de la mère, bientôt mouillé de larmes, ont exprimé leur sentiment. C'était le premier triomphe de leur garçon et la preuve positive qu'il était digne d'une promotion. Aucun succès ultérieur, aucune reconnaissance de quelque nature que ce soit ne m'a jamais fait vibrer comme celui-ci. Je ne peux même pas en imaginer un qui le pourrait. C'était le paradis sur terre. Tout mon monde était ému aux larmes de joie. Obligés de balayer la salle des opérations le matin, les garçons avaient l'occasion de s'exercer sur les instruments télégraphiques avant l'arrivée des opérateurs. C'était une nouvelle chance. J'ai rapidement commencé à jouer avec la clé et à parler avec les garçons des autres stations qui avaient des objectifs similaires aux miens. Lorsqu'une personne apprend à faire quelque chose, elle n'a jamais à attendre longtemps l'occasion de mettre ses connaissances en pratique. Un matin, j'ai entendu l'appel de Pittsburgh donné avec vigueur. Il me semblait deviner que quelqu'un souhaitait vivement communiquer. Je me suis risqué à répondre, et j'ai laissé passer le message. C'était Philadelphie qui voulait envoyer immédiatement "un message de mort" à Pittsburgh. Pourrais-je le prendre ? Je répondis que j'essaierais s'ils envoyaient lentement. J'ai réussi à obtenir le message et je suis parti en courant avec. J'ai attendu anxieusement l'arrivée de M. Brooks et lui ai raconté ce que j'avais osé faire. Heureusement, il l'a apprécié et m'a complimenté, au lieu de me gronder pour ma témérité, mais m'a congédié en me recommandant d'être très prudent et de ne pas faire d'erreurs. Il ne fallut pas longtemps pour qu'on m'appelle parfois à surveiller l'instrument, alors que l'opérateur souhaitait s'absenter, et c'est ainsi que j'appris l'art de la télégraphie. À cette époque, nous avions la chance d'avoir un opérateur plutôt indolent, qui n'était que trop heureux de me faire faire son travail. Nous avions alors l'habitude de recevoir les messages sur une feuille de papier, que l'opérateur lisait à un copiste, mais des rumeurs nous étaient parvenues qu'un homme dans l'Ouest avait appris à lire au son et pouvait vraiment prendre un message à l'oreille. Cela m'a incité à mettre en pratique la nouvelle méthode. L'un des opérateurs du bureau, M. Maclean, est devenu expert en la matière et m'a encouragé par ses succès. J'étais surpris de la facilité avec laquelle j'apprenais cette nouvelle langue. Un jour, alors que je souhaitais prendre un message en l'absence de l'opérateur, le vieux monsieur qui faisait office de copiste n'a pas apprécié ma présomption et a refusé de " copier " pour un messager. J'ai fermé la feuille de papier, pris crayon et papier et commencé à prendre le message à l'oreille. Je n'oublierai jamais sa surprise. Il m'a ordonné de lui rendre son crayon et son bloc de papier, et après cela, il n'y a jamais eu de problème entre ce cher vieux Courtney Hughes et moi. Il était mon ami dévoué et mon copiste. Peu après cet incident, Joseph Taylor, l'opérateur à Greensburg, à trente miles de Pittsburgh, souhaitant s'absenter pendant deux semaines, demanda à M. Brooks s'il ne pouvait pas envoyer quelqu'un pour le remplacer. M. Brooks m'a appelé et m'a demandé si je pensais pouvoir faire ce travail. J'ai tout de suite répondu par l'affirmative. "Eh bien," a-t-il dit, "nous allons vous envoyer là-bas pour un essai." Je suis parti en diligence postale et j'ai fait un voyage des plus agréables. M. David Bruce, un avocat bien connu d'ascendance écossaise, et sa sœur se trouvaient être des passagers. C'était ma première excursion et mon premier aperçu du pays. L'hôtel de Greensburg était la première maison publique dans laquelle j'avais pris un repas. Je trouvais la nourriture merveilleusement bonne.

HENRY PHIPPS

C'ÉTAIT EN 1852. ON creusait alors de profondes tranchées et des remblais près de Greensburg pour le chemin de fer de la Pennsylvanie, et je sortais souvent tôt le matin pour voir les travaux avancer, sans me douter que j'allais bientôt entrer au service de cette grande société. C'était le premier poste à responsabilité que j'occupais dans le service télégraphique, et j'étais si désireux d'être à portée de main au cas où l'on aurait besoin de moi, qu'une nuit, très tard, je suis resté assis dans le bureau pendant un orage, ne voulant pas couper la connexion. Je me suis aventuré trop près de la clé et, pour mon audace, j'ai été renversé de mon tabouret. Un éclair a failli mettre fin à ma carrière. Par la suite, j'ai été noté au bureau pour ma prudence pendant les orages. J'ai réussi à faire les petites affaires à Greensburg à la satisfaction de mes supérieurs, et je suis retourné à Pittsburgh entouré de quelque chose comme une auréole, en ce qui concerne les autres garçons. La promotion n'a pas tardé. On cherchait un nouvel opérateur et M. Brooks a télégraphié à mon cher ami James D. Reid, alors surintendant général de la ligne, un autre beau spécimen de l'Écossais, et a pris sur lui de me recommander comme assistant-opérateur. Le télégramme envoyé de Louisville en réponse indiquait que M. Reid approuvait fortement la promotion d'"Andy", à condition que M. Brooks le considère comme compétent. C'est ainsi que j'ai commencé à travailler comme télégraphiste au salaire faramineux de vingt-cinq dollars par mois, ce qui me semblait une fortune. Je dois à M. Brooks et à M. Reid ma promotion du poste de messager à la salle des opérations. J'étais alors dans ma dix-septième année et j'avais fait mon apprentissage. Je jouais maintenant le rôle d'un homme, et non plus d'un garçon, et je gagnais un dollar chaque jour ouvrable. La salle d'exploitation d'un bureau télégraphique est une excellente école pour un jeune homme. Il y est confronté au crayon et au papier, à la composition et à l'invention. Et c'est là que ma petite connaissance des affaires britanniques et européennes m'a vite servi. La connaissance est sûre de se révéler utile d'une manière ou d'une autre. Elle est toujours utile. Les nouvelles étrangères étaient alors reçues par fil du cap Race, et la prise des " nouvelles du bateau à vapeur " successives était l'une de nos tâches les plus remarquables. J'aimais cette tâche plus que toute autre, et elle me fut bientôt attribuée tacitement. À l'époque, les lignes fonctionnaient mal et, pendant un orage, il fallait deviner beaucoup de choses. On disait que mon pouvoir de deviner était phénoménal, et c'était ma distraction préférée de combler les lacunes au lieu d'interrompre l'expéditeur et de passer des minutes sur un ou deux mots perdus. Cette pratique n'était pas dangereuse en ce qui concerne les nouvelles étrangères, car si des libertés excessives étaient prises par l'opérateur audacieux, elles n'étaient pas de nature à lui causer de sérieux ennuis. Ma connaissance des affaires étrangères était devenue assez étendue, surtout en ce qui concerne les affaires de la Grande-Bretagne, et mes suppositions étaient assez sûres, si je réussissais à trouver la première ou les deux premières lettres. Les journaux de Pittsburgh avaient chacun l'habitude d'envoyer un journaliste au bureau pour transcrire les dépêches de presse. Plus tard, un seul homme a été nommé pour tous les journaux et il a suggéré que des copies multiples pourraient facilement être faites des nouvelles telles qu'elles étaient reçues, et il a été convenu que je fasse cinq copies de toutes les dépêches de presse pour lui comme travail supplémentaire pour lequel il devait me payer un dollar par semaine. Ce premier travail pour la presse me rapportait une rémunération très modeste, c'est certain, mais mon salaire était de trente dollars par mois, et chaque dollar comptait à cette époque. La famille gagnait peu à peu du terrain ; déjà le millionnaire futur semblait poindre. Une autre étape qui a exercé une influence décisive sur moi a été l'adhésion à la "Webster Literary Society" avec mes compagnons, les cinq fidèles déjà nommés. Nous formions un cercle restreint et étions très proches les uns des autres. C'était un avantage pour nous tous. Nous avions auparavant formé un petit club de débat qui se réunissait dans la chambre du père de M. Phipps, dans laquelle ses quelques compagnons cordonniers travaillaient pendant la journée. Tom Miller a récemment prétendu que j'avais un jour parlé pendant près d'une heure et demie sur la question "Le pouvoir judiciaire devrait-il être élu par le peuple ?", mais nous devons, par pitié, supposer que sa mémoire est défaillante. Le "Webster" était alors le club le plus important de la ville et nous étions fiers d'être considérés comme aptes à en faire partie. Nous nous étions simplement préparés dans la chambre du cordonnier. Je ne connais pas de meilleur moyen d'aider les jeunes que de rejoindre un club comme celui-ci. J'ai lu beaucoup de choses qui avaient un rapport avec les débats à venir et qui ont donné de la clarté et de la fixité à mes idées. La confiance en soi que j'ai acquise par la suite devant un public peut être attribuée sans risque à l'expérience de la "Webster Society". Mes deux règles pour parler alors (et aujourd'hui) étaient les suivantes : mettez-vous parfaitement à l'aise devant votre auditoire, et parlez simplement à lui, pas à lui. N'essayez pas d'être quelqu'un d'autre ; soyez vous-même et parlez, ne faites jamais de discours jusqu'à ce que vous ne puissiez plus vous en empêcher. J'ai fini par devenir un opérateur de son, en abandonnant complètement l'impression. L'exploit était alors si rare que les gens se rendaient au bureau pour être satisfaits de cet exploit extraordinaire. Cela m'a tellement fait remarquer que lorsqu'une grande inondation a détruit toutes les communications télégraphiques entre Steubenville et Wheeling, une distance de vingt-cinq milles, j'ai été envoyé dans la première ville pour recevoir toutes les affaires qui passaient alors entre l'Est et l'Ouest, et pour envoyer toutes les heures ou toutes les deux heures les dépêchent dans de petits bateaux sur la rivière jusqu'à Wheeling. En échange, chaque bateau qui revenait apportait des rouleaux de dépêches que j'envoyais à l'Est, et c'est ainsi que pendant plus d'une semaine, toute la communication télégraphique entre l'Est et l'Ouest via Pittsburgh a été maintenue. Alors que j'étais à Steubenville, j'ai appris que mon père allait à Wheeling et à Cincinnati pour vendre les nappes qu'il avait tissées. J'ai attendu le bateau, qui n'est arrivé que tard dans la soirée, et je suis descendu à sa rencontre. Je me rappelle combien j'ai été profondément affecté en découvrant qu'au lieu de prendre un passage en cabine, il avait résolu de ne pas payer le prix, mais de descendre le fleuve comme passager sur le pont. J'étais indigné qu'une personne d'une si belle nature soit obligée de voyager ainsi. Mais il y avait du réconfort à dire : "Eh bien, père, maman et toi ne tarderez pas à monter dans votre voiture." Mon père était d'ordinaire timide, réservé et très sensible, il se gardait bien de faire des éloges (un trait écossais) de peur que ses fils ne soient trop exaltés ; mais lorsqu'il était touché, il perdait son sang-froid. C'est ce qu'il fit en cette occasion, et il saisit ma main avec un regard que je vois souvent et que je ne pourrai jamais oublier. Il murmura lentement : "Andra, je suis fier de toi." La voix tremblait et il semblait avoir honte de lui-même pour en avoir dit autant. Il a fallu essuyer une larme de son œil, ai-je remarqué avec tendresse, alors qu'il me souhaitait bonne nuit et me disait de retourner en courant à mon bureau. Ces mots ont résonné dans mon oreille et m'ont réchauffé le cœur pendant des années et des années. Nous nous comprenions. Comme l'Écossais est réservé ! Là où il ressent le plus, il s'exprime le moins. C'est vrai. Il y a des profondeurs sacrées qu'il est sacrilège de déranger. Le silence est plus éloquent que les mots. Mon père était l'un des hommes les plus aimables, aimé de ses compagnons, profondément religieux, bien que non sectaire et non théologique, pas vraiment un homme du monde, mais un homme tout entier pour le ciel. Il était la gentillesse même, bien que réservé. Hélas, il est décédé peu après son retour de cette tournée dans l'Ouest, au moment même où nous étions en mesure de lui offrir une vie de loisirs et de confort. Après mon retour à Pittsburgh, je n'ai pas tardé à faire la connaissance d'un homme extraordinaire, Thomas A. Scott, à qui on peut appliquer sans risque le terme de "génie" dans son domaine. Il était venu à Pittsburgh en tant que surintendant de cette division de la Pennsylvania Railroad. De fréquentes communications télégraphiques étaient nécessaires entre lui et son supérieur, M. Lombaert, surintendant général à Altoona. Cela l'amenait à se rendre au bureau du télégraphe la nuit, et à plusieurs reprises, je me suis trouvé être l'opérateur. Un jour, j'ai été surpris par un de ses assistants, que je connaissais qui m'ont dit que M. Scott lui avait demandé s'il pensait pouvoir m'obtenir comme commis et opérateur télégraphique, ce à quoi ce jeune homme m'a dit qu'il avait répondu : "C'est impossible. Il est maintenant un opérateur." Mais quand j'ai entendu cela, j'ai dit tout de suite : "Pas si vite. Il peut m'avoir. Je veux sortir d'une simple vie de bureau. S'il te plaît, va le lui dire." Le résultat fut que je fus engagé le 1er février 1853, avec un salaire de trente-cinq dollars par mois, en tant que commis et opérateur de M. Scott. Une augmentation de salaire de vingt-cinq à trente-cinq dollars par mois était la plus importante que j'aie jamais connue. La ligne télégraphique publique a été temporairement installée dans le bureau de M. Scott au dépôt extérieur et la Pennsylvania Railroad Company a reçu la permission d'utiliser le fil aux saisons où cette utilisation ne gênerait pas les affaires publiques générales, jusqu'à ce que leur propre ligne, alors en construction, soit terminée

Chapitre 6 : Service ferroviaire

De la salle des opérations du bureau du télégraphe, j'étais maintenant entré dans le monde ouvert, et le changement, au début, était loin d'être agréable. Je venais d'atteindre mon dix-huitième anniversaire, et je ne vois pas comment il serait possible pour un garçon d'arriver à cet âge beaucoup plus libre de toute connaissance autre que celle de ce qui est pur et bon. Je ne crois pas que, jusqu'à ce moment-là, je n'avais jamais dit un mauvais mot dans ma vie et j'en entendais rarement. Je ne connaissais rien de la bassesse et de l'infamie. Heureusement, j'avais toujours été en contact avec de bonnes personnes. J'étais maintenant plongé tout de suite dans la compagnie d'hommes grossiers, car le bureau n'était temporairement qu'une partie des ateliers et le quartier général des conducteurs de marchandises, des freineurs et des pompiers. Tous avaient accès à la même pièce que le surintendant Scott et moi-même, et ils en profitaient. C'était un monde différent, en effet, de celui auquel j'avais été habitué. Je n'en étais pas heureux. Je mangeais, nécessairement, du fruit de l'arbre de la connaissance du bien et du mal pour la première fois. Mais il y avait encore l'environnement doux et pur de la maison, où rien de grossier ou de méchant n'entrait jamais, et en plus, il y avait le monde dans lequel je vivais avec mes compagnons, tous de jeunes hommes raffinés, s'efforçant de s'améliorer et de devenir des citoyens respectés. J'ai traversé cette phase de ma vie en détestant ce qui était étranger à ma nature et à mon éducation première. L'expérience avec les hommes grossiers a probablement été bénéfique, car elle m'a donné un "scunner" (dégoût), pour utiliser un scotisme, à l'égard du fait de mâcher ou de fumer du tabac, ainsi qu'à l'égard des jurons ou de l'usage d'un langage impropre, qui m'est heureusement resté toute la vie. Je ne veux pas suggérer que les hommes dont j'ai parlé étaient vraiment dégradés ou de mauvais caractères. L'habitude de jurer, de parler grossièrement, de mâcher et de fumer du tabac et de priser était plus répandue alors qu'aujourd'hui et signifiait moins qu'à notre époque. Le chemin de fer était nouveau, et de nombreux personnages rudes étaient attirés par le service fluvial. Mais beaucoup d'entre eux étaient de bons jeunes gens qui sont devenus des citoyens très respectables et ont occupé des postes à responsabilité. Et je dois dire que tous et chacun d'entre eux ont été très gentils avec moi. Il en reste encore beaucoup dont j'entends parler de temps en temps et que je considère avec affection. Un changement s'est finalement produit lorsque M. Scott a eu son propre bureau, que nous occupions tous les deux. M. Scott m'a rapidement envoyé à Altoona pour obtenir les feuilles de paie et les chèques mensuels. La ligne de chemin de fer n'était pas encore achevée au-dessus des montagnes Allegheny à cette époque, et j'ai dû passer sur des plans inclinés, ce qui a rendu le voyage remarquable pour moi. Altoona était alors composée de quelques maisons construites par la compagnie. Les ateliers étaient en construction et il n'y avait rien de la grande ville qui occupe maintenant le site. C'est là que j'ai vu pour la première fois le grand homme de notre secteur ferroviaire, M. Lombaert, directeur général. Son secrétaire était à l'époque mon ami Robert Pitcairn, pour lequel j'avais obtenu un poste au chemin de fer, de sorte que "Davy", "Bob" et "Andy" étaient toujours ensemble dans le même service. Nous avions tous quitté la compagnie télégraphique pour la Pennsylvania Railroad Company. M. Lombaert était très différent de M. Scott ; il n'était pas sociable, mais plutôt sévère et inflexible. Jugez donc de la surprise de Robert, et de la mienne, lorsque, après m'avoir dit quelques mots, M. Lombaert a ajouté : "Vous devez descendre prendre le thé avec nous ce soir." J'ai balbutié quelque chose en guise d'acceptation et j'ai attendu l'heure prévue avec beaucoup d'appréhension. Jusqu'alors, je considérais cette invitation comme le plus grand honneur que j'avais reçu. Mme Lombaert était d'une extrême gentillesse, et M. Lombaert m'a présenté à elle en ces termes : "Voici le fils de M. Scott : "Voici l'Andy de M. Scott." J'étais vraiment très fier d'être reconnu comme appartenant à M. Scott. Au cours de ce voyage, il s'est produit un incident qui aurait pu briser ma carrière pour un temps. Je suis parti le lendemain matin pour Pittsburgh avec les feuilles de paie et les chèques, comme je le pensais, placé en sécurité sous mon gilet, car le paquet était trop grand pour mes poches. J'étais un cheminot très enthousiaste à l'époque et je préférais monter dans la locomotive. Je suis monté dans la locomotive qui m'a emmené à Hollidaysburg, où le chemin de fer de l'État traversait la montagne. C'était un trajet très difficile et, à un moment donné, en cherchant malencontreusement le paquet de paie, j'ai été horrifié de constater que les secousses du train l'avaient fait sortir. Je l'avais perdu ! Il était inutile de dissimuler le fait qu'un tel échec me ruinerait. Avoir été envoyé pour les fiches de paie et les chèques et perdre le paquet, que j'aurais dû "saisir comme un honneur", était un spectacle épouvantable. J'ai appelé l'ingénieur et lui ai dit qu'il avait dû être secoué au cours des derniers kilomètres. Pourrait-il inverser son moteur et revenir le chercher ? Gentil, il l'a fait. J'ai surveillé la ligne, et sur les rives mêmes d'un grand ruisseau, à quelques pieds de l'eau, j'ai vu ce paquet étendu. Je pouvais à peine en croire mes yeux. J'ai couru et je l'ai attrapé. Il était en bon état. Dois-je ajouter qu'il n'a plus jamais échappé à ma main ferme jusqu'à ce qu'il soit en sécurité à Pittsburgh ? L'ingénieur et le pompier étaient les seules personnes au courant de ma négligence, et j'avais leur assurance que cela ne serait pas raconté. Ce n'est que longtemps après l'événement que je me suis aventuré à raconter cette histoire. Supposons que ce paquet soit tombé quelques mètres plus loin et qu'il ait été emporté par le courant, combien d'années de bons et loyaux services auraient été nécessaires de ma part pour effacer l'effet de cette seule négligence ! Je n'aurais plus pu jouir de la confiance de ceux dont la confiance était essentielle au succès si la fortune ne m'avait pas favorisé. Depuis, je n'ai jamais cru qu'il fallait être trop dur avec un jeune homme, même s'il commet une ou deux erreurs épouvantables ; et j'ai toujours essayé, en jugeant un tel homme, de me rappeler la différence qu'il y aurait eu dans ma propre carrière si un accident ne m'avait rendu ce paquet perdu au bord du ruisseau, à quelques milles de Hollidaysburg. Je pourrais aller directement à cet endroit aujourd'hui, et souvent, lorsque je passais sur cette ligne par la suite, je ne manquais jamais de voir ce paquet brun clair posé sur la rive. Il semblait m'appeler : "Très bien, mon garçon ! Les bons dieux étaient avec toi, mais ne recommence pas !" Très jeune, je suis devenu un partisan anti-esclavagiste convaincu et j'ai salué avec enthousiasme la première réunion nationale du parti républicain à Pittsburgh, le 22 février 1856, bien que je sois trop jeune pour voter. J'observais les hommes de premier plan lorsqu'ils marchaient dans les rues, perdu dans mon admiration pour les sénateurs Wilson, Hale et autres. Quelque temps auparavant, j'avais organisé parmi les hommes des chemins de fer un club d'une centaine de personnes pour le "New York Weekly Tribune", et je me risquais de temps en temps à envoyer de courtes notes au grand rédacteur, Horace Greeley, qui a tant fait pour inciter le peuple à agir sur cette question vitale. La première fois que j'ai vu mon travail en caractères d'imprimerie dans l'organe de la liberté, alors flamboyant, a certainement marqué une étape dans ma carrière. J'ai conservé cette "Tribune" pendant des années. En regardant en arrière aujourd'hui, on ne peut s'empêcher de regretter qu'un prix aussi élevé que la guerre civile ait dû être payé pour libérer notre pays de la malédiction, mais ce n'était pas seulement l'esclavage qui devait être aboli. Le système fédéral lâche où les droits des États étaient si importants aurait inévitablement empêché, ou du moins longtemps retardé, la formation d'un gouvernement central solide et tout-puissant. La tendance sous l'idée du Sud était centrifuge. Aujourd'hui, elle est centripète, tirée vers le centre par l'influence de la Cour suprême, dont les décisions sont, à juste titre, pour moitié des dictums d'avocats et pour moitié des travaux d'hommes d'État. L'uniformité doit être assurée dans de nombreux domaines. Le mariage, le divorce, la faillite, la surveillance des chemins de fer, le contrôle des sociétés et certains autres départements devraient, dans une certaine mesure, être regroupés sous un même toit. En relisant ce paragraphe aujourd'hui, en juillet 1907, écrit il y a de nombreuses années, il semble prophétique. Ce sont aujourd'hui des questions brûlantes]. Peu de temps après, la compagnie de chemin de fer a construit sa propre ligne télégraphique. Nous devions lui fournir des opérateurs. La plupart d'entre eux ont été formés dans nos bureaux de Pittsburgh. L'activité télégraphique a continué de croître à une vitesse étonnante. Nous pouvions difficilement fournir des installations assez rapidement. De nouveaux bureaux télégraphiques étaient nécessaires. Mon collègue messager, "Davy" McCargo, a été nommé surintendant du service télégraphique le 11 mars 1859. On m'a dit que "Davy" et moi-même avons le mérite d'avoir été les premiers à employer de jeunes femmes comme opérateurs télégraphiques aux États-Unis sur les chemins de fer, ou peut-être dans n'importe quelle branche. Quoi qu'il en soit, nous avons placé de jeunes filles dans divers bureaux en tant qu'élèves, nous leur avons enseigné et les avons ensuite confiées à des bureaux selon les besoins. Parmi les premières d'entre elles, il y avait ma cousine, Miss Maria Hogan. Elle était opératrice à la gare de marchandises de Pittsburgh, et avec elle nous avons placé des élèves successives, son bureau devenant une école. D'après notre expérience, on pouvait davantage compter sur les jeunes femmes opératrices que sur les jeunes hommes. Parmi toutes les nouvelles professions envahies par les femmes, je n'en connais aucune qui leur convienne mieux que celle d'opératrice télégraphique. M. Scott était l'un des supérieurs les plus charmants que l'on puisse avoir et je me suis rapidement attaché à lui. Il était mon grand homme et je lui vouais tout le culte du héros inhérent à la jeunesse. J'ai rapidement commencé à le placer en imagination à la présidence du grand chemin de fer de Pennsylvanie - un poste qu'il a ensuite atteint. Sous sa direction, j'ai progressivement accompli des tâches qui n'appartenaient pas strictement à mon département et je peux attribuer mon avancement dans le service à un incident dont je me souviens bien. Le chemin de fer était une ligne unique. Il était souvent nécessaire de donner des ordres aux trains par télégraphe, bien qu'il ne s'agissait pas alors d'une pratique courante. Personne d'autre que le surintendant lui-même n'était autorisé à donner un ordre aux trains sur n'importe quelle partie du réseau de la Pennsylvanie, ou d'ailleurs de n'importe quel autre réseau, je crois, à cette époque. Il était alors dangereux de donner des ordres télégraphiques, car tout le système de gestion des chemins de fer en était encore à ses débuts et les hommes n'avaient pas encore été formés pour cela. Il était nécessaire que M. Scott se rende nuit après nuit sur les lieux de bris ou d'épaves pour superviser le nettoyage de la ligne. Il était nécessairement absent du bureau de nombreux matins. Un matin, je suis arrivé au bureau et j'ai découvert qu'un grave accident sur la Division Est avait retardé le train de passagers express vers l'ouest, et que le train de passagers vers l'est avançait avec un signaleur à chaque courbe. Les trains de marchandises dans les deux directions étaient tous immobiles sur les voies de garage. M. Scott était introuvable. Finalement, je n'ai pas pu résister à la tentation de me jeter à l'eau, d'assumer la responsabilité, de donner des " ordres de train " et de faire avancer les choses. "La mort ou l'abbaye de Westminster" m'a traversé l'esprit. Je savais que c'était le renvoi, la disgrâce, peut-être un châtiment criminel pour moi si je me trompais. D'un autre côté, je pouvais faire venir les hommes fatigués du train de marchandises qui avaient passé la nuit dehors. Je pouvais tout mettre en marche. Je savais que je le pouvais. Je l'avais souvent fait en transmettant les ordres de M. Scott. Je savais exactement ce qu'il fallait faire, et j'ai donc commencé. J'ai donné les ordres en son nom, j'ai fait démarrer chaque train, je me suis assis devant l'instrument pour surveiller chaque tic-tac, j'ai transporté les trains d'une gare à l'autre, j'ai pris des précautions supplémentaires et tout marchait comme sur des roulettes lorsque M. Scott est enfin arrivé au bureau. Il avait entendu parler des retards. Ses premiers mots furent : "Bien ! Comment vont les choses ?" Il est venu rapidement à mes côtés, a pris son crayon et a commencé à écrire ses ordres. Je devais alors parler, et j'ai dit timidement : "M. Scott, je ne vous ai trouvé nulle part et j'ai donné ces ordres en votre nom tôt ce matin." "Est-ce qu'ils vont bien ? Où est l'Eastern Express ?" Je lui ai montré les messages et lui ai donné la position de chaque train sur la ligne - les marchandises, les trains de ballast, tout - je lui ai montré les réponses des différents chefs de train, les derniers rapports aux stations où les différents trains étaient passés. Tout était en ordre. Il m'a regardé dans les yeux pendant une seconde. J'osais à peine regarder le sien. Je ne savais pas ce qui allait se passer. Il n'a pas dit un mot, mais a de nouveau examiné attentivement tout ce qui s'était passé. Il ne dit toujours rien. Au bout d'un moment, il s'éloigna de mon bureau pour aller vers le sien, et ce fut la fin de l'histoire. Il avait peur d'approuver ce que j'avais fait, mais il ne m'avait pas censuré. Si tout allait bien, tout allait bien ; si tout allait mal, j'en étais responsable. C'est ainsi que les choses se sont passées, mais j'ai remarqué qu'il est venu très régulièrement et en temps voulu pendant quelques matins après cela. Bien sûr, je n'en ai jamais parlé à personne. Aucun des agents de train ne savait que M. Scott n'avait pas personnellement donné les ordres. J'avais presque décidé que si la même chose se reproduisait, je ne répéterais pas mon geste de ce matin-là à moins d'y être autorisé. Je me sentais plutôt malheureux de ce que j'avais fait jusqu'à ce que j'apprenne de M. Franciscus, qui était alors responsable du département du fret à Pittsburgh, que M. Scott lui avait dit, le soir suivant cette matinée mémorable : "Savez-vous ce qu'a fait mon petit diable d'Écossais aux cheveux blancs ?" "Non." "Je suis blâmé s'il n'a pas dirigé tous les trains de la division en mon nom sans la moindre autorité." "Et est-ce qu'il l'a bien fait ?" a demandé Franciscus. "Oh, oui, d'accord." Cela m'a satisfait. Bien sûr, j'avais mon idée pour la prochaine occasion, et j'y suis allé avec audace. À partir de cette date, il était très rare que M. Scott donne un ordre de train.

THOMAS A. SCOTT

JOHN EDGAR THOMSON

LE PLUS GRAND HOMME de tous ceux qui se trouvaient à mon horizon à cette époque était John Edgar Thomson, président de la Pennsylvanie, et pour qui nos aciéries ont été nommées par la suite. Il était l'homme le plus réservé et le plus silencieux, après le général Grant, que j'aie jamais connu, bien que le général Grant fût plus volubile lorsqu'il était chez lui avec des amis. Il se promenait comme s'il ne voyait personne lorsqu'il faisait ses visites périodiques à Pittsburgh. Cette réserve, j'ai appris par la suite qu'elle était purement le résultat de la timidité. J'ai été surpris lorsque, dans le bureau de M. Scott, il s'est approché de l'instrument télégraphique et m'a salué comme "Andy de Scott". Mais j'ai appris par la suite qu'il avait entendu parler de mon exploit de conducteur de train. La bataille de la vie est déjà à moitié gagnée par le jeune homme qui est mis personnellement en contact avec de hauts fonctionnaires ; et le grand objectif de chaque garçon devrait être de faire quelque chose qui dépasse la sphère de ses fonctions, quelque chose qui attire l'attention de ceux qui sont au-dessus de lui. Quelque temps après, M. Scott souhaitait partir en voyage pour une semaine ou deux et demanda à M. Lombaert l'autorisation de me laisser la responsabilité de la division. C'était un homme assez audacieux, car je n'étais alors pas très loin de l'adolescence. L'autorisation lui a été accordée. C'était l'occasion rêvée de ma vie. À l'exception d'un accident causé par la négligence inexcusable d'une équipe de train de ballast, tout s'est bien passé en son absence. Mais que cet accident se produise était pour moi du fiel et de l'absinthe. Déterminé à remplir tous les devoirs de la station, j'ai tenu une cour martiale, examiné les personnes concernées, renvoyé péremptoirement le principal coupable et suspendu deux autres pour leur part dans la catastrophe. À son retour, M. Scott a été informé de l'accident et a proposé d'enquêter et de s'occuper de l'affaire. J'ai senti que j'étais allé trop loin, mais ayant franchi le pas, je l'ai informé que tout était réglé. J'avais enquêté sur l'affaire et puni les coupables. Certains d'entre eux ont demandé à M. Scott de rouvrir l'affaire, mais je n'aurais jamais pu accepter cette demande, si on l'avait pressée. Plus par le regard que par la parole, je crois, M. Scott a compris mes sentiments sur ce point délicat, et a acquiescé. Il est probable qu'il avait peur que j'aie été trop sévère et il avait très probablement raison. Quelques années plus tard, lorsque j'étais moi-même surintendant de la division, j'ai toujours eu un faible pour les hommes qui avaient été suspendus pour un certain temps. J'ai eu des scrupules de conscience quant à mon action dans ce premier tribunal. Un nouveau juge a tendance à se tenir si droit qu'il se penche un peu en arrière. Seule l'expérience enseigne la force suprême de la douceur. Une punition légère mais certaine, quand elle est nécessaire, est la plus efficace. Les punitions sévères ne sont pas nécessaires et un pardon judicieux, au moins pour la première infraction, est souvent le meilleur de tous. Au fur et à mesure que la demi-douzaine de jeunes hommes qui constituaient notre cercle restreint grandissait en connaissances, il était inévitable que les mystères de la vie et de la mort, de l'ici et de l'au-delà, croisent notre chemin et doivent être abordés. Nous avions tous été élevés par de bons parents, honnêtes, qui se respectaient, membres de l'une ou l'autre des sectes religieuses. Grâce à l'influence de Mme McMillan, épouse de l'un des principaux ministres presbytériens de Pittsburgh, nous avons été attirés dans le cercle social de l'église de son mari. Au moment où je lis ces lignes sur la lande, le 16 juillet 1912, j'ai devant moi une note de Mme McMillan de Londres, dans sa quatre-vingtième année. Deux de ses filles se sont mariées à Londres la semaine dernière avec des professeurs d'université, l'une reste en Grande-Bretagne, l'autre a accepté un poste à Boston. Des hommes éminents tous les deux. Ainsi se rapproche notre race anglophone. M. McMillan était un bon calviniste strict de la vieille école, sa charmante épouse un leader né de la jeunesse. Nous étions tous plus à l'aise avec elle et nous nous amusions plus dans ses réunions qu'ailleurs. Cela a conduit certains d'entre nous à assister occasionnellement à son église. Un sermon des plus forts sur la prédestination que Miller entendit là-bas nous amena à aborder le sujet de la théologie et nous ne voulions pas le laisser tomber. Les gens de M. Miller étaient de fervents méthodistes, et Tom avait peu connu les dogmes. Cette doctrine de la prédestination, y compris la damnation des enfants - certains nés pour la gloire et d'autres pour le contraire - le consternait. À mon grand étonnement, j'appris qu'en allant voir M. McMillan après le sermon pour discuter de la question, Tom s'était lâché à la fin, "M. McMillan, si votre idée était correcte, votre Dieu serait un parfait diable", et laissa le ministre étonné à lui-même. Cela a été le sujet de nos conférences du dimanche après-midi pendant de nombreuses semaines. Était-ce vrai ou non, et quelle devait être la conséquence de la déclaration de Tom ? Ne serions-nous plus les invités de Mme McMillan ? Nous aurions peut-être pu épargner le ministre, mais aucun d'entre nous ne se réjouissait à l'idée d'être banni des délicieuses réunions de sa femme. Il y avait un point clair. Les luttes de Carlyle sur ces questions nous avaient impressionnés et nous pouvions le suivre dans sa résolution : "Si c'est incroyable, au nom de Dieu, qu'on le discrédite." Seule la vérité peut nous rendre libres, et c'est la vérité, toute la vérité, que nous devons rechercher. Une fois introduit, bien sûr, le sujet est resté dans les mémoires, et l'un après l'autre, les dogmes ont été rejetés comme étant les idées erronées d'hommes d'un âge moins éclairé. J'ai oublié qui a été le premier à nous proposer un deuxième axiome. C'est un axiome sur lequel nous nous sommes souvent attardés : "Un Dieu qui pardonne serait l'œuvre la plus noble de l'homme." Nous avons accepté comme prouvé que chaque étape de la civilisation crée son propre Dieu, et qu'à mesure que l'homme s'élève et devient meilleur, sa conception de l'Inconnu s'améliore également. Par la suite, nous sommes tous devenus moins théologiques, mais, j'en suis sûr, plus véritablement religieux. La crise était passée. Heureusement, nous n'étions pas exclus de la société de Mme McMillan. Ce fut un jour remarquable, cependant, lorsque nous avons résolu de nous en tenir à la déclaration de Miller, même si cela impliquait le bannissement et pire encore. Nous, les jeunes hommes, commencions à être des garçons assez sauvages en matière de théologie, mais plus respectueux en matière de religion. La première grande perte pour notre cercle est survenue lorsque John Phipps a été tué par une chute de cheval. Nous en avons tous été frappés, mais je me souviens que j'ai pu me dire : "John vient, pour ainsi dire, de rentrer chez lui, en Angleterre, où il est né. Nous allons tous le suivre bientôt et vivre ensemble pour toujours". Je n'avais alors aucun doute. Ce n'était pas un espoir que je pressais sur mon cœur, mais une certitude. Heureux ceux qui, dans leur agonie, ont un tel refuge. Nous devrions tous suivre le conseil de Platon et ne jamais renoncer à l'espoir éternel, "nous séduisant comme par des enchantements, car l'espoir est noble et la récompense est grande." Tout à fait juste. Il n'y aurait pas de plus grand miracle qui nous a amenés dans un autre monde pour vivre éternellement avec nos proches que celui qui nous a amenés dans celui-ci pour vivre une vie avec eux. Les deux sont également incompréhensibles pour des êtres finis. Consolons-nous donc avec une espérance éternelle, "comme avec des enchantements", comme le recommande Platon, sans jamais oublier cependant que nous avons tous nos devoirs ici et que le royaume des cieux est en nous. Il est également devenu un axiome pour nous que celui qui proclame qu'il n'y a pas d'au-delà est aussi stupide que celui qui proclame qu'il y en a un, puisque ni l'un ni l'autre ne peut le savoir, bien que tous puissent et doivent l'espérer. Entre-temps, "La maison, notre paradis" au lieu de "Le paradis, notre maison" était notre devise. Pendant ces années dont je vous parle, la fortune de la famille s'était améliorée de façon constante. Mes trente-cinq dollars par mois étaient passés à quarante, une avance non sollicitée ayant été faite par M. Scott. Il était de mon devoir de payer les hommes chaque mois. [Nous utilisions des chèques de la banque et je recevais invariablement mon salaire en deux pièces d'or de vingt dollars. Elles me semblaient être les plus belles œuvres d'art du monde. En conseil de famille, il a été décidé que nous pourrions nous risquer à acheter le terrain et les deux petites maisons à charpente, dans l'une desquelles nous avions vécu, et l'autre, une maison de quatre pièces, qui avait été occupée jusque-là par mon oncle et ma tante Hogan, qui avaient déménagé ailleurs. C'est grâce à l'aide de ma chère tante Aitken que nous avions été placés dans la petite maison au-dessus de l'atelier du tisserand, et c'était maintenant notre tour de pouvoir lui demander de retourner dans la maison qui avait été la sienne. De la même manière, après avoir occupé la maison de quatre pièces, l'oncle Hogan étant décédé, nous avons pu rendre à tante Hogan son ancienne maison lorsque nous avons déménagé à Altoona. Cent dollars en espèces ont été payés à l'achat, et le prix total, si je me souviens bien, était de sept cents dollars. La lutte a alors consisté à effectuer les paiements semestriels des intérêts et à économiser le plus possible sur le capital. Il n'a pas fallu longtemps pour que la dette soit effacée et que nous soyons propriétaires, mais avant que cela ne soit accompli, la première triste rupture s'est produite dans notre famille, avec la mort de mon père, le 2 octobre 1855. Heureusement pour les trois membres restants, les devoirs de la vie étaient pressants. Le chagrin et le devoir se disputaient et nous devions travailler. Les dépenses liées à sa maladie devaient être économisées et payées et nous n'avions jusqu'alors pas beaucoup de réserves. Et c'est ici qu'intervient l'un des doux incidents de nos débuts en Amérique. Le principal membre de notre petite société Swedenborgian était M. David McCandless. Il avait remarqué mon père et ma mère, mais à part quelques mots échangés à l'église le dimanche, je ne me souviens pas qu'ils n'aient jamais été en contact étroit. Il connaissait bien tante Aitken, cependant, et l'envoyait chercher pour lui dire que si ma mère avait besoin d'une aide financière en cette triste période, il serait très heureux d'avancer ce qui était nécessaire. Il avait beaucoup entendu parler de ma mère héroïque et cela suffisait. On reçoit tellement d'offres d'aide quand l'aide n'est plus nécessaire, ou quand on est dans une position qui lui permettrait probablement de rembourser une faveur, qu'il est agréable d'enregistrer un acte de bienveillance pure et désintéressée. Il s'agissait d'une pauvre femme écossaise privée de son mari, avec son fils aîné qui commençait à peine et un second en pleine adolescence, dont les malheurs attiraient l'attention de cet homme, et qui, de la manière la plus délicate, cherchait à les atténuer. Bien que ma mère ait pu refuser l'aide proposée, il est inutile de dire que M. McCandless a obtenu une place sacrée dans nos cœurs. Je crois fermement à la doctrine selon laquelle les personnes qui méritent une aide nécessaire à des périodes critiques de leur carrière la reçoivent généralement. Il y a beaucoup de natures splendides dans le monde - des hommes et des femmes qui sont non seulement disposés, mais aussi désireux de tendre une main secourable à ceux qu'ils savent en être dignes. En règle générale, ceux qui se montrent disposés à s'aider eux-mêmes n'ont pas à craindre d'obtenir l'aide des autres. La mort de mon père me confia la gestion des affaires dans une mesure plus grande que jamais. Mère a continué à relier les chaussures, Tom est allé régulièrement à l'école publique et j'ai continué avec M. Scott au service de la compagnie de chemin de fer. Juste à ce moment-là, Fortunatus a frappé à notre porte. M. Scott m'a demandé si j'avais cinq cents dollars. Si oui, il a dit qu'il souhaitait faire un investissement pour moi. Cinq cents cents était bien plus proche de mon capital. Je n'avais certainement pas cinquante dollars de côté pour investir, mais je n'allais pas rater l'occasion de me lier financièrement avec mon chef et grand homme. J'ai donc dit hardiment que je pensais pouvoir gérer cette somme. Il m'a alors dit qu'il y avait dix actions d'Adams Express qu'il pouvait acheter, qui avaient appartenu à un agent de gare, M. Reynolds, de Wilkinsburg. Bien entendu, la chef de famille en a été informée le soir même, et elle n'a pas tardé à suggérer ce qui pourrait être fait. Quand n'a-t-elle jamais échoué ? Nous avions alors payé cinq cents dollars pour la maison, et d'une certaine manière, elle pensait que cela pourrait servir de garantie pour un prêt. Ma mère prit le bateau à vapeur le lendemain matin pour East Liverpool, où elle arriva dans la nuit, et c'est par l'intermédiaire de son frère que l'argent fut obtenu. C'était un juge de paix, un habitant bien connu de cette petite ville de l'époque, et il avait en main de nombreuses sommes provenant de fermiers pour les investir. Notre maison a été hypothéquée et maman a ramené les cinq cents dollars que j'ai remis à M. Scott, qui a rapidement obtenu pour moi les dix actions convoitées en retour. Il y avait, contre toute attente, une prime supplémentaire de cent dollars à payer, mais M. Scott m'a gentiment dit que je pourrais la payer quand cela me conviendrait, ce qui, bien sûr, a été facile à faire. C'était mon premier investissement. En ce bon vieux temps, les dividendes mensuels étaient plus abondants qu'aujourd'hui et Adams Express versait un dividende mensuel. Un matin, une enveloppe blanche était posée sur mon bureau, adressé dans une grande main John Hancock, à "Andrew Carnegie, Esquire". "Esquire" chatouillait les garçons et moi de façon démesurée. Dans un coin, on voyait le timbre rond de la société Adams Express. J'ai ouvert l'enveloppe. Elle ne contenait qu'un chèque de dix dollars sur la Gold Exchange Bank de New York. Je me souviendrai de ce chèque aussi longtemps que je vivrai, et de la signature de John Hancock "J.C. Babcock, Caissier". Il me donnait le premier penny de revenu du capital - quelque chose pour lequel je n'avais pas travaillé à la sueur de mon front. "Eureka !" Je me suis écrié. "Voici la poule aux œufs d'or." C'était la coutume de notre groupe de passer les dimanches après-midi dans les bois. J'ai gardé le premier chèque et l'ai montré alors que nous étions assis sous les arbres dans un bosquet favori que nous avions trouvé près de Wood's Run. L'effet produit sur mes compagnons fut bouleversant. Aucun d'entre eux n'avait imaginé qu'un tel investissement était possible. Nous avons résolu d'économiser et de guetter la prochaine occasion d'investissement dans laquelle nous devrions tous participer, et pendant des années par la suite, nous avons divisé nos investissements insignifiants et travaillé ensemble presque comme des partenaires. Jusqu'à ce moment-là, le cercle de mes connaissances ne s'était pas beaucoup élargi. Mme Franciscus, épouse de notre agent de fret, était très gentille et m'a invité à plusieurs reprises chez elle à Pittsburgh. Elle parlait souvent de la première fois où j'ai sonné à la porte de la maison de la troisième rue pour transmettre un message de M. Scott. Elle m'a demandé d'entrer ; j'ai refusé avec humilité et il a fallu qu'elle me persuade de vaincre ma timidité. Pendant des années, elle n'a jamais réussi à me convaincre de prendre un repas chez elle. Jusqu'à un âge avancé, j'ai été très timide à l'idée d'entrer dans les maisons des autres, mais M. Scott insistait de temps en temps pour que j'aille à son hôtel et que je prenne un repas avec lui, et c'étaient de grandes occasions pour moi. La maison de M. Franciscus était la première maison importante, à l'exception de celle de M. Lombaert à Altoona, dans laquelle j'étais entré, autant que je m'en souvienne. À mes yeux, toute maison située dans l'une des rues principales était à la mode, à condition qu'elle ait un hall d'entrée. Je n'avais jamais passé une nuit dans une maison inconnue de ma vie jusqu'à ce que M. Stokes de Greensburg, avocat en chef de la Pennsylvania Railroad, m'invite à passer un dimanche dans sa belle maison à la campagne. C'était une chose étrange de la part de M. Stokes, car je ne pouvais guère intéresser un homme brillant et instruit comme lui. La raison pour laquelle j'ai reçu un tel honneur était une communication que j'avais écrite pour le "Pittsburgh Journal". Même dans mon adolescence, j'étais un scribouillard pour la presse. Devenir éditeur était l'une de mes ambitions. Horace Greeley et le "Tribune" étaient mon idéal de triomphe humain. Il est étrange qu'un jour, j'aie pu acheter la "Tribune", mais à ce moment-là, la perle avait perdu son éclat. Nos châteaux aériens sont souvent à notre portée tard dans la vie, mais alors ils ne charment pas. Le sujet de mon article portait sur l'attitude de la ville à l'égard de la Pennsylvania Railroad Company. Il était signé anonymement et j'ai été surpris de constater qu'il occupait une place importante dans les colonnes du "Journal", alors détenu et édité par Robert M. Riddle. En tant qu'opérateur, j'ai reçu un télégramme adressé à M. Scott et signé par M. Stokes, lui demandant de vérifier auprès de M. Riddle qui était l'auteur de cette communication. Je savais que M. Riddle ne pouvait pas dire l'auteur, car il ne le connaissait pas ; mais en même temps, je craignais que si M. Scott l'appelait, il lui remette le manuscrit, que M. Scott reconnaîtrait certainement au premier coup d'œil. J'ai donc avoué à M. Scott que j'en étais l'auteur. Il semblait incrédule. Il a dit qu'il l'avait lu le matin même et qu'il se demandait qui l'avait écrit. Son regard incrédule n'est pas passé inaperçu. Le stylo commençait à être une arme pour moi. L'invitation de M. Stokes à passer le dimanche avec lui suivit peu de temps après, et cette visite est l'un des points forts de ma vie. Désormais, nous étions de grands amis. La grandeur de la maison de M. Stokes m'a impressionné, mais la caractéristique qui éclipsait tout le reste était une cheminée en marbre dans sa bibliothèque. Au centre de l'arc, sculpté dans le marbre, se trouvait un livre ouvert avec cette inscription : "Celui qui ne peut pas raisonner est un fou, celui qui ne veut pas est un bigot, celui qui n'ose pas est un esclave." Ces nobles paroles m'ont enthousiasmé. Je me suis dit : "Un jour, un jour, j'aurai une bibliothèque" (c'était un regard vers l'avenir) "et ces mots orneront la cheminée comme ici." Et c'est ce qu'ils font aujourd'hui à New York et à Skibo. Un autre dimanche que j'ai passé chez lui après un intervalle de plusieurs années a également été remarquable. J'étais alors devenu le surintendant de la division de Pittsburgh de la Pennsylvania Railroad. Le Sud avait fait sécession. J'étais tout feu tout flamme pour le drapeau. M. Stokes, qui était un démocrate de premier plan, s'opposait au droit du Nord d'utiliser la force pour préserver l'Union. Il a exprimé des sentiments qui m'ont fait perdre mon sang-froid, et je me suis exclamé : "M. Stokes, on va pendre des hommes comme vous dans moins de six semaines."

J'entends son rire pendant que j'écris, et sa voix qui appelle sa femme dans la pièce voisine : "Nancy, Nancy, écoute ce jeune diable d'écossais. Il dit qu'ils vont pendre des hommes comme moi dans moins de six semaines." Des choses étranges se sont produites à cette époque. Peu de temps après, ce même M. Stokes m'a demandé à Washington de l'aider à obtenir une commission de major dans les forces volontaires. Je faisais alors partie du bureau du Secrétaire à la Guerre et j'aidais à gérer les chemins de fer et les télégraphes militaires pour le gouvernement. Il obtint cette nomination et devint par la suite major Stokes, de sorte que l'homme qui doutait du droit du Nord à se battre pour l'Union avait lui-même tiré l'épée pour la bonne cause. Les hommes ont d'abord discuté et théorisé sur les droits constitutionnels. Cela a fait toute la différence du monde lorsque le drapeau a été mis à feu. En un instant, tout s'est embrasé, y compris les constitutions en papier. L'Union et la Vieille Gloire ! C'était tout ce dont le peuple se souciait, mais c'était suffisant. La Constitution était destinée à assurer un seul drapeau, et comme le colonel Ingersoll l'a proclamé : "Il n'y avait pas assez d'air sur le continent américain pour en faire flotter deux

Chapitre 7 : Surintendant de la Pennsylvanie

M. SCOTT a été promu au poste de surintendant général du chemin de fer de la Pennsylvanie en 1856, à la place de M. Lombaert, et il m'a emmené avec lui, alors dans ma vingt-troisième année, à Altoona. Cette rupture d'association à Pittsburgh fut une rude épreuve, mais rien ne pouvait interférer un seul instant avec ma carrière commerciale. Ma mère était satisfaite sur ce point, même si la tension était grande pour elle. De plus, le fait de " suivre mon chef " était dû à un ami aussi fidèle que M. Scott l'avait été. Sa promotion à la surintendance a suscité une certaine jalousie ; en outre, il a été confronté à une grève au tout début de sa nomination. Il avait perdu sa femme à Pittsburgh peu de temps auparavant et avait ses heures de solitude. Il était un étranger à Altoona, son nouveau quartier général, et il n'y avait personne d'autre que moi, apparemment, dont il pouvait se faire un compagnon. Nous avons vécu ensemble pendant de nombreuses semaines à l'hôtel du chemin de fer avant qu'il ne prenne un logement et fasse venir ses enfants de Pittsburgh, et à sa demande, j'ai occupé la même grande chambre que lui. Il semblait désireux de m'avoir toujours près de lui. La grève devenait de plus en plus menaçante. Je me souviens d'avoir été réveillé une nuit et d'avoir appris que les hommes des trains de marchandises avaient laissé leurs trains à Mifflin ; que la ligne était bloquée pour cette raison et que tout le trafic était arrêté. M. Scott dormait alors profondément. Il me semblait dommage de le déranger, sachant à quel point il était surmené et anxieux ; mais il s'est réveillé et j'ai suggéré de monter et de m'occuper du problème. Il semblait murmurer son assentiment, n'étant pas plus qu'à moitié réveillé. Je me suis donc rendu au bureau et, en son nom, j'ai discuté de la question avec les hommes et je leur ai promis une audience le lendemain à Altoona. J'ai réussi à les faire reprendre leurs fonctions et à faire démarrer le trafic. Non seulement les agents de train étaient d'humeur rebelle, mais les hommes des magasins s'organisaient rapidement pour se joindre aux mécontents. J'ai appris cela d'une manière curieuse. Une nuit, alors que je rentrais chez moi dans l'obscurité, je me suis rendu compte qu'un homme me suivait. Peu à peu, il s'est approché de moi et m'a dit : "Je ne dois pas être vu avec vous, mais vous m'avez rendu un service une fois et j'ai alors résolu que si jamais je pouvais vous servir, je le fasse. J'ai appelé au bureau de Pittsburgh et j'ai demandé du travail comme forgeron. Vous m'avez dit qu'il n'y avait pas de travail à Pittsburgh, mais qu'il y en avait peut-être à Altoona, et que si j'attendais quelques minutes, vous me le demanderiez par télégraphe. Vous avez pris la peine de le faire, vous avez examiné mes recommandations, vous m'avez donné un laissez-passer et vous m'avez envoyé ici. J'ai un travail splendide. Ma femme et ma famille sont ici et je n'ai jamais été aussi bien placé de toute ma vie. Et maintenant, je veux vous dire quelque chose pour votre bien." J'ai écouté et il a poursuivi en disant qu'un papier était rapidement signé par les commerçants, s'engageant à faire grève lundi prochain. Il n'y avait pas de temps à perdre. Je l'ai dit à M. Scott dans la matinée et il a immédiatement fait afficher des avis imprimés dans les magasins indiquant que tous les hommes qui avaient signé le papier, s'engageant à faire grève, étaient licenciés et qu'ils devaient passer au bureau pour être payés. Une liste des noms des signataires était entre-temps entrée en notre possession, et ce fait fut annoncé. La consternation a suivi et la menace de grève a été brisée. J'ai connu de nombreux incidents, comme celui du forgeron, dans ma vie. De légères attentions ou un mot gentil pour les humbles rapportent souvent une récompense aussi grande qu'inattendue. Aucun acte de bonté n'est jamais perdu. Aujourd'hui encore, il m'arrive de rencontrer des hommes que j'avais oubliés et qui se souviennent de quelques petites attentions que j'ai pu leur accorder, notamment lorsque j'étais responsable à Washington des chemins de fer et des télégraphes du gouvernement pendant la guerre de Sécession, lorsque je pouvais faire passer des gens à l'intérieur des lignes - un père aidé à rejoindre un fils blessé ou malade au front, ou à ramener sa dépouille à la maison, ou un service similaire. Je suis redevable à ces petites choses de certaines des attentions les plus heureuses et des incidents les plus agréables de ma vie. Et il y a ceci à propos de ces actions : elles sont désintéressées, et la récompense est douce en proportion de l'humilité de l'individu que vous avez obligé. Il est beaucoup plus important de rendre service à un pauvre ouvrier qu'à un millionnaire, qui pourra peut-être un jour vous le rendre. Comme sont vrais les vers de Wordsworth : "La meilleure partie de la vie d'un homme bon - ses petits actes de gentillesse et d'amour, sans nom et sans mémoire." Le principal événement, à en juger par ses conséquences, des deux années que j'ai passées avec M. Scott à Altoona, est venu du fait que j'étais le principal témoin dans un procès contre la compagnie, qui était jugé à Greensburg par le brillant Major Stokes, mon premier hôte. On craignait que je sois sur le point d'être cité à comparaître par le plaignant, et le major, souhaitant un report de l'affaire, a demandé à M. Scott de m'envoyer hors de l'État aussi rapidement que possible. Ce fut un changement heureux pour moi, car j'ai pu rendre visite à mes deux compagnons de cœur, Miller et Wilson, alors au service du chemin de fer à Crestline, Ohio. En chemin, alors que j'étais assis sur le siège d'extrémité de la voiture arrière qui surveillait la ligne, un homme à l'allure de fermier s'est approché de moi. Il portait un petit sac vert à la main. Il a dit que le serre-frein l'avait informé que j'étais lié au Pennsylvania Railroad. Il souhaitait me montrer le modèle d'un wagon qu'il avait inventé pour les voyages de nuit. Il a sorti un petit modèle du sac, qui montrait une section d'un wagon-lit. Il s'agissait du célèbre T.T. Woodruff, l'inventeur de cet accessoire désormais indispensable à la civilisation : le wagon-lit. Son importance me sauta aux yeux. Je lui ai demandé s'il viendrait à Altoona si je l'envoyais chercher, et j'ai promis d'en parler à M. Scott dès mon retour. Je n'arrivais pas à chasser cette idée de wagon-lit de mon esprit et j'avais hâte de retourner à Altoona pour faire valoir mon point de vue auprès de M. Scott. Quand je l'ai fait, il a pensé que je prenais le temps, mais il a été très réceptif et m'a dit que je pouvais télégraphier pour le breveté. Celui-ci est venu et s'est engagé à placer deux de ses voitures sur la ligne dès qu'elles seraient construites. Après cela, M. Woodruff, à ma grande surprise, m'a demandé si je ne voulais pas me joindre à lui dans cette nouvelle entreprise et m'a offert un huitième de participation. J'ai rapidement accepté son offre, espérant pouvoir effectuer les paiements d'une manière ou d'une autre. Les deux voitures devaient être payées par versements mensuels après la livraison. Lorsque le moment est venu de faire le premier paiement, ma part était de deux cent dix-sept dollars et demi. J'ai audacieusement décidé de demander au banquier local, M. Lloyd, un prêt de cette somme. Je lui ai expliqué la situation et je me souviens qu'il m'a entouré de son grand bras (il mesurait six pieds trois ou quatre) en disant "Mais bien sûr, je vais le prêter. Tu vas bien, Andy." Et c'est là que j'ai fait mon premier billet, et que j'ai réussi à le faire accepter par un banquier. Un moment de fierté dans la carrière d'un jeune homme ! Les wagons-lits ont connu un grand succès et leurs recettes mensuelles ont permis de payer les mensualités. La première somme considérable que j'ai gagnée provenait de cette source. (Aujourd'hui, le 19 juillet 1909, en relisant ces lignes, je me réjouis d'avoir reçu récemment des nouvelles de la fille mariée de M. Lloyd qui m'a fait part de la profonde affection de son père pour moi, ce qui me rend très heureux, en effet). Un changement important dans notre vie à Altoona, après l'arrivée de ma mère et de mon frère, fut qu'au lieu de continuer à vivre exclusivement par nous-mêmes, il fut jugé nécessaire que nous ayons un domestique. C'était avec la plus grande réticence que ma mère pouvait être amenée à admettre un étranger dans le cercle familial. Elle avait été tout et avait tout fait pour ses deux garçons. C'était sa vie, et elle voyait d'un mauvais œil, avec toute la jalousie d'une femme forte, l'arrivée d'un étranger qui serait autorisé à faire n'importe quoi dans la maison. Elle avait cuisiné et servi ses garçons, lavé leurs vêtements et les avait raccommodés, fait leurs lits, nettoyé leur maison. Qui oserait la priver de ces privilèges maternels ? Mais néanmoins, nous ne pouvions pas échapper à l'inévitable servante. L'une d'entre elles est venue, d'autres ont suivi, et avec elles, la destruction d'une grande partie du véritable bonheur familial qui découle de l'exclusivité. Être servi par d'autres est un piètre substitut au travail d'amour d'une mère. Le repas ostentatoire préparé par une cuisinière étrangère que l'on voit rarement, et servi par des mains payées pour cette tâche, n'a pas la douceur de ce que les mains d'une mère déposent devant vous comme l'expression et la preuve de son dévouement. Parmi les nombreuses bénédictions dont je dois être reconnaissant, il y a le fait que ni nourrice ni gouvernante n'ont été mes compagnons dans l'enfance. Il n'est pas étonnant que les enfants des pauvres se distinguent par l'affection la plus chaleureuse et l'adhésion la plus étroite aux liens familiaux, et qu'ils soient caractérisés par un regard filial bien plus fort que celui de ceux qu'on appelle à tort plus fortunés dans la vie. Ils ont passé les années impressionnantes de l'enfance et de la jeunesse dans un contact constant et affectueux avec leur père et leur mère, pour qui ils sont tout en tous, sans qu'une tierce personne s'interpose. L'enfant qui a dans son père un professeur, un compagnon et un conseiller, et dont la mère est pour lui une infirmière, une couturière, une gouvernante, un professeur, un compagnon, une héroïne et une sainte tout à la fois, à un héritage auquel l'enfant de la richesse reste étranger. Il arrive un moment, bien que la mère aimante ne puisse pas le voir, où un fils adulte doit mettre ses bras autour de sa sainte et l'embrasser tendrement pour essayer de lui expliquer qu'il serait bien mieux qu'elle le laisse l'aider de certaines façons ; que, étant dans le monde parmi les hommes et s'occupant des affaires, il voit parfois des changements qu'il serait souhaitable de faire ; que le mode de vie délicieux pour les jeunes garçons devrait être changé à certains égards et la maison rendue convenable pour que leurs amis puissent y entrer. En particulier, la mère esclave devrait mener une vie aisée dans l'avenir, en lisant, en visitant davantage et en recevant des amis chers - en bref, en s'élevant à la position appropriée et méritée de Madame. Bien sûr, ce changement a été très dur pour ma mère, mais elle en a finalement reconnu la nécessité, et a probablement réalisé pour la première fois que son fils aîné prenait de l'âge. "Chère mère", lui dis-je en la serrant toujours dans mes bras, "tu as tout fait et tu as été tout pour Tom et moi, et maintenant laisse-moi faire quelque chose pour toi ; soyons partenaires et pensons toujours à ce qui est le mieux pour l'autre. Le temps est venu pour vous de jouer la dame et un de ces jours vous monterez dans votre carrosse ; en attendant, faites venir cette fille pour vous aider. Tom et moi aimerions cela." La victoire était remportée, et ma mère commença à sortir avec nous et à rendre visite à ses voisins. Elle n'a pas eu à apprendre le sang-froid ni les bonnes manières, c'était inné ; et pour ce qui est de l'éducation, du savoir, du rare bon sens et de la gentillesse, il est rare qu'elle rencontre son égal. J'ai écrit "jamais" au lieu de "rarement", puis je l'ai biffé. Néanmoins, mon opinion personnelle est réservée. La vie à Altoona m'était rendue plus agréable grâce à la nièce de M. Scott, Mlle Rebecca Stewart, qui tenait la maison pour lui. Elle jouait à la perfection le rôle de sœur aînée pour moi, surtout lorsque M. Scott était appelé à Philadelphie ou ailleurs. Nous étions souvent ensemble, nous nous promenions souvent en voiture dans les bois l'après-midi. L'intimité n'a pas cessé pendant de nombreuses années, et en relisant certaines de ses lettres en 1906, j'ai réalisé plus que jamais ma dette envers elle. Elle n'avait pas beaucoup plus que mon âge, mais semblait toujours beaucoup plus âgée. Elle était certainement plus mûre et tout à fait capable de jouer le rôle de la sœur aînée. C'est elle que je considérais à l'époque comme la femme parfaite. Je regrette que nos chemins se soient tant séparés par la suite. Sa fille a épousé le comte de Sussex et, ces dernières années, elle a vécu à l'étranger. [Le 19 juillet 1909, Mme Carnegie et moi avons trouvé ma sœur aînée, amie d'avril dernier, maintenant veuve, à Paris, sa sœur et aussi sa fille, toutes bien portantes et heureuses. Un grand plaisir, en effet. Il n'y a pas de substitut aux vrais amis de la jeunesse]. M. Scott est resté à Altoona pendant environ trois ans lorsqu'il a obtenu une promotion méritée. En 1859, il a été nommé vice-président de la compagnie, avec son bureau à Philadelphie. Ce qu'il allait advenir de moi était une question sérieuse. Allait-il m'emmener avec lui ou devais-je rester à Altoona avec le nouveau responsable ? Cette pensée m'était insupportable. Se séparer de M. Scott était déjà assez difficile ; servir un nouveau fonctionnaire à sa place, je ne le croyais pas possible. En ce qui me concerne, le soleil se levait et se couchait sur sa tête. La pensée de ma promotion, sauf par son intermédiaire, ne m'a jamais effleuré l'esprit. Il est revenu de son entretien avec le président à Philadelphie et m'a demandé de venir dans la pièce privée de sa maison qui communiquait avec le bureau. Il m'a dit qu'il avait été décidé qu'il devait déménager à Philadelphie. M. Enoch Lewis, le surintendant de la division, devait être son successeur. Je l'ai écouté avec grand intérêt alors qu'il s'approchait de l'inévitable révélation de ce qu'il allait faire de moi. Il a finalement dit : "Maintenant, à propos de vous. Pensez-vous pouvoir diriger la division de Pittsburgh ?" J'étais à un âge où je pensais pouvoir tout réussir. Je ne connaissais rien que je ne puisse tenter, mais il ne m'était jamais venu à l'esprit que quelqu'un d'autre, et encore moins M. Scott, puisse avoir l'idée que j'étais encore apte à faire quoi que ce soit de ce genre. Je n'avais que vingt-quatre ans, mais mon modèle était alors Lord John Russell, dont on disait qu'il prendrait demain le commandement de la flotte de la Manche. Tout comme Wallace ou Bruce. J'ai dit à M. Scott que je pensais pouvoir le faire. "Eh bien, dit-il, M. Potts (qui était alors surintendant de la division de Pittsburgh) va être promu au département des transports à Philadelphie et je vous ai recommandé au président comme son successeur. Il a accepté de vous donner un essai. Quel salaire pensez-vous que vous devriez avoir ?" "Le salaire", ai-je dit, tout à fait offensé ; "qu'est-ce que j'ai à faire du salaire ? Je ne veux pas le salaire ; je veux la position. Il est assez glorieux de retourner à la division de Pittsburgh à votre ancienne place. Vous pouvez faire mon salaire comme bon vous semble et vous n'avez pas besoin de me donner plus que ce que je reçois maintenant." C'était soixante-cinq dollars par mois. "Vous savez, dit-il, je recevais mille cinq cents dollars par an quand j'étais là-bas, et M. Potts en reçoit mille huit cents. Je pense qu'il serait bon de vous faire commencer à quinze cents dollars, et après un certain temps, si vous réussissez, vous obtiendrez les mille huit cents. Est-ce que cela vous conviendrait ?" "Oh, s'il vous plaît", ai-je dit, "ne me parlez pas d'argent !" Il ne s'agissait pas d'une simple embauche et d'un salaire, et c'est là que ma promotion a été scellée. Je devais avoir un département pour moi tout seul, et au lieu de signer "T.A.S.", les commandes entre Pittsburgh et Altoona seraient désormais signées "A.C.". C'était une gloire suffisante pour moi. L'ordre me nommant surintendant de la division de Pittsburgh a été émis le 1er décembre 1859. Les préparatifs pour le déménagement de la famille ont été faits immédiatement. Le changement a été accueilli avec joie, car même si notre résidence à Altoona présentait de nombreux avantages, notamment une grande maison avec un terrain dans une partie agréable de la banlieue et donc de nombreux plaisirs de la vie à la campagne, tout cela ne pesait pas lourd dans la balance par rapport au retour à de vieux amis et à de vieilles associations à Pittsburgh, ville sale et enfumée. Mon frère Tom avait appris la télégraphie pendant sa résidence à Altoona, il est revenu avec moi et est devenu mon secrétaire. L'hiver qui suivit ma nomination fut l'un des plus rigoureux jamais connus. La ligne était mal construite, le matériel inefficace et totalement inadapté à l'activité qui s'y déroulait. Les rails étaient posés sur d'énormes blocs de pierre, on utilisait des chaises en fonte pour tenir les rails, et j'en ai connu jusqu'à quarante-sept qui se sont brisées en une nuit. Pas étonnant que les naufrages aient été fréquents. À l'époque, on attendait du surintendant d'une division qu'il fasse rouler les trains par télégraphe la nuit, qu'il sorte et enlève toutes les épaves, et en fait qu'il fasse tout. À un moment donné, pendant huit jours, j'étais constamment sur la ligne, jour et nuit, pour enlever une épave ou une obstruction après l'autre. J'ai probablement été le surintendant le plus inconsidéré à qui l'on ait jamais confié la gestion d'une grande propriété, car, ne connaissant pas moi-même la fatigue, étant probablement entretenu par le sens des responsabilités, j'ai surmené les hommes et n'ai pas été assez prudent en considérant les limites de l'endurance humaine. J'ai toujours été capable de dormir à n'importe quelle heure. Des bribes d'une demi-heure à intervalles réguliers pendant la nuit dans un wagon de marchandises sale étaient suffisantes. La guerre civile a entraîné des demandes si extraordinaires sur la ligne de Pennsylvanie que j'ai finalement été obligé d'organiser une force de nuit ; mais j'ai eu du mal à obtenir le consentement de mes supérieurs pour confier la charge de la ligne la nuit à un répartiteur de trains. En fait, je n'ai jamais obtenu leur autorisation sans équivoque, mais sous ma propre responsabilité, j'ai nommé peut-être le premier répartiteur de trains de nuit qui n'ait jamais agi en Amérique - du moins, il a été le premier sur le réseau de la Pennsylvanie. À notre retour à Pittsburgh en 1860, nous avons loué une maison dans la rue Hancock, maintenant la huitième rue, et nous y avons résidé pendant un an ou plus. Toute description précise de Pittsburgh à cette époque serait considérée comme une pièce de la plus grande exagération. La fumée imprégnait et pénétrait tout. Si vous posiez votre main sur la balustrade d'un escalier, elle en ressortait noire ; si vous vous laviez le visage et les mains, ils étaient aussi sales que jamais en une heure. La suie s'accumulait dans les cheveux et irritait la peau, et pendant un certain temps après notre retour de l'atmosphère montagneuse d'Altoona, la vie était plus ou moins misérable. Nous avons rapidement commencé à réfléchir à la façon dont nous pourrions nous rendre à la campagne, et heureusement, à ce moment-là, M. D.A. Stewart, alors agent de fret pour la compagnie, a attiré notre attention sur une maison attenante à sa résidence de Homewood. Nous nous y sommes installés immédiatement et le télégraphe a été installé, ce qui m'a permis de faire fonctionner la division depuis la maison lorsque cela était nécessaire. Ici, une nouvelle vie s'est ouverte à nous. Il y avait des chemins de campagne et des jardins en abondance. Les résidences disposaient de cinq à vingt acres de terrain. Le domaine de Homewood s'étendait sur plusieurs centaines d'hectares, avec de magnifiques bois et vallons et un ruisseau. Nous aussi, nous avions un jardin et une étendue considérable de terrain autour de notre maison. Les années les plus heureuses de la vie de ma mère ont été passées ici, parmi ses fleurs, ses poules et le cadre de la vie à la campagne. Son amour des fleurs était une passion. Elle n'était presque jamais capable de cueillir une fleur. En fait, je me souviens qu'elle m'a reproché une fois d'avoir arraché une mauvaise herbe, en disant "c'était quelque chose de vert". J'ai hérité de cette particularité et j'ai souvent marché de la maison au portail avec l'intention de cueillir une fleur pour ma boutonnière, puis je suis parti en ville sans pouvoir en trouver une que je pouvais détruire. Ce passage à la campagne s'accompagne d'une foule de nouvelles connaissances. De nombreuses familles aisées du district avaient leur résidence dans ce charmant faubourg. C'était, pour ainsi dire, le quartier aristocratique. Le jeune surintendant était invité aux divertissements de ces grandes maisons. Les jeunes gens étaient musiciens et nous avions des soirées musicales en abondance. J'entendais discuter de sujets que je n'avais jamais connus auparavant, et je me faisais une règle, quand j'en entendais, d'apprendre quelque chose sur le champ. J'étais heureux chaque jour de sentir que j'apprenais quelque chose de nouveau. C'est là que j'ai rencontré pour la première fois les frères Vandevort, Benjamin et John. Ce dernier a été mon compagnon de route lors de plusieurs voyages que j'ai effectués plus tard dans ma vie. "Cher Vandy" apparaît comme mon copain dans "Le tour du monde". Nos voisins, M. et Mme Stewart, nous sont devenus de plus en plus chers, et la connaissance que nous avions auparavant s'est transformée en une amitié durable. L'un de mes plaisirs est que M. Stewart s'est par la suite lancé dans les affaires avec nous et est devenu un associé, tout comme "Vandy". Mais le plus grand avantage de notre nouvelle maison a été de faire la connaissance de la plus grande famille de Pennsylvanie occidentale, celle de l'honorable juge Wilkins. Le juge approchait alors de sa quatre-vingtième année, grand, mince et beau, en pleine possession de toutes ses facultés, avec une grâce courtoise et la plus merveilleuse réserve de connaissances et de souvenirs de tout homme que j'ai eu le privilège de rencontrer. Sa femme, la fille de George W. Dallas, vice-président des États-Unis, a toujours été mon type de femme gracieuse en âge - la plus belle, la plus charmante vieille dame vénérable que j'ai jamais connue ou vue. Sa fille, Miss Wilkins, sa sœur, Mme Saunders, et ses enfants résidaient dans le manoir majestueux de Homewood, qui était pour le district environnant ce que le hall baronnial en Grande-Bretagne est ou devrait être pour son district - le centre de tout ce qui était cultivé, raffiné et élevé. J'étais particulièrement heureux d'avoir l'impression d'être un invité bienvenu. Les soirées musicales, les charades et les pièces de théâtre dans lesquelles Miss Wilkins jouait les premiers rôles me fournissaient un autre moyen de m'améliorer. Le Juge lui-même était le premier homme d'envergure historique que j'aie jamais connu. Je n'oublierai jamais l'impact qu'il eut sur moi lorsqu'au cours d'une conversation, voulant illustrer une remarque, il dit : "Le président Jackson m'a dit un jour" ou "J'ai dit au duc de Wellington ceci et cela". Le juge, dans sa vie antérieure (1834), avait été ministre en Russie sous Jackson, et il parlait avec la même aisance de son entrevue avec le tsar. Il me semblait que je touchais à l'histoire elle-même. La maison était une nouvelle atmosphère, et mes rapports avec la famille étaient un puissant stimulant pour le désir d'améliorer mon propre esprit et mes manières. Le seul sujet sur lequel il y avait toujours un antagonisme décidé, bien que silencieux, entre la famille Wilkins et moi-même était la politique. J'étais un ardent partisan de la liberté à l'époque où être abolitionniste était un peu comme être républicain en Grande-Bretagne. Les Wilkins étaient de fervents démocrates, avec un penchant pour le Sud, car ils étaient étroitement liés aux grandes familles du Sud. Un jour, à Homewood, en entrant dans le salon, j'ai trouvé la famille en train de discuter avec enthousiasme d'un terrible incident qui s'était produit récemment. "Dallas" (son petit-fils) m'écrit qu'il a été contraint par le commandant de West Point de s'asseoir à côté d'un nègre ! Avez-vous jamais entendu une chose pareille ? N'est-ce pas honteux ? Des nègres admis à West Point !" "Oh !" ai-je dit, "Mme Wilkins, il y a quelque chose d'encore pire que ça. Je crois savoir que certains d'entre eux ont été admis au paradis !" Il y eut un silence qui pouvait être ressenti. Puis la chère Mme Wilkins a dit gravement : "C'est une autre affaire, M. Carnegie." Le cadeau de loin le plus précieux que j'ai reçu jusqu'alors s'est produit de cette manière. La chère Mme Wilkins commença à tricoter un afghan, et pendant le travail, les demandes furent nombreuses pour savoir à qui il était destiné. Non, la chère reine ne voulait pas le dire ; elle a gardé son secret pendant de longs mois jusqu'à ce que, à l'approche de Noël, le cadeau terminé et soigneusement emballé, et sa carte avec quelques mots d'amour, elle a demandé à sa fille de me l'adresser. Il a été dûment reçu à New York. Quel hommage de la part d'une telle dame ! Eh bien, cet afghan, bien que souvent montré à des amis chers, n'a pas été beaucoup utilisé. Il est sacré pour moi et reste parmi mes biens précieux. J'avais eu la chance de rencontrer Leila Addison alors que je vivais à Pittsburgh, la fille talentueuse du Dr Addison, qui était décédé peu de temps auparavant. Je fis rapidement connaissance avec la famille et j'enregistrai avec des sentiments de gratitude l'immense avantage que cette connaissance m'apporta également. Voilà une autre amitié formée avec des gens qui avaient tous les avantages d'une éducation supérieure. Carlyle avait été le précepteur de Mme Addison pendant un certain temps, car elle était une dame d'Édimbourg. Ses filles avaient été éduquées à l'étranger et parlaient le français, l'espagnol et l'italien aussi bien que l'anglais. C'est en fréquentant cette famille que je me suis rendu compte pour la première fois du fossé indescriptible et pourtant incommensurable qui sépare les personnes très instruites des gens comme moi. Mais "the wee drap o' Scotch bluid atween us" a prouvé sa puissance comme d'habitude. Mlle Addison est devenue une amie idéale parce qu'elle a entrepris d'améliorer le diamant brut, si tant est que ce soit un diamant. Elle était ma meilleure amie, car ma plus sévère critique. J'ai commencé à faire très attention à ma langue et aux classiques anglais, que je lis maintenant avec une grande avidité. Je commençai aussi à remarquer combien il était préférable d'être doux dans le ton et les manières, poli et courtois, bref, de mieux se comporter. Jusqu'à ce moment, j'avais été, peut-être, négligent dans ma tenue vestimentaire et je l'avais plutôt affectée. Les grosses bottes lourdes, le col ample et la rudesse générale de la tenue étaient alors propres à l'Ouest et, dans notre cercle, considérés comme virils. Tout ce qui pouvait être qualifié de mièvre était considéré avec mépris. Je me souviens du premier gentleman que j'ai vu au service de la compagnie de chemin de fer qui portait des gants de chevreau. Il était l'objet de dérision parmi nous qui aspirions à être des hommes virils. J'étais beaucoup mieux à tous ces égards après notre déménagement à Homewood, grâce aux Addison.

Chapitre 8 : Période de la guerre civile

EN 1861, la guerre civile éclata et je fus immédiatement convoqué à Washington par M. Scott, qui avait été nommé secrétaire adjoint à la guerre chargé du département des transports. Je devais agir en tant qu'assistant en charge des chemins de fer et des télégraphes militaires du gouvernement et organiser une force de cheminots. C'était l'un des départements les plus importants de tous au début de la guerre. Les premiers régiments des troupes de l'Union passant par Baltimore avaient été attaqués, et la ligne de chemin de fer coupée entre Baltimore et Annapolis Junction, détruisant la communication avec Washington. Il m'a donc fallu, avec mon corps d'assistants, prendre le train à Philadelphie pour Annapolis, un point à partir duquel une ligne secondaire s'étendait jusqu'à la jonction, rejoignant la ligne principale vers Washington. Notre première tâche consistait à réparer cet embranchement et à le rendre praticable pour les trains lourds, un travail de quelques jours. Le général Butler et plusieurs régiments de troupes sont arrivés quelques jours après nous, et nous avons pu transporter toute sa brigade à Washington. J'ai pris place dans la première locomotive qui s'est mise en route vers la capitale, et j'ai avancé avec beaucoup de précautions. À une certaine distance de Washington, j'ai remarqué que les fils télégraphiques avaient été fixés au sol par des piquets de bois. J'ai arrêté la locomotive et j'ai couru pour les libérer, mais je n'ai pas remarqué que les fils avaient été tirés d'un côté avant d'être plantés. Une fois libérés, dans leur élan vers le haut, ils m'ont frappé au visage, m'ont renversé et m'ont fait une entaille à la joue qui saignait abondamment. C'est dans cet état que je suis entré dans la ville de Washington avec les premières troupes, de sorte qu'à l'exception d'un ou deux soldats, blessés quelques jours auparavant en passant dans les rues de Baltimore, je peux à juste titre prétendre avoir " versé mon sang pour mon pays " parmi les premiers de ses défenseurs. Je me suis glorifié d'être utile à la terre qui avait tant fait pour moi, et j'ai travaillé, je peux vraiment le dire, nuit et jour, pour ouvrir la communication avec le Sud. J'ai rapidement transféré mon quartier général à Alexandria, en Virginie, et j'y étais stationné lorsque la malheureuse bataille de Bull Run a eu lieu. Nous n'arrivions pas à croire les rapports qui nous parvenaient, mais il est vite devenu évident que nous devions précipiter chaque moteur et chaque voiture au front pour ramener nos forces vaincues. Le point le plus proche était alors Burke Station. Je m'y suis rendu et j'ai chargé un train après l'autre de ces pauvres volontaires blessés. On a signalé que les rebelles étaient proches de nous et nous avons finalement été obligés de fermer Burke Station, l'opérateur et moi-même avons pris le dernier train pour Alexandrie où la panique était évidente de tous côtés. Certains de nos cheminots manquaient à l'appel, mais le nombre de personnes présentes au mess le lendemain matin montrait que, par rapport aux autres branches du service, nous avions de quoi nous féliciter. Quelques chefs de train et ingénieurs avaient obtenu des bateaux et traversé le Potomac, mais la grande majorité des hommes étaient restés, bien que le rugissement des canons de l'ennemi à sa poursuite ait été entendu dans chaque bruit pendant la nuit. De nos télégraphistes, pas un seul ne manquait le lendemain matin. Peu après, je suis retourné à Washington et j'ai établi mon quartier général dans le War Building avec le colonel Scott. Comme j'avais la charge du département télégraphique, ainsi que des chemins de fer, cela me donnait l'occasion de voir le président Lincoln, M. Seward, le secrétaire Cameron et d'autres personnes ; et j'étais occasionnellement mis en contact personnel avec ces hommes, ce qui était pour moi une source de grand intérêt. M. Lincoln venait de temps en temps au bureau et s'asseyait à la table pour attendre des réponses à des télégrammes, ou peut-être simplement pour obtenir des informations. Toutes les images de cet homme extraordinaire lui ressemblent. Il avait des traits si marqués qu'il était impossible à quiconque de le peindre sans produire une ressemblance. Il était certainement l'un des hommes les plus ordinaires que j'aie jamais vus lorsque ses traits étaient au repos ; mais lorsqu'il était excité ou qu'il racontait une histoire, l'intelligence brillait dans ses yeux et illuminait son visage à un degré que j'ai rarement ou jamais vu chez un autre. Ses manières étaient parfaites parce que naturelles, et il avait un mot gentil pour tout le monde, même pour le plus jeune garçon du bureau. Ses attentions n'étaient pas graduées. Elles étaient les mêmes pour tous, aussi déférentes pour parler au messager qu'au secrétaire Seward. Son charme résidait dans l'absence totale de manières. Ce n'était peut-être pas tant ce qu'il disait que la manière dont il le disait qui ne manquait jamais de séduire. J'ai souvent regretté de ne pas avoir noté soigneusement, à l'époque, certaines de ses expressions curieuses, car il disait même des choses communes d'une manière originale. Je n'ai jamais rencontré un grand homme qui se soit fait aussi complètement uni à tous les hommes que M. Lincoln. Comme le secrétaire Hay le dit si bien, "Il est impossible d'imaginer que quelqu'un puisse être le valet de chambre de M. Lincoln ; il aurait été son compagnon". Il était le plus parfait des démocrates, révélant dans chaque parole et chaque acte l'égalité des hommes. Lorsque Mason et Slidell, en 1861, ont été enlevés du navire britannique Trent, il y avait une anxiété intense de la part de ceux qui, comme moi, savaient ce que le droit d'asile sur ses navires signifiait pour la Grande-Bretagne. Il s'agissait d'une guerre certaine ou d'un retour rapide des prisonniers. Le secrétaire Cameron étant absent lorsque le Cabinet a été convoqué pour examiner la question, M. Scott a été invité à y assister en tant que secrétaire adjoint à la Guerre. J'ai fait de mon mieux pour lui faire comprendre que sur cette question, la Grande-Bretagne se battrait sans hésiter, et je l'ai pressé de rester fermement en faveur de la capitulation, d'autant plus que la doctrine américaine voulait que les navires soient à l'abri des fouilles. M. Scott, qui ne connaissait rien aux affaires étrangères, était disposé à garder les captifs, mais à son retour de la réunion, il m'a dit que Seward avait averti le Cabinet que cela signifiait la guerre, tout comme je l'avais dit. Lincoln, lui aussi, était d'abord enclin à garder les prisonniers, mais il s'est finalement converti à la politique de Seward. Le Cabinet, cependant, avait décidé de reporter l'action jusqu'au lendemain, lorsque Cameron et les autres absents seraient présents. M. Scott a été prié par Seward de rencontrer Cameron à son arrivée et de l'informer sur le sujet avant de se rendre à la réunion, car on s'attendait à ce qu'il ne soit pas d'humeur à se rendre. Cela a été fait et tout s'est bien passé le jour suivant. La confusion générale qui régnait à Washington à cette époque devait être vue pour être comprise. Aucune description ne peut rendre mon impression initiale. La première fois que j'ai vu le général Scott, alors commandant en chef, deux hommes l'aidaient à traverser le trottoir pour aller de son bureau à sa voiture. C'était un vieil homme décrépit, paralysé non seulement de corps, mais aussi d'esprit ; et c'était de cette noble relique du passé que dépendait l'organisation des forces de la République. Son commissaire en chef, le général Taylor, était dans une certaine mesure un homologue de Scott. Il nous incombait d'organiser avec eux, et d'autres à peine moins aptes, l'ouverture des communications et le transport des hommes et des fournitures. Il s'agissait apparemment de tous les martinets qui avaient dépassé l'âge d'être utiles. Des jours s'écoulaient avant que l'on puisse prendre une décision sur des questions qui exigeaient une action rapide. Il n'y avait guère de jeune officier actif à la tête d'un département important - du moins, je ne peux m'en souvenir. De longues années de paix avaient fossilisé le service. La même cause avait produit des résultats similaires, si j'ai bien compris, dans le département de la marine, mais je n'ai pas été mis en contact personnel avec elle. La marine n'était pas importante au début ; c'était l'armée qui comptait. Il ne fallait s'attendre à rien d'autre qu'à une défaite jusqu'à ce que les chefs des divers départements soient changés, et cela ne pouvait se faire en un jour. L'impatience du pays face au retard apparent dans la production d'une arme efficace pour la grande tâche confiée au gouvernement était sans doute naturelle, mais ce qui m'étonne, c'est que l'ordre soit si vite sorti du chaos qui régnait dans toutes les branches du service. En ce qui concerne nos opérations, nous avions un grand avantage. Le secrétaire Cameron autorisait M. Scott (il avait été nommé colonel) à faire ce qu'il jugeait nécessaire sans attendre les lents mouvements des fonctionnaires relevant du secrétaire à la Guerre. Cette autorité fut utilisée sans ménagement, et le rôle important joué par le département ferroviaire et télégraphique du gouvernement dès le début de la guerre doit être attribué au fait que nous avions le soutien cordial du secrétaire Cameron. Celui-ci était alors en possession de toutes ses facultés et saisissait les éléments du problème bien mieux que ses généraux et chefs de service. La clameur populaire obligea Lincoln à le changer finalement, mais ceux qui étaient dans les coulisses savaient bien que si les autres départements avaient été aussi bien gérés que l'avait été le ministère de la Guerre sous Cameron, tout bien considéré, une grande partie du désastre aurait été évitée. Lochiel, comme Cameron aimait à se faire appeler, était un homme de sentiments. Dans sa quatre-vingt-dixième année, il nous rendit visite en Écosse et, traversant l'un de nos vallons, assis sur le siège avant de notre voiture à quatre roues, il ôta son chapeau avec révérence et traversa le vallon tête nue, subjugué par sa grandeur. La conversation a porté sur les efforts que les candidats à une fonction publique doivent eux-mêmes déployer et sur l'idée fausse que la fonction publique cherche l'homme, sauf dans de très rares cas d'urgence. À ce propos, Lochiel raconta cette histoire sur le second mandat de Lincoln : Un jour, dans la maison de campagne de Cameron, près de Harrisburg, en Pennsylvanie, il reçoit un télégramme indiquant que le président Lincoln souhaite le voir. En conséquence, il se rend à Washington. Lincoln commence : "Cameron, les gens autour de moi me disent qu'il est de mon devoir patriotique de devenir candidat pour un second mandat, que je suis le seul homme qui puisse sauver mon pays, et ainsi de suite ; et vous savez que je commence tout juste à être assez fou pour les croire un peu. Qu'en dites-vous, et comment pourrait-on y parvenir ?" " Eh bien, Monsieur le Président, il y a vingt-huit ans, le président Jackson m'a fait venir comme vous venez de le faire et m'a raconté exactement la même histoire. Sa lettre m'est parvenue à La Nouvelle-Orléans et j'ai fait dix jours de voyage pour arriver à Washington. J'ai dit au président Jackson que je pensais que le meilleur plan serait de faire adopter par la législature d'un des États des résolutions insistant pour que le pilote ne déserte pas le navire en ces temps de tempête, etc. Si un État le faisait, je pensais que les autres suivraient. M. Jackson a donné son accord et je me suis rendu à Harrisburg, où j'ai fait préparer et adopter une telle résolution. D'autres États ont suivi comme je l'avais prévu et, comme vous le savez, il a remporté un deuxième mandat." "Eh bien," dit Lincoln, "pourriez-vous le faire maintenant ?" "Non, dis-je, je suis trop près de vous, Monsieur le Président ; mais si vous le désirez, je pourrais demander à un ami de s'en occuper, je pense." "Eh bien," a dit le président Lincoln, "je vous laisse la question." "J'ai fait venir Foster ici" (qui était son compagnon dans la diligence et notre invité) "et je lui ai demandé de vérifier les résolutions de Jackson. Nous les avons légèrement modifiées pour répondre aux nouvelles conditions et nous les avons adoptées. Le résultat fut le même que dans le cas du président Jackson. Lors de ma visite suivante à Washington, je me rendis le soir à la réception publique du président. Lorsque j'entrai dans la salle Est, spacieuse et bondée, étant, comme Lincoln, de très grande taille, le président me reconnut au-dessus de la masse des gens et, levant ses deux mains gantées de blanc qui ressemblaient à deux cuisses de mouton, il m'appela : "Deux de plus aujourd'hui, Cameron, deux de plus". C'est-à-dire que deux États supplémentaires avaient adopté les résolutions Jackson-Lincoln." En dehors de la lumière que cet incident jette sur la vie politique, il est plutôt remarquable que le même homme ait été appelé par deux présidents des États-Unis, à vingt-huit ans d'intervalle, dans des circonstances exactement similaires, et qu'on lui ait demandé conseil, et que, le même expédient étant employé, les deux hommes soient devenus candidats et aient tous deux obtenu un second mandat. Comme on l'a expliqué un jour lors d'une occasion mémorable : "Il y a de la figuration dans toutes ces choses". Lorsque j'étais à Washington, je n'avais pas rencontré le général Grant, car il était dans l'Ouest jusqu'au moment de mon départ, mais lors d'un voyage à destination et en provenance de Washington, il s'est arrêté à Pittsburgh afin de prendre les dispositions nécessaires pour son déménagement dans l'Est. Je l'ai rencontré sur la ligne à ces deux occasions et je l'ai emmené dîner avec moi à Pittsburgh. Il n'y avait pas de wagons-restaurants à l'époque. C'était l'homme de haut rang à l'apparence la plus ordinaire que j'aie jamais rencontré, et le dernier que l'on pourrait considérer à première vue comme un homme remarquable. Je me souviens que le secrétaire à la Guerre Stanton a dit que lorsqu'il visitait les armées de l'Ouest, le général Grant et son état-major entraient dans sa voiture ; il les regardait, l'un après l'autre, lorsqu'ils entraient et, voyant le général Grant, il se disait : "Eh bien, je ne sais pas lequel est le général Grant, mais il y en a un qui ne peut pas l'être". Et pourtant, c'était lui. [En lisant ce texte des années après qu'il ait été écrit, je ris. C'est assez dur pour le général, car j'ai été pris pour lui plus d'une fois]. À cette époque de la guerre, on parlait beaucoup de "stratégie" et des plans des différents généraux. J'étais étonné de la liberté dont faisait preuve le général Grant en me parlant de ces choses. Bien sûr, il savait que j'avais été au War Office, que j'étais bien connu du secrétaire Stantonet que j'avais une certaine connaissance de ce qui se passait ; mais on peut imaginer ma surprise lorsqu'il m'a dit : "Eh bien, le président et Stanton veulent que j'aille dans l'Est et que je prenne le commandement là-bas, et j'ai accepté [Pg 107] de le faire. Je vais juste à l'Ouest pour prendre les dispositions nécessaires." J'ai dit : "Je m'en doutais." "Je vais mettre Sherman en charge", a-t-il dit. "Cela surprendra le pays", ai-je dit, "car je pense que l'impression est que le général Thomas devrait réussir". "Oui, je le sais", a-t-il dit, "mais je connais les hommes et Thomas sera le premier à dire que Sherman est l'homme de la situation. Il n'y aura aucun problème à ce sujet. Le fait est que l'extrémité ouest est assez loin, et la prochaine chose à faire est de pousser l'extrémité est un peu plus bas." C'est exactement ce qu'il a fait. Et c'était la manière de Grant de mettre la stratégie en mots. J'ai eu le privilège de bien le connaître par la suite.

S'il n'y a jamais eu un homme sans la moindre trace d'affectation, Grant était cet homme. Même Lincoln ne le surpassait pas en cela : mais Grant était un homme calme et lent, alors que Lincoln était toujours vivant et en mouvement. Je n'ai jamais entendu Grant utiliser un mot long ou grand, ou faire la moindre tentative de "manière", mais l'impression générale qu'il était toujours réticent est une erreur. Il était parfois étonnamment beau parleur et, à l'occasion, il aimait parler. Ses phrases étaient toujours courtes et précises, et ses observations sur les choses remarquablement perspicaces. Quand il n'avait rien à dire, il ne disait rien. J'ai remarqué qu'il ne se lassait jamais de faire l'éloge de ses subordonnés pendant la guerre. Il parlait d'eux comme un père affectueux parle de ses enfants. On raconte que pendant les épreuves de la guerre dans l'Ouest, le général Grant commença à s'adonner trop librement à l'alcool. Son chef d'état-major, Rawlins, se hasarda à le lui dire. Grant a pleinement reconnu qu'il s'agissait de l'acte d'un véritable ami. "Vous ne le pensez pas ? J'en étais totalement inconscient. Je suis surpris !" dit le général. "Oui, je le pense vraiment. Cela commence même à faire l'objet de commentaires parmi vos officiers." "Pourquoi tu ne me l'as pas dit avant ? Je ne boirai plus jamais une goutte d'alcool." Il ne l'a jamais fait. Plus tard, à maintes reprises, lors d'un dîner avec les Grants à New York, j'ai vu le général refuser les verres de vin à ses côtés. Cette volonté indomptable lui permettait de rester fidèle à sa résolution, un cas rare d'après mon expérience. Certains se sont abstenus pendant un certain temps. Dans un cas célèbre, un de nos partenaires s'est abstenu pendant trois ans, mais hélas, le vieil ennemi a finalement repris sa victime. Grant, lorsqu'il était président, était accusé d'avoir tiré un avantage pécuniaire de certaines nominations ou de certains actes de son administration, alors que ses amis savaient qu'il était si pauvre qu'il avait été contraint d'annoncer son intention d'abandonner les dîners d'État habituels, dont chacun coûtait, selon lui, huit cents dollars - une somme qu'il ne pouvait se permettre de payer avec son salaire. L'augmentation du salaire présidentiel de 25 000 à 50 000 dollars par an lui a permis, au cours de son second mandat, d'économiser un peu, bien qu'il ne se souciât pas plus de l'argent que des uniformes. À la fin de son premier mandat, je sais qu'il n'avait rien. Pourtant, j'ai constaté, lorsque j'étais en Europe, que l'impression était répandue parmi les plus hauts fonctionnaires de cette région qu'il y avait quelque chose dans l'accusation selon laquelle le général Grant avait bénéficié pécuniairement de nominations. Nous savons en Amérique le peu de poids qu'il faut accorder à ces accusations, mais il aurait été bon que ceux qui les ont formulées de façon si imprudente aient considéré l'effet qu'elles produiraient sur l'opinion publique dans d'autres pays. La cause de la démocratie souffre plus aujourd'hui en Grande-Bretagne de l'opinion généralement reçue que la politique américaine est corrompue, et donc que le républicanisme produit nécessairement la corruption, que de toute autre cause. Pourtant, parlant avec une certaine connaissance de la politique dans les deux pays, je n'ai pas la moindre hésitation à dire que pour chaque once de corruption des hommes publics dans le nouveau pays du républicanisme, il y en a une dans l'ancien pays de la monarchie, seulement les formes de corruption diffèrent. Les titres sont les pots-de-vin dans la monarchie, pas les dollars. La fonction est une récompense commune et appropriée dans les deux cas. Il y a cependant cette différence en faveur de la monarchie : les titres sont donnés ouvertement et ne sont pas considérés par les bénéficiaires ou la masse du peuple comme des pots-de-vin. Lorsque j'ai été appelé à Washington en 1861, on pensait que la guerre serait bientôt terminée, mais on s'est aperçu peu après que c'était une question d'années. Des responsables permanents seraient nécessaires. La Pennsylvania Railroad Company n'était pas en mesure de se passer de M. Scott, et ce dernier, à son tour, a décidé que je devais retourner à Pittsburgh, où l'on avait un besoin urgent de mes services, en raison des exigences du gouvernement envers la Pennsylvanie. Nous avons donc confié le département de Washington à d'autres personnes et sommes retournés à nos postes respectifs. Après mon retour de Washington, une réaction a suivi et j'ai été pris de ma première maladie grave. J'étais complètement brisé et, après avoir lutté pour accomplir mes tâches, j'ai été contraint de me reposer. Un après-midi, alors que je me trouvais sur la ligne de chemin de fer en Virginie, j'ai eu une sorte d'insolation qui m'a donné beaucoup de mal. Cela s'est toutefois dissipé, mais par la suite, j'ai découvert que je ne supportais pas la chaleur et que je devais faire attention à ne pas m'exposer au soleil - une journée chaude me flétrissait complètement. [C'est la raison pour laquelle l'air frais des Highlands en été a été pour moi une panacée pendant de nombreuses années. Mon médecin a insisté sur le fait que je devais éviter nos chauds étés américains]. Une autorisation d'absence m'a été accordée par la Pennsylvania Railroad

Company, et l'occasion tant désirée de visiter l'Écosse s'est présentée. Ma mère, mon ami Tom Miller et moi-même avons embarqué sur le bateau à vapeur Etna, le 28 juin 1862, alors que j'étais dans ma vingt-septième année, et après avoir débarqué à Liverpool, nous nous sommes immédiatement rendus à Dunfermline. Aucun changement ne m'a jamais autant affecté que ce retour dans mon pays natal. J'avais l'impression d'être dans un rêve. Chaque kilomètre qui nous rapprochait de l'Écosse augmentait l'intensité de mes sentiments. Ma mère était également émue, et je me souviens que, lorsque ses yeux ont aperçu pour la première fois le buisson jaune familier, elle s'est exclamée : "Oh ! Voilà le balai, le balai !" Elle avait le cœur si plein qu'elle ne pouvait retenir ses larmes, et plus j'essayais d'en prendre ombrage ou de l'apaiser, plus elle était accablée. Quant à moi, je me sentais comme si je pouvais me jeter sur le sol sacré et l'embrasser. C'est dans cet état d'esprit que nous avons atteint Dunfermline. Chaque objet que nous passions était reconnu immédiatement, mais tout semblait si petit, comparé à ce que j'avais imaginé, que j'étais complètement perplexe. Enfin, en arrivant chez l'oncle Lauder et en entrant dans la vieille pièce où il avait enseigné tant de choses à Dod et à moi-même, je me suis exclamé : "Vous êtes tous ici ; tout est comme je l'ai laissé, mais vous jouez maintenant tous avec des jouets." La High Street, que j'avais considérée comme un Broadway pas mal, la boutique de l'oncle, que j'avais comparé à certains établissements de New York, les petits monticules de la ville, où nous avions couru le dimanche pour jouer, les distances, la hauteur des maisons, tout avait rétréci. C'était une ville de Lilliputiens. Je pouvais presque toucher l'avant-toit de la maison où j'étais né, et la mer - vers laquelle on avait considéré comme un exploit de marcher le samedi - n'était qu'à trois milles. Les rochers du bord de mer, parmi lesquels j'avais ramassé des wilks (bulots), semblaient avoir disparu, et il ne restait qu'un banc plat et apprivoisé. L'école, autour de laquelle s'étaient concentrés nombre de mes souvenirs d'écolier - ma seule Alma Mater - et la cour de récréation, sur laquelle des batailles mimiques avaient été menées et des courses courues, avait rétréci dans des dimensions ridiculement petites. Les belles résidences, Broomhall, Fordell, et surtout les conservatoires de Donibristle, tombaient l'une après l'autre dans la mesquinerie et l'insignifiance. Ce que j'ai ressenti plus tard, lors d'une visite au Japon, avec ses petites maisons de jouets, était une sorte de répétition de l'impression que mon ancienne maison avait faite sur moi. Tout était là en miniature. Même le vieux puits au bout de Moodie Street, où j'ai commencé mes premiers combats, était différent de ce que j'avais imaginé. Mais un objet est resté tel que je l'avais rêvé. Je n'étais pas déçu par la glorieuse vieille abbaye et son Glen. Elle était assez grande et assez grandiose, et les mémorables lettres sculptées au sommet de la tour - "King Robert The Bruce" - remplissaient mes yeux et mon cœur aussi pleinement qu'autrefois. La cloche de l'abbaye ne m'a pas non plus déçu lorsque je l'ai entendue pour la première fois après mon retour. J'en ai été reconnaissant. Elle m'a donné un point de ralliement, et autour de la vieille abbaye, avec les ruines du palais et le Glen, d'autres objets se sont ajustés à leurs véritables proportions après un certain temps. Mes proches ont été extrêmement gentils, et la plus âgée de tous, ma chère vieille tante Charlotte, s'est exclamée dans un moment d'exaltation : "Oh, tu reviendras ici un jour et tu tiendras une boutique dans la High Street." Tenir un magasin dans la High Street était son idée du triomphe. Son gendre et sa fille, tous deux mes cousins germains, bien que n'ayant aucun lien de parenté entre eux, s'étaient élevés à ce niveau sublime, et rien n'était trop grand à prédire pour son prometteur neveu. Il y a une aristocratie même dans le commerce, et la famille de l'épicier vert de la High Street ne se mêle pas sur un pied d'égalité avec celle de Moodie Street. Tante, qui avait souvent joué le rôle de ma nourrice, aimait à rappeler que j'étais un nourrisson hurlant qu'il fallait nourrir avec deux cuillères, car je criais dès qu'une d'entre elles quittait ma bouche. Plus tard, le capitaine Jones, notre surintendant de l'aciérie, a dit de moi que j'étais né "avec deux rangées de dents et des trous percés pour en avoir plus", tant mon appétit pour de nouveaux travaux et une production accrue était insatiable. Comme j'étais le premier enfant de notre famille immédiate, il y avait beaucoup de parents maintenant vénérables qui suppliaient qu'on leur permette de jouer les nourrices, mes tantes entre autres. Beaucoup de mes farces et mots d'enfance, elles me les ont racontés dans leur vieillesse. L'une d'entre elles, dont les tantes se souvenaient, me paraissait plutôt précoce. J'avais été élevé dans la sagesse et l'un de ceux que mon père m'avait enseignés fut bientôt appliqué directement. Alors qu'il était enfant et qu'il revenait du bord de mer à trois miles de distance, il dut me porter sur son dos pendant une partie du chemin. En montant une colline escarpée dans l'obscurité, il fit remarquer la lourdeur de la charge, espérant probablement que je proposerais de marcher un peu. La réponse qu'il reçut, cependant, fut la suivante : "Ah, mon frère, peu importe, la patience et la persévérance font l'homme, vous savez." Il travaillait avec son fardeau, mais tremblait de rire. Il a été pris à son propre piège, mais son fardeau s'est allégé d'autant. Je suis sûr de cela. Mon foyer, bien sûr, était mon instructeur, mon guide et mon inspirateur, l'oncle Lauder, qui avait tant fait pour me rendre romantique, patriotique et poétique à huit ans. J'avais maintenant vingt-sept ans, mais l'oncle Lauder restait toujours l'oncle Lauder. Il n'avait pas diminué, personne ne pouvait prendre sa place. Nous nous promenions et discutions sans cesse et je redevenais "Naig" pour lui. Il n'avait jamais eu d'autre nom pour moi que celui-là et n'en a jamais eu. Mon cher, cher oncle, et plus, beaucoup plus qu'un oncle pour moi. Je rêvais encore et j'étais si excité que je n'arrivais pas à dormir et que j'avais attrapé froid dans la foulée. Le résultat naturel de tout cela était une fièvre. Je suis resté dans la maison de mon oncle pendant six semaines, dont une partie dans un état critique. La médecine écossaise était alors aussi sévère que la théologie écossaise (les deux se sont beaucoup adoucies aujourd'hui), et j'ai été saigné. Mon mince sang américain était tellement épuisé que lorsque j'ai été déclaré convalescent, il a fallu longtemps avant que je puisse me tenir sur mes pieds. Cette maladie a mis fin à ma visite, mais lorsque je suis revenu en Amérique, le voyage en mer m'avait fait tant de bien que j'ai pu reprendre mon travail. Je me souviens avoir été profondément affecté par l'accueil que j'ai reçu lorsque j'ai rejoint ma division. Les hommes de l'extrémité est s'étaient rassemblés avec un canon et, au passage du train, j'ai été salué par une salve. C'était peut-être la première fois que mes subordonnés avaient l'occasion de me faire une démonstration, et leur accueil a fait une impression durable. Je savais à quel point je tenais à eux et il était agréable de savoir qu'ils me rendaient la pareille. Les hommes qui travaillent rendent toujours la pareille. Si nous nous soucions vraiment des autres, nous n'avons pas à nous inquiéter de leurs sentiments à notre égard. L'amour attire l'amour.

Chapitre 9 : Construction de ponts

PENDANT la guerre civile, le prix du fer a atteint quelque chose comme 130 $ la tonne. Même à ce prix, ce n'était pas tant une question d'argent que de livraison. Les lignes de chemin de fer de l'Amérique devenaient rapidement dangereuses en raison du manque de nouveaux rails, et cet état de choses m'a amené à organiser en 1864 une entreprise de fabrication de rails à Pittsburgh. Il n'a pas été difficile d'obtenir des partenaires et des capitaux, et le Superior Rail Mill and Blast Furnaces a été construit. De même, la demande de locomotives était très forte et, avec M. Thomas N. Miller, j'ai créé en 1866 la Pittsburgh Locomotive Works, qui a été une entreprise prospère et honorable, les locomotives fabriquées dans cette entreprise ayant acquis une réputation enviable dans tous les États-Unis. Aujourd'hui, cela ressemble à un conte de fées de noter qu'en 1906, les actions de cent dollars de cette société se sont vendues pour trois mille dollars, c'est-à-dire trente dollars pour une. D'importants dividendes annuels avaient été versés régulièrement et la société avait connu un grand succès - une preuve suffisante de la politique : "Ne faites rien d'autre que ce qu'il y a de mieux." Nous ne l'avons jamais fait. Lorsque j'étais à Altoona, j'avais vu dans les usines de la Pennsylvania Railroad Company le premier petit pont construit en fer. Il s'est avéré un succès. J'ai vu qu'il ne serait jamais bon de dépendre davantage des ponts en bois pour des structures ferroviaires permanentes. Un important pont de la Pennsylvania Railroad avait récemment brûlé et la circulation avait été entravée pendant huit jours. Le fer était la solution. J'ai proposé à H.J. Linville, qui avait conçu le pont en fer, ainsi qu'à John L. Piper et à son partenaire, M. Schiffler, qui était responsable des ponts sur la ligne de la Pennsylvanie, de venir à Pittsburgh et j'ai organisé une entreprise pour construire des ponts en fer. C'était la première entreprise de ce genre. J'ai demandé à mon ami, M. Scott, du chemin de fer de la Pennsylvanie, de nous accompagner dans cette aventure, ce qu'il a fait. Chacun de nous a payé un cinquième des intérêts, soit 1 250 $. J'ai emprunté ma part à la banque. En y repensant aujourd'hui, la somme semblait très faible, mais "les petits glands font les grands chênes". C'est ainsi que fut créée, en 1862, la société Piper and Schiffler, qui fusionna en 1863 avec la Keystone Bridge

Company - un nom dont je me souviens que j'étais fier d'avoir pensé qu'il était le plus approprié pour une entreprise de construction de ponts dans l'État de Pennsylvanie, le Keystone State. C'est à partir de ce moment-là que les ponts en fer se sont généralisés en Amérique, et même dans le monde entier, pour autant que je sache. Mes lettres aux fabricants de fer de Pittsburgh ont suffi à assurer le crédit de la nouvelle entreprise. De petits ateliers en bois ont été érigés et plusieurs structures de pont ont été entreprises. La fonte était le principal matériau utilisé, mais les ponts étaient si bien construits que certains d'entre eux, fabriqués à l'époque et renforcés depuis pour supporter un trafic plus important, sont toujours en service sur diverses lignes. La question du pontage de la rivière Ohio à Steubenville a été soulevée, et on nous a demandé si nous entreprendrions de construire un pont ferroviaire d'une portée de trois cents pieds au-dessus du canal. Il semble ridicule, à l'heure actuelle, de penser aux sérieux doutes qu'on entretenait sur notre capacité à le faire ; mais il faut se rappeler que c'était avant l'époque de l'acier et presque avant l'utilisation du fer forgé en Amérique. Les cordons supérieurs et les supports étaient tous en fonte. J'ai insisté auprès de mes partenaires pour qu'ils essaient quand même, et nous avons finalement conclu un contrat, mais je me souviens bien que lorsque le président Jewett de la compagnie de chemin de fer a visité l'usine et a jeté les yeux sur les piles de fonte lourde qui traînaient, qui étaient des parties du futur pont, il s'est tourné vers moi et a dit : "Je ne crois pas que ces lourdes pièces moulées puissent se lever et se porter toutes seules, et encore moins transporter un train sur la rivière Ohio." Le juge, cependant, a vécu pour croire différemment. Le pont est resté en place jusqu'à récemment, bien que renforcé pour supporter un trafic plus important. Nous nous attendions à gagner une somme considérable grâce à cette première entreprise importante, mais en raison de l'inflation de la monnaie, qui s'est produite avant la fin des travaux, notre marge de profit a presque été engloutie. C'est une preuve de l'équité du président Edgar Thomson, de la Pennsylvanie, qu'en apprenant les faits, il a accordé une somme supplémentaire pour nous protéger de la perte. La situation qui s'est ensuivie, a-t-il dit, n'avait été envisagée par aucune des parties au moment de la conclusion du contrat. Edgar Thomson était un grand et bon homme, un négociateur acharné pour le chemin de fer de la Pennsylvanie, mais toujours conscient du fait que l'esprit de la loi est supérieur à la lettre. Avec Linville, Piper et Schiffler, nous avions les meilleurs talents de l'époque : Linville était un ingénieur, Piper un mécanicien dynamique et actif, et Schiffler un homme sûr et stable. Le colonel Piper était un homme exceptionnel. J'ai entendu le président Thomson de la Pennsylvanie dire un jour qu'il préférait l'avoir à un pont brûlé que tout le corps des ingénieurs. Il y avait un sujet sur lequel le colonel montrait une grande faiblesse (heureusement pour nous) et c'était le cheval. Chaque fois qu'une discussion d'affaires devenait trop chaude, et que le colonel montrait des signes de colère, ce qui n'était pas rare, c'était un remède sûr d'introduire ce sujet. Tout le reste disparaissait de son esprit ; il était absorbé par le sujet fascinant de la chair du cheval. S'il s'était surmené et que nous voulions lui faire prendre des vacances, nous l'envoyions dans le Kentucky pour s'occuper d'un ou deux chevaux que l'un ou l'autre d'entre nous désirait obtenir, et pour le choix desquels nous n'aurions fait confiance qu'à lui-même. Mais son engouement pour les chevaux lui valait parfois de sérieuses difficultés. Un jour, il se présenta au bureau avec une moitié du visage aussi noire que la boue pouvait le faire, ses vêtements déchirés et son chapeau manquant, mais tenant toujours le fouet dans une main. Il expliqua qu'il avait essayé de conduire un poulain rapide du Kentucky ; une des rênes s'était cassée et il avait perdu son "steerage-way", comme il le disait. C'était un grand garçon, "Pipe" comme nous l'appelions, et lorsqu'il se prenait d'affection pour une personne, comme ce fut le cas pour moi, il était toujours pour et avec elle. Plus tard, lorsque j'ai déménagé à New York, il a reporté son affection sur mon frère, qu'il appelait invariablement Thomas, au lieu de Tom. Si j'étais très apprécié de lui, mon frère l'était encore plus par la suite. Il l'adorait, et tout ce que disait Tom était loi et évangile. Il était extrêmement jaloux de nos autres établissements, dans lesquels il n'était pas directement intéressé, comme nos usines qui fournissaient du fer à Keystone Works. De nombreux conflits ont éclaté entre les directeurs des usines et le colonel au sujet de la qualité, du prix, etc. En une occasion, il vint voir mon frère pour se plaindre qu'un marché qu'il avait conclu pour la fourniture de fer pendant un an n'avait pas été copié correctement. Les prix étaient "nets", et rien n'avait été dit à propos du "net" lorsque le marché avait été conclu. Il voulait savoir ce que signifiait exactement ce mot "net". "Eh bien, Colonel," dit mon frère, "cela signifie que rien de plus ne doit être ajouté." "Très bien, Thomas", dit le colonel, entièrement satisfait. Il y a beaucoup de choses dans la façon dont on présente les choses. "Rien à déduire" aurait pu provoquer une dispute.

THOMAS MORRISON CARNEGIE

UN JOUR, IL FUT RENDU furieux par le volume de Bradstreet qui donne le classement des entreprises commerciales. N'ayant jamais vu un tel livre auparavant, il était naturellement impatient de voir quelle était la cote de son entreprise. Quand il a lu que le Keystone Bridge Works était "BC", ce qui signifiait "Bad Credit", il a eu du mal à se retenir d'aller voir nos avocats pour qu'ils intentent un procès aux éditeurs. Tom, cependant, lui expliqua que les Keystone Bridge Works avaient un mauvais crédit parce qu'ils n'avaient jamais rien emprunté, et il fut apaisé. L'absence de dette était l'un des hobbies du colonel. Une fois, alors que je partais pour l'Europe, alors que de nombreuses entreprises étaient en difficulté et que certaines faisaient faillite autour de nous, il m'a dit : "Le shérif ne pourra pas nous avoir quand vous serez parti si je ne signe pas de notes, n'est-ce pas ?" "Non," j'ai dit, "il ne peut pas." "Très bien, nous serons là quand tu reviendras." Parler du colonel me rappelle un autre personnage inhabituel avec lequel nous avons été mis en contact en ces jours de construction de ponts. Il s'agissait du capitaine Eads, de Saint-Louis, un génie original qui n'avait pas de connaissances scientifiques pour guider ses idées erratiques sur les choses mécaniques. Le fait qu'une chose ait été faite d'une certaine manière auparavant suffisait à la faire rejeter. Lorsque ses plans pour le pont de Saint-Louis nous ont été présentés, je les ai remis au seul homme aux États-Unis qui connaissait le mieux le sujet - notre M. Linville. Il est venu me voir, très inquiet, en me disant : "Le pont, s'il est construit sur la base de ces plans, ne tiendra pas debout ; il ne portera pas son propre poids." "Eh bien, dis-je, le capitaine Eads viendra vous voir et, en discutant, vous lui expliquerez gentiment la situation, vous le mettrez sur la bonne voie, vous le conduirez dans le droit chemin et vous n'en parlerez pas aux autres." Cette tâche fut accomplie avec succès, mais pour la construction du pont, le pauvre Piper fut totalement incapable de répondre aux exigences extraordinaires du capitaine. Au début, il était tellement ravi d'avoir reçu le plus gros contrat jamais attribué qu'il était très aimable envers le capitaine Eads. Il n'a même pas dit "Capitaine" au début, mais "Colonel Eads, comment allez-vous ? Ravi de vous voir." Peu à peu, les choses se sont compliquées. Nous avons remarqué que le salut devenait moins cordial, mais c'était toujours "Bonjour, capitaine Eads". Jusqu'à ce que nous soyons surpris d'entendre "Pipe" parler de "M. Eads". Avant la fin des troubles, le "Colonel" était passé à "Jim Eads" et, à vrai dire, bien avant que le travail ne sorte des ateliers, "Jim" était de temps en temps précédé d'un grand "D". Un homme peut être doté de grandes capacités, être un personnage charmant et intéressant, comme l'était sans aucun doute le capitaine Eads, et pourtant ne pas être capable de construire le premier pont de cinq cents pieds de portée sur le fleuve Mississippi, sans profiter des connaissances scientifiques et de l'expérience pratique des autres. Louis pendant quelques jours pour protéger le pont contre la menace d'une tentative de la part d'autres personnes d'en prendre possession avant que nous ayons obtenu le paiement complet. Une fois que le colonel eut monté les planches aux deux extrémités et organisé un plan pour soulager les hommes qui montaient la garde, il eut le mal du pays et fut extrêmement impatient de retourner à Pittsburgh. Il avait décidé de prendre le train de nuit et je ne savais pas comment le garder avec moi jusqu'à ce que je pense à son seul point vulnérable. Je lui ai dit, pendant la journée, combien j'étais impatient d'obtenir une paire de chevaux pour ma sœur. Je voulais lui faire cadeau d'une monture et j'avais entendu dire que Saint-Louis était un endroit réputé pour cela. Avait-il vu quelque chose de superbe ? L'appât a pris. Il s'est lancé dans une description de plusieurs séries de chevaux qu'il avait vus et d'écuries qu'il avait visitées. Je lui ai demandé s'il pouvait rester chez moi et sélectionner les chevaux. Je savais très bien qu'il souhaiterait les voir et les conduire plusieurs fois, ce qui l'occuperait. Tout s'est passé comme je l'avais prévu. Il a acheté une paire splendide, mais une autre difficulté est survenue pour les transporter à Pittsburgh. Il ne voulait pas les confier au train et aucun bateau approprié ne devait partir avant plusieurs jours. La Providence était évidemment de mon côté. Rien au monde n'aurait pu inciter cet homme à quitter la ville avant qu'il n'ait vu ces chevaux partir et on pouvait même parier qu'il n'insisterait pas pour monter lui-même sur le bateau à vapeur avec eux. Nous avons tenu le pont. "Pipe" a fait un splendide Horatius. Il était l'un des meilleurs hommes et l'un des partenaires les plus précieux dont j'ai jamais eu la chance de bénéficier, et il méritait amplement les récompenses qu'il a tant fait pour obtenir. Les travaux de Keystone Bridge ont toujours été une source de satisfaction pour moi. Presque toutes les entreprises qui avaient entrepris de construire des ponts en fer en Amérique avaient échoué. Beaucoup de structures elles-mêmes étaient tombées et certains des pires désastres ferroviaires en Amérique avaient été causés de cette façon. Certains ponts avaient cédé sous la pression du vent, mais rien n'est jamais arrivé à un pont Keystone, et certains d'entre eux sont restés debout là où le vent n'était pas tempéré. Il n'y a pas eu de chance. Nous n'avons utilisé que les meilleurs matériaux et en quantité suffisante, fabriquant notre propre fer et plus tard notre propre acier. Nous étions nos propres inspecteurs les plus sévères, et nous construisions une structure sûre ou pas du tout. Lorsqu'on nous demandait de construire un pont dont nous savions que la résistance était insuffisante ou que la conception n'était pas scientifique, nous refusions résolument. Nous étions prêts à garantir tout ouvrage portant le sceau de Keystone Bridge Works (et il y a peu d'États dans l'Union où l'on n'en trouve pas). Nous étions aussi fiers de nos ponts que Carlyle l'était du pont que son père avait construit sur l'Annan. "Un honnête brick", comme le disait à juste titre le grand fils. Cette politique est le véritable secret du succès. C'est un travail difficile pendant quelques années, jusqu'à ce que votre travail soit prouvé, mais après cela, c'est un jeu d'enfant. Au lieu de s'opposer aux inspecteurs, tous les établissements de fabrication devraient les accueillir. Il est facile de maintenir un haut niveau d'excellence, et les hommes sont éduqués dans l'effort d'atteindre l'excellence. Je n'ai jamais connu d'entreprise qui ait connu le succès sans faire un travail bon et honnête, et même en ces jours de concurrence féroce, où tout semble être une question de prix, il y a toujours à la base du succès d'une grande entreprise le facteur beaucoup plus important de la qualité. L'effet de l'attention portée à la qualité, sur chaque homme du service, du président de l'entreprise jusqu'au plus humble ouvrier, ne peut être surestimé. Dans le même ordre d'idées, des ateliers et des outils propres et de qualité, des cours et des environs bien entretenus ont une importance beaucoup plus grande qu'on ne le croit généralement. J'ai été très heureux d'entendre une remarque faite par l'un des banquiers éminents qui a visité les usines Edgar Thomson lors d'une convention de banquiers tenue à Pittsburgh. Il faisait partie d'un groupe de quelques centaines de délégués, et après avoir traversé l'usine, il a dit à notre directeur : "Quelqu'un semble appartenir à ces œuvres." Il a mis le doigt sur l'un des secrets de la réussite. Ils appartenaient bien à quelqu'un. Le président d'une importante entreprise manufacturière s'est un jour vanté auprès de moi que ses hommes avaient chassé le premier inspecteur qui s'était aventuré parmi eux, et qu'ils n'avaient jamais été inquiétés par un autre depuis. Il s'agissait d'une félicitation sincère, mais je me suis dit : "Cette entreprise ne résistera jamais à la concurrence ; elle est vouée à l'échec lorsque les temps seront durs". Le résultat a prouvé la justesse de ma conviction. Le fondement le plus sûr d'une entreprise de fabrication est la qualité. Ensuite, et bien après, vient le coût. Pendant quelques années, j'ai accordé une grande attention personnelle aux affaires de Keystone Bridge Works et, lorsque des contrats importants étaient en jeu, je me rendais souvent en personne pour rencontrer les parties. C'est ainsi qu'en 1868, je me suis rendu à Dubuque, dans l'Iowa, avec notre ingénieur, Walter Katte. Nous étions en compétition pour la construction du pont ferroviaire le plus important qui avait été construit jusqu'alors, un pont sur le large Mississippi à Dubuque, dont l'enjambement était considéré comme une grande sous-prise. Nous avons trouvé le fleuve gelé et l'avons traversé sur un traîneau tiré par quatre chevaux. Cette visite a prouvé à quel point le succès dépend de petites choses. Nous avons découvert que nous n'étions pas le plus bas soumissionnaire. Notre principal rival était une entreprise de construction de ponts de Chicago à laquelle le conseil avait décidé d'attribuer le contrat. Je me suis attardé et j'ai parlé avec certains des directeurs. Ils étaient délicieusement ignorants des mérites du fer coulé et du fer forgé. Nous avions toujours fabriqué le cordon supérieur du pont dans ce dernier, alors que celui de nos rivaux était en fonte. Cela m'a fourni mon texte. J'ai imaginé le résultat d'un bateau à vapeur heurtant l'un et l'autre. Dans le cas de la corde en fer forgé, elle ne ferait probablement que plier ; dans le cas de la fonte, elle se briserait certainement et le pont s'écroulerait. L'un des directeurs, le célèbre Perry Smith, a heureusement pu faire valoir mon argument en déclarant au conseil que ce que je disais était indubitablement vrai pour la fonte. L'autre nuit, il avait fait rouler son buggy dans l'obscurité contre un lampadaire en fonte et le lampadaire s'était brisé en morceaux. Dois-je être blâmé si j'ai eu peu de difficulté à reconnaître ici quelque chose qui ressemble à la main de la Providence, avec Perry Smith comme agent manifeste ? "Ah, messieurs," ai-je dit, "c'est là le problème. Un peu plus d'argent et vous auriez pu avoir le fer forgé indestructible et votre pont aurait résisté à n'importe quel bateau à vapeur. Nous n'avons jamais construit et nous ne construirons jamais un pont bon marché. Les nôtres ne tombent pas." Il y a eu une pause ; puis le président de la compagnie du pont, M. Allison, le grand sénateur, m'a demandé de les excuser quelques instants. Je me suis retiré. Ils m'ont bientôt rappelé et m'ont offert le contrat, à condition que nous acceptions le prix inférieur, qui n'était que de quelques milliers de dollars de moins. J'ai accepté la concession. Ce lampadaire en fonte si opportunément brisé nous a donné l'un de nos contrats les plus rentables et, qui plus est, nous a valu la réputation d'avoir pris le pont de Dubuque contre tous les concurrents. Il a également jeté les bases d'une amitié ininterrompue pour la vie avec l'un des hommes publics les meilleurs et les plus précieux d'Amérique, le sénateur Allison. La morale de cette histoire se trouve à la surface. Si vous voulez un contrat, soyez sur place au moment de l'attribution. Un lampadaire cassé ou quelque chose d'aussi impensable peut vous assurer le prix si le soumissionnaire est présent. Et si possible, restez sur place jusqu'à ce que vous puissiez emporter le contrat écrit dans votre poche. C'est ce que nous avons fait à Dubuque, bien qu'on nous ait suggéré de partir et que le contrat serait envoyé après nous pour être exécuté. Nous avons préféré rester, car nous étions impatients de découvrir les charmes de Dubuque. Après la construction du pont de Steubenville, la Baltimore and Ohio Railroad Company a dû construire des ponts sur la rivière Ohio à Parkersburg et Wheeling, pour empêcher son grand rival, la Pennsylvania Railroad Company, d'avoir un avantage décisif. L'époque des ferry-boats était alors révolue. C'est en rapport avec les contrats pour ces ponts que j'ai eu le plaisir de faire la connaissance d'un homme, qui occupait alors une position importante, M. Garrett, président de la Baltimore and Ohio. Nous étions très désireux d'obtenir les deux ponts et toutes leurs approches, mais j'ai constaté que M. Garrett était résolument d'avis que nous étions tout à fait incapables d'effectuer un tel travail dans le délai imparti. Il souhaitait construire les approches et les petites travées dans ses propres ateliers, et m'a demandé si nous lui permettrions d'utiliser nos brevets. Je lui ai répondu que nous serions très honorés que le Baltimore et l'Ohio le fassent. Le cachet d'approbation du chemin de fer Baltimore et Ohio vaudrait dix fois les frais de brevet. Il pourrait utiliser tout ce que nous avions. Il n'y avait aucun doute quant à l'impression favorable que cela faisait sur le grand magnat des chemins de fer. Il était très heureux et, à ma grande surprise, il m'a emmené dans sa chambre privée et a entamé une conversation franche sur des questions d'ordre général. Il a surtout parlé de ses querelles avec les gens du chemin de fer de Pennsylvanie, avec M. Thomson et M. Scott, le président et le vice-président, qu'il savait être mes amis spéciaux. Cela m'a amené à dire que j'étais passé par Philadelphie en allant le voir et que M. Scott m'avait demandé où j'allais. "Je lui ai dit que j'allais vous rendre visite pour obtenir les contrats pour vos grands ponts sur la rivière Ohio. M. Scott m'a dit qu'il ne m'arrivait pas souvent de faire des folies, mais que j'en faisais certainement une maintenant ; que M. Garrett ne penserait pas un instant à me donner ses contrats, car tout le monde savait que j'étais, en tant qu'ancien employé, toujours favorable au chemin de fer de la Pennsylvanie. Eh bien, ai-je dit, nous construirons les ponts de M. Garrett". M. Garrett a rapidement répondu que lorsque les intérêts de sa société étaient en jeu, c'était toujours le meilleur qui gagnait. Ses ingénieurs avaient signalé que nos plans étaient les meilleurs et que Scott et Thomson verraient qu'il n'avait qu'une seule règle - les intérêts de sa compagnie. Bien qu'il sache très bien que j'étais un homme de la Pennsylvania Railroad, il a néanmoins estimé qu'il était de son devoir de nous attribuer le travail. La négociation n'était toujours pas satisfaisante pour moi, car nous devions obtenir toute la partie difficile du travail-les grandes travées dont le risque était alors considérable- tandis que M. Garrett devait construire toutes les petites travées rentables dans ses propres ateliers selon nos plans et nos brevets. Je me suis risqué à lui demander s'il divisait le travail parce qu'il croyait honnêtement que nous ne pourrions pas ouvrir ses ponts au trafic dès que sa maçonnerie le permettrait. Il a admis que c'était le cas. Je lui ai dit qu'il n'avait aucune crainte à avoir sur ce point. "M. Garrett", ai-je dit, "Considérez-vous ma caution personnelle comme une bonne garantie ?" "Certainement", a-t-il dit. "Eh bien, maintenant", ai-je répondu, "liez-moi ! Je sais ce que je fais. Je vais prendre le risque. Combien voulez-vous que je vous garantisse que vos ponts seront ouverts à la circulation à la date spécifiée si vous nous donnez l'intégralité du contrat, à condition que votre maçonnerie soit prête ?" "Eh bien, je voudrais que vous me donniez cent mille dollars, jeune homme." "Très bien", ai-je dit, "préparez votre caution. Donnez-nous le travail. Notre cabinet ne va pas me laisser perdre cent mille dollars. Vous le savez." "Oui," dit-il, "je crois que si vous êtes lié pour cent mille dollars, votre entreprise travaillera jour et nuit et j'obtiendrai mes ponts." C'est cet arrangement qui nous a permis d'obtenir ce qui était alors les gigantesques contrats du Baltimore and Ohio Railroad. Il est inutile de préciser que je n'ai jamais eu à payer cette caution. Mes partenaires connaissaient bien mieux que M. Garrett les conditions de son travail. La rivière Ohio n'était pas à prendre à la légère, et bien avant que sa maçonnerie ne soit prête, nous nous sommes libérés de toute responsabilité sur la caution en plaçant la superstructure sur les berges en attendant l'achèvement de la sous-structure qu'il était encore en train de construire. M. Garrett était très fier de son sang écossais et, après avoir parlé de Burns, nous sommes devenus de bons amis. Il m'a ensuite emmené dans son beau manoir à la campagne. Il était l'un des rares Américains qui vivaient alors dans le grand style d'un gentilhomme de la campagne, avec plusieurs centaines d'acres de terres magnifiques, des allées ressemblant à des parcs, un haras de chevaux pur-sang, avec du bétail, des moutons et des chiens, et une maison qui réalisait ce que l'on avait lu sur la vie à la campagne d'un noble en Angleterre. Par la suite, il a décidé que sa compagnie de chemin de fer devait se lancer dans la fabrication de rails en acier et a demandé le droit d'utiliser les brevets Bessemer. Cette affaire était d'une importance capitale pour nous. La Baltimore and Ohio Railroad Company était l'un de nos meilleurs clients, et nous étions naturellement désireux d'empêcher la construction de laminoirs de rails en acier à Cumberland. Cela aurait été une entreprise perdante pour la Baltimore and Ohio, car j'étais sûr qu'elle pouvait acheter ses rails d'acier à un prix bien inférieur à celui auquel elle pourrait fabriquer la petite quantité dont elle avait besoin pour elle-même. J'ai rendu visite à M. Garrett pour discuter de la question avec lui. Il était alors très satisfait du commerce extérieur et des lignes de bateaux à vapeur qui faisaient de Baltimore leur port. Il m'a conduit, accompagné de plusieurs membres de son personnel, sur les quais où il devait décider de leur extension, et comme les marchandises étrangères étaient déchargées du côté des navires à vapeur et placées dans les wagons de chemin de fer, il s'est tourné vers moi et m'a dit : "Monsieur Carnegie, vous pouvez maintenant commencer à apprécier l'ampleur de notre vaste système et comprendre pourquoi il est nécessaire que nous fabriquions tout par nous-mêmes, même nos rails en acier. Nous ne pouvons dépendre d'entreprises privées pour nous fournir aucun des articles principaux que nous consommons. Nous serons un monde pour nous-mêmes." "Eh bien, ai-je dit, M. Garrett, tout cela est très beau, mais votre "vaste système" ne m'impressionne pas vraiment. J'ai lu votre dernier rapport annuel et j'ai vu que vous avez perçu l'année dernière pour le transport des marchandises d'autrui, la somme de quatorze millions de dollars. Les entreprises que je contrôle ont creusé le matériau dans les collines, fabriqué leurs propres produits et les ont vendus pour une valeur bien supérieure à celle-là. Vous êtes vraiment une toute petite entreprise comparée à Carnegie Brothers and Company." Mon apprentissage du chemin de fer y a trouvé son compte. Nous n'avons plus entendu parler de la Baltimore and Ohio Railroad Company qui entrait en concurrence avec nous. M. Garrett et moi sommes restés bons amis jusqu'à la fin. Il m'a même offert un chien Scotch Collie qu'il avait lui-même élevé. Le fait que j'avais été un homme des chemins de fer de la Pennsylvanie était noyé dans le "wee drap o' Scotch bluid atween us".

Chapitre 10 : L'atelier du fer

Les usines de Keystone ont toujours été mes préférées comme étant le parent de toutes les autres usines. Mais elle n'existait pas depuis longtemps quand l'avantage du fer forgé sur le fer coulé est devenu manifeste. En conséquence, pour assurer une qualité uniforme, et aussi pour fabriquer certaines formes qui ne pouvaient être obtenues à l'époque, nous avons décidé de nous lancer dans la fabrication du fer. Mon frère et moi nous sommes intéressés avec Thomas N. Miller, Henry Phipps et Andrew Kloman à une petite usine de fer. Miller a été le premier à s'engager avec Kloman et il a fait participer Phipps en lui prêtant huit cents dollars pour acheter un sixième des parts, en novembre 1861.

Je ne dois pas oublier de mentionner que M. Miller a été le pionnier de nos projets de fabrication de fer. Nous étions tous redevables à Tom, qui vit encore (20 juillet 1911) et nous transmet la douceur et la lumière d'une nature des plus aimables, un ami qui devient plus précieux à mesure que les années passent. Il s'est adouci avec l'âge, et même ses explosions contre la théologie comme antagoniste de la vraie religion sont dans son bel âge beaucoup moins alarmantes. Nous avons tous tendance à devenir philosophe avec l'âge, et c'est peut-être bien ainsi. [En relisant ces lignes - le 19 juillet 1912 - dans notre retraite sur les hautes landes d'Aultnagar, je verse une larme pour mon ami intime, ce cher Tom Miller, qui est mort à Pittsburgh l'hiver dernier. Mme Carnegie et moi-même avons assisté à ses funérailles. Désormais, la vie manque de quelque chose, manque de beaucoup - mon premier partenaire dans les premières années, mon ami le plus cher dans la vieillesse. Puissé-je aller là où il est, où que ce soit].

Andrew Kloman avait un petit marteau piqueur à Allegheny City. En tant que surintendant du chemin de fer de la Pennsylvanie, j'avais découvert qu'il fabriquait les meilleurs essieux. C'était un grand mécanicien, qui avait découvert, ce qui était alors inconnu à Pittsburgh, que tout ce qui valait la peine d'être fait avec des machines valait la peine d'être bien fait. Son esprit allemand le rendait minutieux. Ce qu'il construisait coûtait très cher, mais une fois mis en route, il faisait le travail qu'il était censé faire d'année en année. À l'époque, la question était de savoir si les essieux allaient fonctionner pendant un certain temps ou s'ils allaient casser. Il n'y avait aucune analyse du matériel, aucun traitement scientifique.

Combien cet Allemand a créé ! Il fut le premier homme à introduire la scie à froid qui coupait le fer froid à la longueur exacte. Il a inventé les machines à refouler pour fabriquer les maillons de pont, et a également construit le premier moulin "universel" en Amérique. Toutes ces machines ont été construites dans notre usine. Lorsque le capitaine Eads n'a pas pu obtenir les raccords pour les arches du pont de Saint-Louis (les entrepreneurs n'ayant pas réussi à les fabriquer) et que les choses étaient au point mort, Kloman nous a dit qu'il pouvait les fabriquer et pourquoi les autres avaient échoué. Il a réussi à les fabriquer. Jusqu'à cette date, il s'agissait des plus grands demi-cercles qui n'avaient jamais été laminés. Notre confiance en M. Kloman peut être jugée par le fait que, lorsqu'il a dit qu'il pouvait les fabriquer, nous nous sommes engagés sans hésitation à les fournir.

J'ai déjà parlé de l'intimité entre notre famille et celle des Phippses. Dans les premiers temps, mon principal compagnon était le frère aîné, John. Henry était de plusieurs années mon cadet, mais n'avait pas manqué d'attirer mon attention en tant que garçon brillant et intelligent. Un jour, il demanda à son frère John de lui prêter un quart de dollar. John vit qu'il en avait un usage important et lui tendit la pièce brillante sans poser de questions. Le lendemain matin, une annonce parut dans le "Pittsburgh Dispatch" :

"Un garçon volontaire souhaite travailler."

C'était l'usage que l'énergique et volontaire Harry avait fait de son trimestre, probablement le premier trimestre qu'il avait dépensé à un moment de sa vie. Une réponse est venue du cabinet bien connu de Dilworth et Bidwell. Ils ont demandé au "garçon volontaire" d'appeler. Harry s'y rend et obtient un poste de garçon de courses, et comme c'était la coutume à l'époque, sa première tâche chaque matin était de balayer le bureau. Il alla voir ses parents et obtint leur consentement, et c'est ainsi que le jeune garçon se lança dans la mer des affaires. On ne pouvait pas retenir un garçon comme ça. C'était la vieille histoire. Il devint rapidement indispensable à ses employeurs, obtint une petite participation dans une branche secondaire de leur entreprise et, toujours sur le qui-vive, il ne fallut pas longtemps avant qu'il n'attire l'attention de M. Miller, qui fit un petit investissement pour lui avec Andrew Kloman. Cela a finalement abouti à la construction de l'usine de fer dans la vingt-neuvième rue. Il avait été un camarade de classe et un grand copain de mon frère Tom. Enfants, ils avaient joué ensemble, et tout au long de leur vie, jusqu'à la mort de mon frère en 1886, ces deux-là ont formé, pour ainsi dire, un partenariat dans un partenariat. Ils détenaient invariablement des intérêts égaux dans les diverses entreprises auxquelles ils étaient liés. Ce que l'un faisait, l'autre le faisait.

Le garçon de courses est maintenant l'un des hommes les plus riches des États-Unis et il a commencé à prouver qu'il sait comment dépenser son surplus. Il y a quelques années, il a offert de magnifiques conservatoires aux parcs publics d'Allegheny et de Pittsburgh. Le fait qu'il ait spécifié "qu'ils devraient être ouverts le dimanche" montre qu'il est un homme de son temps. Cette clause du don a suscité beaucoup d'émoi. Les ministres le dénoncèrent du haut de la chaire et les assemblées de l'église adoptèrent des résolutions déclarant contre la profanation du Jour du Seigneur. Mais le peuple se souleva *en masse* contre cette contestation bornée et le Conseil de la ville accepta le don par acclamation. Le bon sens de mon partenaire a été bien exprimé lorsqu'il a dit, en réponse à une remonstrance des ministres :

"C'est très bien pour vous, messieurs, qui travaillez un jour dans la semaine et qui êtes maîtres de votre temps les six autres jours pendant lesquels vous pouvez contempler les beautés de la nature - très bien pour vous - mais je trouve honteux que vous vous efforciez d'exclure des masses laborieuses tout ce qui est calculé pour les divertir et les instruire pendant le seul jour que vous savez bien qu'elles ont à leur disposition."

Ces mêmes ministres se sont récemment disputés, lors de leur congrès à Pittsburgh, au sujet de la musique instrumentale dans les églises. Mais pendant qu'ils discutent de l'opportunité d'avoir des orgues dans les églises, des gens intelligents ouvrent des musées, des conservatoires et des bibliothèques le jour du sabbat ; et à moins que la chaire n'apprenne bientôt à répondre aux besoins réels des gens dans cette vie (où se trouvent les seuls devoirs des hommes) beaucoup mieux qu'elle ne le fait actuellement, ces prétendants rivaux à la faveur populaire pourraient bientôt vider leurs églises.

Malheureusement, Kloman et Phipps ne tardèrent pas à être en désaccord avec Miller au sujet de l'entreprise et le forcèrent à partir. Convaincu que Miller était injustement traité, je me suis uni à lui pour construire de nouvelles usines. Ce furent les Cyclops Mills de 1864. Après leur mise en service, il est devenu possible, et donc souhaitable, d'unir les anciennes et les nouvelles usines, et les Union Iron Mills ont été formées par leur consolidation en 1867. Je ne croyais pas que la réticence de M. Miller à s'associer à nouveau avec ses anciens partenaires, Phipps et Kloman, ne pouvait être surmontée, parce qu'ils ne contrôleraient pas l'Union Works. M. Miller, mon frère et moi-même détiendrions la majorité des parts. Mais M. Miller s'est montré obstiné et m'a supplié d'acheter sa participation, ce que j'ai fait à contrecœur après que tous les efforts aient échoué pour l'inciter à oublier le passé. Il était irlandais, et le sang irlandais, lorsqu'il est réveillé, est incontrôlable. M. Miller a depuis regretté (à mes yeux) d'avoir refusé ma demande sincère, qui aurait permis au pionnier d'entre nous tous de récolter ce qui n'était que sa juste récompense - un millionaire pour lui-même et ses partisans.

Nous étions alors jeunes dans le domaine de la fabrication et nous avons obtenu pour Cyclops Mills ce qui était considéré à l'époque comme une énorme étendue de terrain - sept acres. Pendant quelques années, nous avons offert de louer une partie du terrain à d'autres. La question s'est vite posée de savoir si nous pouvions continuer à fabriquer du fer sur une si petite surface. M. Kloman a réussi à fabriquer des poutres en fer et, pendant de nombreuses années, notre usine a été très en avance sur toutes les autres à cet égard. Nous avons commencé dans la nouvelle usine à fabriquer toutes les formes requises, et surtout celles qu'aucune autre entreprise ne voulait entreprendre, en fonction de la demande croissante de notre pays en pleine croissance pour des choses qui n'étaient que rarement nécessaires au début. Ce que les autres ne pouvaient ou ne voulaient pas faire, nous l'essayions, et c'était une règle de notre entreprise qui était strictement respectée. En outre, nous ne fabriquions rien d'autre que de l'excellente qualité. Nous accommodions toujours nos clients, même si c'était à nos dépens, et en cas de litige, nous accordions à l'autre partie le bénéfice du doute et trouvions un arrangement. Telles étaient nos règles. Nous n'avions pas de procès.

Lorsque je me suis familiarisé avec la fabrication du fer, j'ai été très surpris de constater que le coût de chacun des différents procédés était inconnu. Les enquêtes menées auprès des principaux fabricants de Pittsburgh l'ont prouvé. Il s'agissait d'un commerce de masse, et jusqu'à ce que le stock soit fait et les livres équilibrés à la fin de l'année, les fabricants étaient dans l'ignorance totale des résultats. J'ai entendu parler d'hommes qui pensaient que leur affaire à la fin de l'année serait déficitaire et qui avaient trouvé un bénéfice, et *vice-versa*. J'avais l'impression que nous étions des taupes creusant dans l'obscurité, et cela m'était intolérable. J'ai insisté pour qu'un système de pesage et de comptabilité soit introduit dans toute l'usine afin de nous permettre de savoir quel était le coût de chaque processus et surtout ce que chaque homme faisait, qui économisait le matériel, qui le gaspillait et qui produisait les meilleurs résultats.

Y parvenir a été une tâche beaucoup plus difficile qu'on ne l'imagine. Tous les directeurs des usines étaient naturellement contre le nouveau système. Il a fallu des années avant d'obtenir un système précis, mais finalement, grâce à l'aide de nombreux commis et à l'introduction de balances à divers endroits de l'usine, nous avons commencé à savoir non seulement ce que faisait chaque département, mais aussi ce que faisait chacun des nombreux hommes travaillant dans les fours, et donc à pouvoir les comparer les uns aux autres. L'une des principales sources de succès dans l'industrie manufacturière est l'introduction et le maintien strict d'un système parfait de comptabilité, de sorte que la responsabilité de l'argent ou des matériaux puisse être assumée par chaque homme. Les propriétaires qui, dans les bureaux, ne confieraient pas cinq dollars à un commis sans avoir un contrôle sur lui, fournissaient quotidiennement des tonnes de matériaux aux hommes dans les usines sans exiger un compte rendu de leur gestion en pesant ce que chacun rendait sous forme finie.

Le four à gaz Siemens avait été utilisé dans une certaine mesure en Grande-Bretagne pour chauffer l'acier et le fer, mais il était censé être trop cher. Je me souviens bien des critiques formulées par les plus anciens parmi les fabricants de Pittsburgh au sujet des dépenses extravagantes que nous faisions pour ces nouveaux fours. Mais en chauffant de grandes masses de matériaux, on pouvait parfois économiser près de la moitié des déchets en utilisant les nouveaux fours. La dépense aurait été justifiée, même si elle avait été doublée. Cependant, il a fallu de nombreuses années avant que nous ne soyons suivis dans cette nouvelle voie ; et au cours de certaines de ces années, la marge de profit était si faible que la plus grande partie de celle-ci a été compensée par les économies réalisées grâce à l'adoption des fours améliorés.

Notre système strict de comptabilité nous a permis de détecter le grand gaspillage possible dans le chauffage de grandes masses de fer. Cette amélioration nous révéla un homme de valeur en la personne d'un commis, William Borntraeger, un parent éloigné de M. Kloman, venu d'Allemagne. Il nous a surpris un jour en présentant une déclaration détaillée montrant des résultats pour une période qui semblait incroyable. Tout le travail nécessaire à la préparation de cette déclaration, il l'avait effectué la nuit sans que nous le lui demandions et sans que nous le sachions. La forme adaptée était d'une originalité unique. Inutile de dire que William devint rapidement directeur des travaux, puis associé, et que le pauvre Allemand mourut millionnaire. Il a bien mérité sa fortune.

C'est en 1862 que les grands puits de pétrole de Pennsylvanie ont attiré l'attention. Mon ami M. William Coleman, dont la fille devint plus tard ma belle-sœur, était profondément intéressé par cette découverte, et rien ne pouvait m'empêcher de faire un voyage avec lui dans les régions pétrolifères. Ce fut une excursion des plus intéressantes. Il y avait eu une ruée vers les champs de pétrole et l'afflux était si grand qu'il était impossible pour tous de trouver un abri. Cependant, pour la classe d'hommes qui y affluait, ce n'était qu'un léger inconvénient. Quelques heures suffisent pour construire une bicoque, et il est surprenant de constater qu'en si peu de temps, ils ont pu s'entourer d'un grand nombre de commodités de la vie. C'étaient des hommes au-dessus de la moyenne, des hommes qui avaient économisé des sommes considérables et qui étaient capables de s'aventurer dans la recherche de la fortune.

Ce qui m'a surpris, c'est la bonne humeur qui régnait partout. C'était un vaste pique-nique, plein d'incidents amusants. Tout le monde était en liesse, les fortunes étaient soi-disant à portée de main, tout était en plein essor. Au sommet des derricks flottaient des drapeaux sur lesquels étaient affichées d'étranges devises. Je me souviens d'avoir regardé vers le fleuve et d'avoir vu deux hommes qui travaillaient sur leurs pédales pour extraire du pétrole sur les rives du fleuve, et sur leur drapeau était inscrit "Hell or China". Ils allaient descendre, peu importe jusqu'où.

La capacité d'adaptation de l'Américain n'a jamais été mieux démontrée que dans cette région. L'ordre a rapidement émergé du chaos. Lorsque nous avons visité l'endroit peu de temps après, nous avons reçu une sérénade d'une fanfare dont les musiciens étaient constitués des nouveaux habitants le long du ruisseau. On peut parier qu'un millier d'Américains dans un nouveau pays s'organiseraient, créeraient des écoles, des églises, des journaux et très fanfares - bref, se doteraient de tous les appareils de la civilisation - et iraient de l'avant pour développer leur pays avant qu'un nombre égal de Britanniques n'aient découvert qui, parmi eux, avait le rang héréditaire le plus élevé et les meilleures prétentions à la direction grâce à son grand-père. Il n'y a qu'une seule règle chez les Américains - les outils à ceux qui peuvent les utiliser.

Aujourd'hui, Oil Creek est une ville de plusieurs milliers d'habitants, tout comme Titusville, à l'autre bout du ruisseau. Le district qui a commencé par fournir quelques barils de pétrole chaque saison, recueillis avec des couvertures à la surface du ruisseau par les Indiens Seneca, compte maintenant plusieurs villes et raffineries, avec des millions de dollars de capital. À cette époque, tous les arrangements étaient des plus rudimentaires. Lorsque le pétrole était obtenu, il était transporté dans des bateaux à fond plat qui fuyaient beaucoup. L'eau s'écoulait dans les bateaux et le pétrole débordait dans la rivière. Le ruisseau a été endigué à plusieurs endroits, et à un jour et une heure stipulés, les barrages ont été ouverts et sur la crue, les bateaux de pétrole ont flotté jusqu'à la rivière Allegheny, et de là à Pittsburgh.

De cette façon, non seulement le ruisseau, mais aussi la rivière Allegheny, furent littéralement recouverts de pétrole. La perte occasionnée par le transport jusqu'à Pittsburgh a été estimée à un tiers de la quantité totale, et avant la mise en service des bateaux à huile, on peut affirmer qu'un autre tiers a été perdu par des fuites. L'huile recueillie par les Indiens dans les premiers temps a été embouteillée à Pittsburgh et vendue à des prix élevés comme médicament - un dollar pour une petite fiole. Elle avait la réputation générale d'être un remède sûr contre les tendances rhumatismales. Comme il est devenu abondant et bon marché, ses vertus ont disparu. Quels idiots nous sommes, nous les mortels !

Les puits les plus célèbres se trouvaient sur la ferme Storey. Sur ceux-ci, nous avons obtenu une option d'achat pour quarante mille dollars. Nous les avons achetés. M. Coleman, toujours prêt à faire des suggestions, a proposé de faire un lac de pétrole en creusant un bassin suffisant pour contenir cent mille barils (le gaspillage devant être compensé chaque jour en y faisant couler des ruisseaux de pétrole), et de le garder pour le jour pas très lointain où, comme nous le prévoyions alors, l'approvisionnement en pétrole cesserait. Cette décision a été prise rapidement, mais après avoir perdu plusieurs milliers de barils en attendant le jour prévu (qui n'est pas encore arrivé), nous avons abandonné la réserve. Coleman avait prédit que lorsque l'approvisionnement cesserait, le pétrole rapporterait dix dollars le baril et que nous en aurions donc pour un million de dollars dans le lac. Nous n'avons pas pensé alors à l'entrepôt de la nature en dessous qui continue à produire plusieurs milliers de barils par jour sans épuisement apparent.

Cet investissement de quarante mille dollars s'est avéré pour nous le meilleur de tous jusqu'à présent. Les revenus qu'il a générés sont arrivés au moment le plus opportun. La construction de la nouvelle usine de Pittsburgh a exigé non seulement tout le capital que nous pouvions réunir, mais aussi l'utilisation de notre crédit, ce que je considère, en regardant en arrière, comme remarquablement bon pour des jeunes hommes.

M'étant intéressé à cette entreprise pétrolière, j'ai fait plusieurs excursions dans le district et aussi, en 1864, dans un champ pétrolifère de l'Ohio où l'on avait trouvé un grand puits qui donnait une qualité particulière de pétrole convenant bien à la lubrification. Le voyage que j'ai fait là-bas avec M. Coleman et M. David Ritchie a été l'une des expériences les plus étranges que j'aie jamais vécues. Nous avons quitté la ligne de chemin de fer à quelques centaines de kilomètres de Pittsburgh et avons plongé à travers un district peu habité jusqu'aux eaux de Duck Creek pour voir le puits monstrueux. Nous l'avons acheté avant de partir.

C'est à notre retour que les aventures ont commencé. Le temps avait été beau et les routes tout à fait praticables pendant notre voyage, mais la pluie s'était invitée pendant notre séjour. Nous avons repris le chemin du retour dans notre chariot, mais avant d'aller bien loin, nous avons rencontré des difficultés. La route s'était transformée en une masse de boue molle et tenace et notre chariot peinait terriblement. La pluie tombait à torrents, et il devint bientôt évident que nous allions passer une nuit difficile. M. Coleman était allongé de tout son long d'un côté du chariot, et M. Ritchie de l'autre, et moi, qui étais alors très mince, ne pesant guère plus de cent livres, j'étais joliment pris en sandwich entre les deux messieurs corpulents. De temps à autre, le chariot avançait de quelques pieds, se soulevant et s'abaissant de la manière la plus scandaleuse qui soit, pour finalement s'immobiliser. C'est ainsi que nous avons passé la nuit. Il y avait à l'avant un siège en travers du wagon, sous lequel nous nous sommes installés, et malgré notre état, la nuit s'est déroulée dans une joyeuse gaieté.

La nuit suivante, nous avons réussi à atteindre une ville de campagne dans le pire état possible. Nous avons vu la petite église de la ville éclairée et entendu la cloche sonner. Nous venions d'atteindre notre taverne lorsqu'un comité est apparu, déclarant qu'il nous avait attendus et que la congrégation était rassemblée. Il semble que l'on attendait un célèbre exhortateur qui avait sans doute été retardé comme nous l'avions été. On m'a pris pour le ministre absent et on m'a demandé quand je serais prêt à les accompagner à la maison de réunion. J'étais presque prêt, avec mes compagnons, à exécuter la plaisanterie (nous voulions nous amuser), mais je me suis rendu compte que j'étais trop épuisé par la fatigue pour la tenter. Je n'avais jamais été aussi près d'occuper une chaire.

Mes investissements ont alors commencé à exiger une telle attention personnelle que j'ai décidé de quitter le service de la compagnie de chemin de fer et de me consacrer exclusivement à mes propres affaires. Peu de temps avant cette décision, j'avais eu l'honneur d'être appelé par le président Thomson à Philadelphie. Il souhaitait me promouvoir au poste de surintendant général adjoint, dont le siège est à Altoona, sous la direction de M. Lewis. J'ai refusé, lui disant que j'avais décidé d'abandonner complètement le service des chemins de fer, que j'étais déterminé à faire fortune et que je ne voyais aucun moyen d'y parvenir honnêtement, quel que soit le salaire que la compagnie de chemin de fer pouvait se permettre de donner, et que je ne le ferais pas de façon détournée. Lorsque je me couchais le soir, j'allais obtenir un verdict d'approbation du plus haut de tous les tribunaux, le juge intérieur.

Je l'ai répété dans ma lettre d'adieu au président Thomson, qui m'en a chaleureusement félicité dans sa lettre de réponse. J'ai démissionné de mon poste le 28 mars 1865 et j'ai reçu des hommes du chemin de fer une montre en or. Cette montre et la lettre de M. Thomson font partie de mes souvenirs les plus précieux.

La lettre suivante a été écrite aux hommes de la division :

Pennsylvania Railroad Company Superintendent's Office, Pittsburgh Division Pittsburgh,

28 mars 1865

Aux dirigeants et aux employés de la division de Pittsburgh

Messieurs :

Je ne peux pas permettre que mon lien avec vous cesse sans exprimer le profond regret que j'éprouve à vous quitter.

Douze années d'agréables relations ont servi à inspirer des sentiments de considération personnelle pour ceux qui ont si fidèlement travaillé avec moi au service de la Compagnie. Le changement à venir n'est douloureux que parce que je pense qu'en conséquence, je ne serai plus à l'avenir, comme dans le passé, intimement associé à vous et à beaucoup d'autres dans les différents départements, qui sont devenus mes amis personnels grâce à leurs relations d'affaires. Je vous assure que, bien que les relations officielles qui existaient jusqu'à présent entre nous doivent bientôt prendre fin, je ne manquerai jamais de ressentir et d'exprimer l'intérêt le plus vif pour le bien-être de ceux qui ont été identifiés à la division de Pittsburgh dans le passé et qui, j'en suis sûr, contribueront pendant de nombreuses années au succès de la Pennsylvania Railroad Company et partageront sa prospérité justement méritée.

En vous remerciant très sincèrement de la bonté uniforme dont vous avez fait preuve à mon égard, des efforts zélés que vous avez faits en tout temps pour répondre à mes désirs, et en demandant pour mon successeur un appui semblable entre vos mains, je vous dis adieu à tous.

Très respectueusement

(Signé) Andrew Carnegie

Depuis lors, je n'ai jamais travaillé pour un salaire. Un homme qui est à la merci des autres doit nécessairement occuper un domaine étroit. Même s'il devient président d'une grande société, il n'est guère son propre maître, sauf s'il détient le contrôle des actions. Les présidents les plus doués sont gênés par les conseils d'administration et les actionnaires, qui ne peuvent pas savoir grand-chose des affaires. Mais je suis heureux de dire que parmi mes meilleurs amis aujourd'hui se trouvent ceux avec qui j'ai travaillé au service de la Pennsylvania Railroad Company.

En 1867, M. Phipps, M. J.W. Vandevort et moi-même avons revisité l'Europe, parcourant l'Angleterre et l'Écosse, et avons fait le tour du continent. "Vandy" était devenu mon plus proche compagnon. Nous avions tous deux, été enthousiasmés par la lecture de "Views Afoot" de Bayard Taylor. C'était l'époque de la fièvre du pétrole et les actions montaient en flèche. Un dimanche, allongé dans l'herbe, j'ai dit à "Vandy" :

"Si tu pouvais gagner trois mille dollars, tu les dépenserais en faisant un tour d'Europe avec moi ?"

"Un canard nagerait-il ou un Irlandais mangerait-il des pommes de terre ?" fut sa réponse.

La somme a été rapidement gagnée en actions pétrolières grâce à l'investissement de quelques centaines de dollars que "Vandy" avait économisés. C'était le début de notre excursion. Nous avons demandé à mon partenaire, Harry Phipps, qui était à ce moment-là tout à fait capitaliste, de se joindre à nous. Nous avons visité la plupart des capitales européennes et, dans tout l'enthousiasme de la jeunesse, nous avons escaladé toutes les flèches, dormi au sommet des montagnes et porté nos bagages dans des sacs à dos. Nous avons terminé notre voyage sur le Vésuve, où nous avons résolu de faire un jour le tour du monde.

Cette visite en Europe s'est avérée très instructive. Jusqu'alors, je n'avais rien connu de la peinture ou de la sculpture, mais il ne fallut pas longtemps pour que je puisse classer les œuvres des grands peintres. Sur le moment, on peut ne pas apprécier à sa juste valeur l'avantage qu'on retire de l'examen des grands chefs-d'œuvre, mais à son retour en Amérique, on se surprend à rejeter inconsciemment ce qui semblait auparavant vraiment beau, et à juger les productions qui se présentent à nous selon un nouveau critère. Ce qui est vraiment grand s'est tellement imposé à lui que ce qui est faux ou prétentieux n'est plus attrayant.

Ma visite en Europe m'a également offert ma première grande récompense en musique. L'anniversaire de Haendel était alors célébré au Crystal Palace de Londres, et je n'avais jamais jusqu'alors, ni souvent depuis, ressenti la puissance et la majesté de la musique à un tel degré. Ce que j'ai entendu au Crystal Palace et ce que j'ai ensuite entendu sur le continent dans les cathédrales et à l'opéra ont certainement élargi mon appréciation de la musique. À Rome, le chœur du pape et les célébrations dans les églises à Noël et à Pâques ont fourni, pour ainsi dire, un point culminant à l'ensemble.

Ces visites en Europe ont également été d'une grande utilité sur le plan commercial. Il faut sortir du tourbillon de la grande République pour se faire une idée juste de la vitesse à laquelle elle tourne. J'avais le sentiment qu'une entreprise manufacturière comme la nôtre pouvait difficilement se développer assez vite pour répondre aux besoins du peuple américain, mais à l'étranger, rien ne semblait aller de l'avant. Si l'on excepte quelques capitales d'Europe, tout sur le continent semblait presque au point mort, tandis que la République représentait dans toute son étendue une scène telle qu'il devait y en avoir une à la Tour de Babel, telle qu'elle est décrite dans les livres d'histoires - des centaines de personnes se précipitant d'un côté et de l'autre, chacune plus active que son voisin, et toutes engagées dans la construction du puissant édifice.

C'est au cousin "Dod" (M. George Lauder) que nous sommes redevables d'un nouveau développement dans les opérations de notre usine - le premier de ce genre en Amérique. C'est lui qui a emmené notre M. Coleman à Wigan en Angleterre et lui a expliqué le processus de lavage et de cokéfaction des crasses des mines de charbon. M. Coleman ne cessait de nous dire combien il serait formidable d'utiliser ce que l'on jetait alors dans nos mines et dont l'élimination représentait une dépense considérable. Notre cousin "Dod" était un ingénieur en mécanique, formé sous Lord Kelvin à l'Université de Glasgow, et comme il corroborait tout ce que M. Coleman avait déclaré, en décembre 1871, j'ai entrepris d'avancer le capital pour construire des ouvrages le long de la ligne du chemin de fer de la Pennsylvanie. Des contrats de dix ans ont été conclus avec les principales compagnies de charbon pour leurs scories et avec les compagnies de chemin de fer pour le transport, et M. Lauder, qui est venu à Pittsburgh et a supervisé toute l'opération pendant des années, a commencé la construction de la première machine à laver le charbon en Amérique. Il en a fait un succès - il n'a jamais manqué de le faire dans toutes les opérations minières ou mécaniques qu'il a entreprises - et il a rapidement amorti le coût des travaux. Il n'est pas étonnant qu'à une date ultérieure, mes partenaires aient souhaité intégrer les cokeries dans notre entreprise générale et ainsi s'emparer non seulement de celles-ci, mais aussi de Lauder. "Dod" avait gagné ses galons.

GEORGE LAUDER

LES FOURS ONT ÉTÉ AGRANDIS de temps en temps jusqu'à ce que nous en ayons cinq cents, lavant près de quinze cents tonnes de charbon par jour. J'avoue que je ne passe jamais devant ces fours à charbon à Larimer's Station sans sentir que si celui qui fait pousser deux brins d'herbe là où il n'y en avait qu'un seul auparavant est un bienfaiteur public et oblige la race, ceux qui produisent un coke supérieur à partir de matériaux qui ont été pendant toutes les années précédentes jetés par-dessus bord comme sans valeur, ont de grandes raisons de se féliciter. C'est bien de faire quelque chose à partir de rien ; c'est aussi bien d'être la première entreprise à le faire sur notre continent.

Nous avions un autre partenaire précieux en la personne d'un de mes cousins au second degré, un fils du cousin Morrison de Dunfermline. Un jour, en me promenant dans les ateliers, le surintendant m'a demandé si je savais que j'avais là un parent qui se révélait être un mécanicien exceptionnel.

J'ai répondu par la négative et j'ai demandé à lui parler en faisant le tour. Nous nous sommes rencontrés. Je lui ai demandé son nom.

"Morrison", fut la réponse, "fils de Robert" - mon cousin Bob.

"Eh bien, comment êtes-vous venu ici ?"

"Je pensais que nous pouvions nous améliorer", a-t-il déclaré.

"Qui as-tu avec toi ?"

"Ma femme", fut la réponse.

"Pourquoi n'êtes-vous pas venu d'abord voir votre parent qui aurait pu vous introduire ici ?".

"Eh bien, je ne pensais pas avoir besoin d'aide si je n'avais qu'une chance."

Voilà qui parlait du vrai Morrison, à qui on avait appris à dépendre de lui-même et qui était aussi indépendant que Lucifer. Peu de temps après, j'ai appris qu'il avait été promu au poste de surintendant de nos usines nouvellement acquises à Duquesne, et à partir de ce poste, il n'a cessé de gravir les échelons. Il est aujourd'hui un millionnaire épanoui, mais encore raisonnable. Nous sommes tous fiers de Tom Morrison. [Une note qu'il a reçue hier nous invite, Mme Carnegie et moi-même, à être ses invités lors de notre visite de quelques jours à la fête annuelle de l'Institut Carnegie.

J'ai toujours conseillé d'agrandir nos usines sidérurgiques et de développer la fabrication du fer et de l'acier, qui, à mon avis, n'en était qu'à ses débuts. Toute appréhension de son développement futur a été dissipée par l'action de l'Amérique concernant le tarif sur les importations étrangères. Il était clair pour moi que la guerre civile avait abouti à une détermination ferme de la part du peuple américain de construire une nation en son sein, indépendante de l'Europe dans tous les domaines essentiels à sa sécurité. L'Amérique avait été obligée d'importer tout son acier sous toutes ses formes et la plupart du fer dont elle avait besoin, la Grande-Bretagne étant le principal vendeur. Le peuple exigeait un approvisionnement national et le Congrès a accordé aux fabricants un tarif de vingt-huit pour cent *ad valorem* sur les rails d'acier - le tarif étant alors égal à environ vingt-huit dollars par tonne. Les rails se vendaient à environ cent dollars la tonne, et les autres tarifs en proportion.

La protection a joué un grand rôle dans le développement de l'industrie manufacturière aux États-Unis. Avant la guerre civile, c'était une question de parti, le Sud étant partisan du libre-échange et considérant qu'un tarif douanier n'était favorable qu'au Nord. La sympathie manifestée par le gouvernement britannique à l'égard de la Confédération, qui a culminé avec l'évasion de l'Alabama et d'autres corsaires pour s'attaquer au commerce américain, a suscité l'hostilité contre ce gouvernement, bien que la majorité de son peuple soit favorable aux États-Unis. Le tarif n'était plus une question de parti, mais une politique nationale, approuvée par les deux partis. C'était devenu un devoir patriotique de développer les ressources vitales. Pas moins de quatre-vingt-dix démocrates du Nord au Congrès, y compris le président de la Chambre, étaient d'accord sur ce point.

Le capital n'hésitait plus à se lancer dans la fabrication, confiant que la nation le protégerait aussi longtemps que nécessaire. Des années après la guerre, des demandes de réduction des tarifs douaniers ont surgi et j'ai eu le privilège d'être entraîné dans la controverse. On accusait souvent les fabricants de corrompre les membres du Congrès. Pour autant que je sache, il n'y avait aucun fondement à cela. Il est certain que les fabricants n'ont jamais collecté de sommes supérieures à celles nécessaires au maintien de la Iron and Steel Association, soit quelques milliers de dollars par an. Ils ont cependant souscrit librement à une campagne lorsque l'enjeu était la protection *contre le* libre-échange.

Les droits sur l'acier ont été successivement réduits, avec mon appui cordial, jusqu'à ce que le droit de vingt-huit dollars sur les rails ne soit plus que d'un quart ou sept dollars par tonne. [Aujourd'hui (1911), le droit n'est que de la moitié de ce montant, et même cela devrait disparaître lors de la prochaine révision]. L'effort du président Cleveland pour faire passer un nouveau tarif plus drastique était intéressant. Il était trop sévère en de nombreux endroits et son adoption aurait porté préjudice à plus d'un fabricant. J'ai été appelé à Washington, et j'ai essayé de modifier et, comme je le crois, d'améliorer le projet de loi Wilson. Le sénateur Gorman, leader démocrate du Sénat, le gouverneur Flower de New York et un certain nombre des démocrates les plus compétents étaient aussi protectionnistes que moi. Plusieurs d'entre eux étaient disposés à s'opposer au projet de loi Wilson comme étant inutilement sévère et certain de paralyser certaines de nos industries nationales. Le sénateur Gorman m'a dit qu'il souhaitait aussi peu que moi nuire à un producteur national, et il pensait que ses collègues avaient confiance en moi et seraient guidés par moi en ce qui concerne les taux de fer et d'acier, à condition que des réductions importantes soient faites et que les sénateurs républicains fassent front commun pour un projet de loi de cette nature. Je me souviens de ses paroles : "Je peux me permettre de me battre contre le Président et de le battre, mais je ne peux pas me permettre de me battre contre lui et d'être battu".

Le gouverneur Flower partageait ces vues. Il n'y a eu que peu de difficultés à faire accepter par notre parti les importantes réductions que je proposais. Le projet de loi sur le tarif Wilson-Gorman a été adopté. Rencontrant le sénateur Gorman plus tard, il expliqua qu'il avait dû céder sur les attaches de coton afin de sécuriser plusieurs sénateurs du Sud. Les attaches de coton devaient être gratuites. Ainsi va la législation tarifaire.

Je n'étais pas suffisamment important dans le secteur manufacturier pour participer à l'établissement du tarif douanier immédiatement après la guerre, et il se trouve que mon rôle a toujours été de favoriser la réduction des droits, en m'opposant aux extrêmes - les protectionnistes déraisonnables qui considèrent que plus les droits sont élevés, mieux c'est et qui s'élèvent contre toute réduction, et les autres extrémistes qui dénoncent tous les droits et adopteraient un libre-échange sans restriction.

Nous pourrions maintenant (1907) abolir sans dommage tous les droits sur l'acier et le fer, aussi essentiels que ces droits aient été au début. L'Europe n'a pas beaucoup d'excédents de production, de sorte que si les prix augmentaient de façon exorbitante ici, seule une petite quantité pourrait être prélevée là-bas, ce qui augmenterait instantanément les prix en Europe, de sorte que nos fabricants nationaux ne pourraient pas être sérieusement affectés. Le libre-échange ne tendrait à empêcher des prix exorbitants ici que pendant un temps où la demande est excessive. Les fabricants nationaux de fer et d'acier n'ont rien à craindre du libre-échange. [C'est ce que j'ai déclaré récemment (1910) lors de mon témoignage devant la Commission des tarifs à Washington].

Chapitre 11 : New York comme siège social

NOS affaires ont continué à se développer et ont nécessité de fréquentes visites de ma part dans l'Est, en particulier à New York, qui est comme Londres en Grande-Bretagne - le siège de toutes les entreprises vraiment importantes en Amérique. Aucune grande entreprise ne pouvait se développer sans y être représentée. Mon frère et M. Phipps maîtrisaient parfaitement les affaires à Pittsburgh. Mon domaine semblait être de diriger la politique générale des entreprises et de négocier les contrats importants. Mon frère avait eu la chance d'épouser Miss Lucy Coleman, la fille de l'un de nos plus précieux partenaires et amis. Notre résidence familiale à Homewood lui fut cédée, et je fus une fois de plus contraint de rompre de vieilles associations et de quitter Pittsburgh en 1867 pour m'installer à New York. Le changement fut assez difficile pour moi, mais encore plus pour ma mère ; mais elle était encore dans la fleur de l'âge et nous pouvions être heureux partout tant que nous étions ensemble. Pourtant, elle a beaucoup ressenti le départ de notre foyer. Nous étions de parfaits étrangers à New York, et nous avons d'abord pris nos quartiers à l'hôtel St. Nicholas, alors dans toute sa splendeur. J'ai ouvert un bureau dans Broad Street. Pendant quelque temps, les amis de Pittsburgh qui venaient à New York furent notre principale source de bonheur, et les journaux de Pittsburgh semblaient nécessaires à notre existence. J'y faisais de fréquentes visites et ma mère m'accompagnait souvent, de sorte que notre lien avec l'ancien foyer était toujours maintenu. Mais au bout d'un certain temps, de nouvelles amitiés se sont formées, de nouveaux intérêts se sont éveillés et New York a commencé à être considéré comme notre foyer. Lorsque les propriétaires du St. Nicholas ont ouvert l'hôtel Windsor dans le centre-ville, nous y avons élu domicile et jusqu'en 1887, c'était notre maison à New York. M. Hawk, le propriétaire, est devenu l'un de nos précieux amis et son neveu et homonyme l'est toujours. Parmi les influences éducatives dont j'ai bénéficié à New York, aucune n'est plus importante que le Nineteenth Century Club organisé par M. et Mme Courtlandt Palmer. Le club se réunissait chez eux une fois par mois pour discuter de divers sujets et attirait rapidement de nombreux hommes et femmes compétents. C'est à Madame Botta que je dois mon élection en tant que membre - une femme remarquable, épouse du professeur Botta, dont le salon est devenu plus que tout autre salon de la ville, si ce n'est le seul qui ressemblait à un salon à cette époque. J'ai eu l'honneur d'être invité un jour à dîner chez les Botta et j'y ai rencontré pour la première fois plusieurs personnes distinguées, dont celui qui est devenu mon ami de toujours et mon sage conseiller, Andrew D. White, alors président de l'Université Cornell, puis ambassadeur en Russie et en Allemagne, et notre délégué principal à la Conférence de La Haye. Le Club du XIXe siècle était une véritable arène. Des hommes et des femmes capables discutaient en bonne et due forme des principaux sujets du jour, s'adressant au public l'un après l'autre. Les rassemblements devinrent bientôt trop importants pour une salle privée. Les réunions mensuelles se tenaient alors dans les galeries d'art américaines. Je me souviens que la première soirée à laquelle j'ai participé en tant qu'orateur avait pour thème "L'aristocratie du dollar". Le colonel Thomas Wentworth Higginson était le premier orateur. Ce fut mon premier contact avec un public new-yorkais. Par la suite, j'ai pris la parole de temps en temps. C'était un excellent entraînement, car il fallait lire et étudier pour chaque apparition. J'avais vécu assez longtemps à Pittsburgh pour acquérir l'esprit manufacturier, par opposition à l'esprit spéculatif. Ma connaissance des affaires, dérivée de ma position d'opérateur télégraphique, m'avait permis de connaître les quelques hommes ou entreprises de Pittsburgh qui avaient alors des transactions à la Bourse de New York, et j'observais leurs carrières avec un profond intérêt. Pour moi, leurs opérations semblaient n'être qu'une sorte de jeu de hasard. Je ne savais pas alors que le crédit de tous ces hommes ou de toutes ces entreprises était sérieusement compromis par le fait qu'ils étaient adeptes de la spéculation (ce qu'il est presque impossible de cacher). Mais ces entreprises étaient alors si peu nombreuses que j'aurais pu les compter sur les doigts d'une main. Les bourses du pétrole et des valeurs mobilières de Pittsburgh n'avaient pas encore été fondées et les bureaux de courtiers avec des fils en liaison avec les bourses de l'Est étaient inutiles. Pittsburgh était résolument une ville manufacturière. J'ai été surpris de constater à quel point l'état des choses était différent à New York. Il y avait peu d'hommes d'affaires qui n'avaient pas fait des affaires à Wall Street dans une mesure plus ou moins grande. J'étais assailli de demandes de renseignements de toutes parts concernant les diverses entreprises ferroviaires auxquelles j'étais lié. Des offres m'ont été faites par des personnes qui étaient prêtes à fournir des capitaux d'investissement et à me permettre de les gérer, en supposant que, grâce à la vue interne que je pouvais obtenir, je pourrais investir pour eux avec succès. On m'a invité à me joindre à des groupes qui avaient l'intention d'acheter discrètement le contrôle de certaines propriétés. En fait, tout le domaine de la spéculation m'était présenté sous son aspect le plus séduisant. J'ai refusé toutes ces séductions. L'offre la plus remarquable de ce genre que j'ai jamais reçue a eu lieu un matin à l'hôtel Windsor, peu après mon déménagement à New York. Jay Gould, alors au sommet de sa carrière, m'a abordé et m'a dit qu'il avait entendu parler de moi et qu'il achèterait le contrôle de la Pennsylvania Railroad Company et me donnerait la moitié de tous les profits si j'acceptais de me consacrer à sa gestion. Je l'ai remercié et lui ai dit que, bien que M. Scott et moi nous soyons séparés en affaires, je ne lèverais jamais la main sur lui. Par la suite, M. Scott m'a dit qu'il avait appris que j'avais été choisi par des intérêts new-yorkais pour lui succéder. Je ne sais pas comment il l'avait appris, car je n'en avais jamais parlé. J'ai pu le rassurer en lui disant que la seule compagnie de chemin de fer dont je serais président serait celle dont je serais propriétaire. Étrange ce que le tourbillon du temps apporte comme changements. Ce fut mon rôle, un matin de 1900, quelque trente ans plus tard, d'annoncer au fils de M. Gould l'offre de son père et de lui dire : "Votre père m'a offert le contrôle du grand système de Pennsylvanie. Maintenant, j'offre à son fils en retour le contrôle d'une ligne internationale d'un océan à l'autre." Le fils et moi nous sommes mis d'accord sur la première étape, qui consistait à amener sa ligne Wabash à Pittsburgh. Cela a été réalisé avec succès dans le cadre d'un contrat accordé à la Wabash pour un tiers du trafic de notre société sidérurgique. Nous étions sur le point d'entreprendre l'extension orientale de Pittsburgh à l'Atlantique lorsque M. Morgan m'a contacté en mars 1901, par l'intermédiaire de M. Schwab, et m'a demandé si je souhaitais vraiment me retirer des affaires. J'ai répondu par l'affirmative et cela a mis fin à nos activités ferroviaires. Je n'ai jamais acheté ou vendu une action à des fins spéculatives dans ma vie, à l'exception d'un petit lot d'actions du Pennsylvania Railroad que j'ai acheté au début de ma vie à des fins d'investissement et pour lequel je n'ai pas payé à l'époque parce que les banquiers m'ont offert de le porter pour moi à un faible taux. J'ai adhéré à la règle de ne jamais acheter ce que je n'avais pas payé, et de ne jamais vendre ce que je ne possédais pas. À l'époque, cependant, j'avais plusieurs intérêts qui ont été acquis dans le cadre de mes activités. Ils comprenaient des actions et des titres cotés à la Bourse de New York, et j'ai constaté que lorsque j'ouvrais mon journal le matin, j'étais tenté de regarder d'abord les cotations du marché boursier. Comme j'avais décidé de vendre tous mes intérêts dans toutes les entreprises extérieures et de concentrer mon attention sur nos activités de fabrication à Pittsburgh, j'ai également décidé de ne pas posséder d'actions qui étaient achetées et vendues sur une bourse. À l'exception de sommes insignifiantes qui me sont parvenues de diverses manières, je me suis strictement conformé à cette règle. Un tel cours devrait être recommandé à tout homme travaillant dans l'industrie manufacturière et à tout homme de métier. Pour l'industriel en particulier, la règle semble être d'une importance capitale. Son esprit doit rester calme et libre s'il veut décider sagement des problèmes qui se présentent continuellement à lui. Rien n'est plus efficace à long terme qu'un bon jugement, et un homme dont l'esprit est perturbé par les changements mercuriens de la Bourse ne peut conserver un bon jugement. Cela le place sous une influence proche de l'ivresse. Ce qui n'est pas, il le voit, et ce qu'il voit, n'est pas. Il ne peut pas juger des valeurs relatives ni avoir la vraie perspective des choses. La taupinière lui semble une montagne et la montagne une taupinière, et il saute à des conclusions auxquelles il devrait arriver par la raison. Il a l'esprit occupé par les cotations boursières et non par les points qui exigent une réflexion sereine. La spéculation est un parasite qui se nourrit de valeurs et n'en crée aucune. Ma première entreprise importante après mon installation à New York fut la construction d'un pont sur le Mississippi à Keokuk. [M. Thomson, président du chemin de fer de la Pennsylvanie, et moi-même avons passé un contrat pour toute la structure, les fondations, la maçonnerie et la superstructure, en prenant des obligations et des actions en paiement. L'entreprise a été un splendide succès à tous égards, sauf sur le plan financier. Une panique a précipité les chemins de fer de liaison dans la faillite. Elles n'étaient pas en mesure de payer les sommes stipulées. Des systèmes rivaux ont construit un pont sur le Mississippi à Burlington et un chemin de fer sur la rive ouest du Mississippi jusqu'à Keokuk. Les beaux profits que nous entrevoyions ne se sont jamais réalisés. M. Thomson et moi-même avons cependant échappé aux pertes, bien qu'il ne nous restât que peu de marge. La superstructure de ce pont a été construite à notre usine Keystone de Pittsburgh. Cette entreprise m'obligeait à visiter Keokuk de temps en temps, et j'y ai fait la connaissance de personnes intelligentes et charmantes, parmi lesquelles le général et Mme Reid, et M. et Mme Leighton. J'ai visité Keokuk avec quelques amis anglais à une date ultérieure, et l'impression qu'ils ont reçue de la société dans le Far West, sur ce qui leur semblait être la périphérie de la civilisation, était surprenante. La réception qui nous a été donnée un soir par le général Reid a réuni une assemblée digne de n'importe quelle ville de Grande-Bretagne. Plus d'un des invités s'était distingué pendant la guerre et avait atteint une certaine importance dans les conseils nationaux. La réputation obtenue lors de la construction du pont de Keokuk m'a valu d'être sollicité par les responsables du projet de pont sur le Mississippi à St Louis, auquel j'ai déjà fait référence. Ceci était lié à ma première grande transaction financière. Un jour de 1869, l'homme en charge de l'entreprise, M. Macpherson (il était très écossais), a appelé à mon bureau de New York et a dit qu'ils essayaient de lever des capitaux pour construire le pont. Il voulait savoir si je ne pouvais pas faire participer certaines des compagnies de chemin de fer de l'Est à ce projet. Après un examen minutieux du projet, j'ai passé le contrat pour la construction du pont au nom de la Keystone Bridge Works. J'ai également obtenu une option sur quatre millions de dollars d'obligations de première hypothèque de la société du pont et je suis parti à Londres en mars 1869 pour négocier leur vente. Pendant le voyage, j'ai préparé un prospectus que j'ai fait imprimer à mon arrivée à Londres et, ayant fait la connaissance, lors de ma visite précédente, de Junius S. Morgan, le grand banquier, je lui ai rendu visite un matin et j'ai entamé des négociations. J'ai laissé avec lui une copie du prospectus, et lors de ma visite le lendemain, j'ai été ravi de constater que M. Morgan voyait l'affaire d'un bon œil. Je lui ai vendu une partie des obligations avec l'option de prendre le reste ; mais lorsque ses avocats ont été appelés à donner leur avis, une vingtaine de changements ont été nécessaires dans le libellé des obligations. M. Morgan m'a dit que, puisque j'allais en Écosse, je ferais mieux d'y aller maintenant ; je pourrais écrire aux parties à Saint-Louis et m'assurer qu'elles accepteraient les changements proposés. Louis et m'assurer qu'elles accepteraient les changements proposés. Il aurait le temps, disait-il, de clore l'affaire à mon retour dans trois semaines. Mais je n'avais pas l'intention de laisser le poisson jouer si longtemps, et je l'informai que j'aurais un télégramme dans la matinée acceptant tous les changements. Le câble de l'Atlantique était ouvert depuis un certain temps, mais il est douteux qu'il ait encore transporté un câble privé aussi long que celui que j'ai envoyé ce jour-là. Il était facile de numéroter les lignes de l'obligation, puis de les relire attentivement pour indiquer quels changements, omissions ou ajouts étaient nécessaires dans chaque ligne. J'ai montré à M. Morgan le message avant de l'envoyer et il m'a répondu : "Eh bien, jeune homme, si vous y parvenez, vous méritez une marque rouge." Lorsque je suis entré dans le bureau le lendemain matin, j'ai trouvé sur le bureau qui m'avait été attribué dans le bureau privé de M. Morgan l'enveloppe colorée qui contenait la réponse. Elle était là : "Réunion du conseil d'administration hier soir ; tous les changements ont été approuvés." "Maintenant, M. Morgan," ai-je dit, "nous pouvons procéder, en supposant que la caution est conforme au désir de vos avocats." Les papiers ont été rapidement fermés.

JUNIUS SP SPENCER MORGAN

PENDANT QUE J'ÉTAIS au bureau, M. Sampson, le rédacteur financier du "Times", est entré. J'ai eu un entretien avec lui, sachant bien que quelques mots de sa part contribueraient largement à faire monter le prix des obligations à la Bourse. Les titres américains avaient récemment fait l'objet d'attaques féroces, en raison des procédures de Fisk et Gould concernant la compagnie de chemin de fer Érié, et de leur contrôle sur les juges de New York, qui semblaient obéir à leurs ordres. Je savais que cela serait présenté comme une objection, et j'y ai donc répondu immédiatement. J'ai attiré l'attention de M. Sampson sur le fait que la charte de la St Louis Bridge Company émanait du gouvernement national. En cas de nécessité, il était possible de faire appel directement à la Cour suprême des États-Unis, un organisme qui rivalise avec leurs propres hauts tribunaux. Il a dit qu'il serait ravi de mettre en valeur cette caractéristique louable. J'ai décrit le pont comme un poste de péage sur la route continentale, ce qui a semblé lui plaire. Tout était simple et facile, et lorsqu'il a quitté le bureau, M. Morgan m'a tapé sur l'épaule et m'a dit : "Merci, jeune homme ; vous avez augmenté le prix de ces obligations de cinq pour cent ce matin." "Très bien, M. Morgan", ai-je répondu ; "maintenant, montrez-moi comment je peux les augmenter de cinq pour cent de plus pour vous". L'émission a été un grand succès, et l'argent pour le pont de St. Louis a été obtenu. J'ai eu une marge de profit considérable sur la négociation. C'était ma première négociation financière avec les banquiers d'Europe. M. Pullman m'a dit quelques jours plus tard que M. Morgan, lors d'un dîner, avait raconté l'incident télégraphique et prédit : "On entendra parler de ce jeune homme." Après avoir conclu avec M. Morgan, j'ai visité ma ville natale, Dunfermline, et à l'époque, j'ai fait don à la ville de bains publics. Cet événement est remarquable en grande partie parce que c'était le premier don considérable que je faisais. Bien avant cela, j'avais, à la suggestion de mon oncle Lauder, envoyé une souscription au fonds pour le monument de Wallace sur les hauteurs de Stirling qui surplombent Bannockburn. Ce n'était pas grand-chose, mais j'étais alors au bureau du télégraphe et c'était considérable sur un revenu de trente dollars par mois, avec les dépenses familiales en tête. Ma mère ne m'en voulait pas ; au contraire, elle était très fière que le nom de son fils figure sur la liste des contributeurs, et son fils sentait qu'il commençait vraiment à être un homme. Des années plus tard, ma mère et moi avons visité Stirling, et nous y avons dévoilé, dans la Wallace Tower, un buste de Sir Walter Scott, qu'elle avait présenté au comité du monument. Nous avions alors fait de grands progrès, du moins sur le plan financier, depuis la première souscription. Mais la distribution n'avait pas encore commencé. Jusqu'à présent, j'avais connu l'âge de l'accumulation. Alors que je visitais le continent européen en 1867 et que j'étais profondément intéressé par ce que je voyais, il ne faut pas croire que je ne pensais pas aux affaires de mon pays. Des lettres fréquentes me tenaient au courant des affaires. La question de la communication ferroviaire avec le Pacifique avait été portée au premier plan par la guerre civile, et le Congrès avait adopté une loi pour encourager la construction d'une ligne. Le premier coup de pioche venait d'être donné à Omaha et il était prévu que la ligne soit finalement poussée jusqu'à San Francisco. Un jour, alors que j'étais à Rome, il m'est apparu que cela pourrait se faire beaucoup plus tôt que prévu.

La nation, qui avait décidé que son territoire devait être relié, pouvait être sûre de veiller à ce qu'aucun temps ne soit perdu pour l'accomplir. J'ai écrit à mon ami, M. Scott, pour lui suggérer d'obtenir le contrat d'installation de wagons-lits sur la grande ligne de la Californie. Sa réponse contenait ces mots : "Eh bien, jeune homme, vous prenez le temps par les cheveux." Néanmoins, à mon retour en Amérique. J'ai poursuivi l'idée. Le commerce des voitures-lits, auquel je m'intéressais, avait augmenté si rapidement qu'il était impossible d'obtenir suffisamment de voitures pour répondre à la demande. C'est ce fait même qui a conduit à la création de l'actuelle Pullman Company. La Central Transportation Company était tout simplement incapable de couvrir le territoire avec une rapidité suffisante, et M. Pullman, en commençant par le plus grand de tous les centres ferroviaires du monde - Chicago - a rapidement rivalisé avec la société mère. Il avait également vu que le chemin de fer du Pacifique serait la grande ligne de wagons-lits du monde, et je l'ai trouvé travaillant pour ce que j'avais commencé à chercher. Il était, en effet, un lion dans la voie. Encore une fois, on peut apprendre, à partir d'un incident que j'ai eu de M. Pullman lui-même, par quelles bagatelles les questions importantes sont parfois déterminées. Le président de l'Union Pacific Railway était de passage à Chicago. M. Pullman lui rendit visite et on le fit entrer dans sa chambre. Sur la table se trouvait un télégramme adressé à M. Scott, disant : "Votre proposition de wagons-lits est acceptée". M. Pullman l'a lu involontairement et avant même d'avoir eu le temps de se retenir. Il ne pouvait s'empêcher de le voir là où il se trouvait. Lorsque le président Durrant entra dans la pièce, il lui expliqua cela et lui dit : "J'espère que vous ne prendrez pas de décision avant que je vous aie fait une proposition." M. Durrant a promis d'attendre. Une réunion du conseil d'administration de l'Union Pacific Company s'est tenue peu après à New York. M. Pullman et moi-même étions présents, nous efforçant tous deux d'obtenir le prix que ni lui ni moi ne sous-estimions. Un soir, nous avons commencé à monter en même temps le large escalier de l'hôtel St. Nicholas. Nous nous étions déjà rencontrés, mais nous ne nous connaissions pas bien. J'ai dit, cependant, alors que nous montions les escaliers : "Bonsoir, M. Pullman ! Nous voilà ensemble, et ne sommes-nous pas en train de faire un beau couple de fous ? ". Il n'était pas disposé à admettre quoi que ce soit et a dit : "Qu'est-ce que tu veux dire ?" Je lui ai expliqué la situation.

Nous détruisions par nos propositions rivales les avantages mêmes que nous souhaitions obtenir. "Eh bien", a-t-il dit, "que proposez-vous de faire ?" "Unissez-vous", ai-je dit. "Faites une proposition commune à l'Union Pacific, votre parti et le mien, et organisez une compagnie." "Comment l'appellerais-tu ?" a-t-il demandé. "La Pullman Palace, Car Company", ai-je répondu. Cela lui convenait parfaitement, et cela me convenait tout aussi bien. "Venez dans ma chambre pour en parler", dit le grand homme du wagon-lit. Je l'ai fait, et le résultat a été que nous avons obtenu le contrat conjointement. Notre société a ensuite été fusionnée dans la Pullman Company générale et nous avons pris des actions de cette société pour nos intérêts dans le Pacifique. Jusqu'à ce que je sois obligé de vendre mes actions pendant la panique financière de 1873 pour protéger nos intérêts dans le fer et l'acier, j'étais, je crois, le plus grand actionnaire de la Pullman Company. Cet homme, Pullman, et sa carrière sont si profondément américains qu'il n'est pas inutile de dire quelques mots à son sujet. M. Pullman a d'abord été charpentier, mais lorsque Chicago a dû être surélevé, il a pris un contrat à son compte pour déplacer ou surélever des maisons pour une somme stipulée. Bien sûr, il a réussi, et de ce petit début, il est devenu l'un des entrepreneurs les plus importants et les plus connus dans ce domaine. Si un grand hôtel devait être surélevé de dix pieds sans déranger ses centaines de clients ou interférer de quelque manière que ce soit avec son activité, M. Pullman était l'homme de la situation. Il était l'un de ces rares personnages capables de voir l'évolution des choses, et on le trouvait toujours, pour ainsi dire, en train de nager dans le courant principal où le mouvement était le plus rapide. Il a vite compris, comme moi, que le wagon-lit était une nécessité absolue sur le continent américain. Il commença à construire quelques voitures à Chicago et à obtenir des contrats sur les lignes qui s'y trouvaient. L'entreprise Eastern n'était pas en mesure de faire face à celle d'un homme extraordinaire comme M. Pullman. Je m'en suis vite rendu compte, et même si les brevets originaux appartenaient à la société Eastern et que M. Woodruff lui-même, le détenteur du brevet original, était un actionnaire important, et même si nous aurions pu obtenir des dommages et intérêts pour violation de brevet après quelques années de litige, le temps perdu avant que cela ne soit fait aurait été suffisant pour faire de Pullman la grande société du pays. J'ai donc vivement recommandé de nous unir à M. Pullman, comme je l'avais fait auparavant pour le contrat de l'Union Pacific. Comme les relations personnelles entre M. Pullman et certains membres de la compagnie de l'Est n'étaient pas satisfaisantes, il a été jugé préférable que j'entreprenne les négociations, étant sur un pied d'égalité avec les deux parties. Nous nous sommes rapidement mis d'accord pour que la Pullman Company absorbe notre société, la Central Transportation Company, et par ce moyen, M. Pullman, au lieu d'être confiné à l'Ouest, a obtenu le contrôle des droits sur la grande ligne principale de Pennsylvanie vers le littoral atlantique. Cela a placé sa société au-delà de tous les rivaux possibles. M. Pullman était l'un des hommes d'affaires les plus compétents que j'aie jamais connus, et je lui suis redevable, entre autres, d'une histoire qui comportait une morale. M. Pullman, comme tout autre homme, a eu ses difficultés et ses déceptions, et n'a pas toujours atteint son but. C'est le cas de tout le monde. En effet, je ne connais personne d'autre que lui qui aurait pu surmonter les difficultés liées à l'exploitation de wagons-lits de manière satisfaisante tout en conservant certains droits que les compagnies de chemin de fer étaient tenues de respecter. Les compagnies de chemin de fer devraient, bien entendu, exploiter leurs propres wagons-lits. À une occasion où nous comparions nos notes, il m'a dit qu'il avait toujours trouvé du réconfort dans cette histoire. Un vieil homme d'un comté de l'Ouest ayant souffert de tous les maux dont la chair est l'héritière, et de beaucoup plus que ce qu'elle rencontre habituellement, et ayant été pris en pitié par ses voisins, répondit : "Oui, mes amis, tout ce que vous dites est vrai. J'ai eu une longue, longue vie pleine d'ennuis, mais il y a un fait curieux à leur sujet - neuf dixièmes d'entre eux ne se sont jamais produits." C'est vrai en effet ; la plupart des problèmes de l'humanité sont imaginaires et devraient faire l'objet d'une risée. C'est une folie de traverser un pont avant d'y arriver, ou de dire bonjour au diable avant de le rencontrer - une folie parfaite. Tout va bien jusqu'à ce que le coup tombe, et même là, neuf fois sur dix, ce n'est pas aussi grave que prévu. Un homme sage est un optimiste confirmé. Le succès de ces diverses négociations m'avait fait connaître à New York, et ma prochaine grande opération fut en rapport avec le chemin de fer de l'Union Pacific en 1871. L'un de ses directeurs est venu me voir en me disant qu'ils devaient réunir d'une manière ou d'une autre une somme de six cent mille dollars (ce qui équivaut à plusieurs millions aujourd'hui) pour les aider à traverser une crise ; et certains amis qui me connaissaient et qui faisaient partie du comité exécutif de cette route avaient suggéré que je pourrais obtenir l'argent et en même temps obtenir pour la Pennsylvania Railroad Company le contrôle virtuel de cette importante ligne de l'Ouest. Je crois que M. Pullman est venu avec le directeur, ou peut-être que c'est M. Pullman lui-même qui est venu me voir pour la première fois à ce sujet. Je me suis penché sur la question et il m'est apparu que si les administrateurs de l'Union Pacific Railway étaient disposés à élire à son conseil d'administration quelques hommes que la Pennsylvania Railroad nommerait, le trafic ainsi obtenu par la Pennsylvania justifierait que cette compagnie aide l'Union Pacific. Je me suis rendu à Philadelphie et j'ai exposé le sujet au président Thomson. J'ai suggéré que si la Pennsylvania Railroad Company me confiait des titres sur lesquels l'Union Pacific pourrait emprunter de l'argent à New York, nous pourrions contrôler l'Union Pacific dans l'intérêt de la Pennsylvanie. Parmi les nombreuses marques de confiance de M. Thomson, celle-ci était jusqu'alors la plus importante. Il était beaucoup plus prudent lorsqu'il manipulait l'argent de la compagnie de chemin de fer que le sien, mais le prix offert était trop grand pour être manqué. Même si les six cent mille dollars avaient été perdus, cela n'aurait pas été un investissement perdant pour sa société, et il y avait peu de risque que cela arrive, car nous étions prêts à lui remettre les titres que nous avions obtenus en échange du prêt à l'Union Pacific. Mon entretien avec M. Thomson a eu lieu chez lui, à Philadelphie, et lorsque je me suis levé pour partir, il a posé sa main sur mon épaule en disant : "Rappelle-toi, Andy, je compte sur toi dans cette affaire. C'est en vous que j'ai confiance, et je compte sur vous pour conserver toutes les sécurités que vous obtiendrez et veiller à ce que la Pennsylvania Railroad ne soit jamais dans une position où elle puisse perdre un dollar." J'ai accepté cette responsabilité, et le résultat a été un succès triomphal. L'Union Pacific Company souhaitait ardemment que M. Thomson prenne lui-même la présidence, mais il a déclaré que c'était hors de question. Il a proposé la candidature de M. Thomas A. Scott, vice-président de la Pennsylvania Railroad, pour ce poste. M. Scott, M. Pullman et moi-même avons donc été élus directeurs de l'Union Pacific Railway Company en 1871. Les garanties obtenues pour le prêt consistaient en trois millions d'actions de l'Union Pacific, qui étaient enfermées dans mon coffre-fort, avec la possibilité de les prendre à un certain prix. Comme on pouvait s'y attendre, l'arrivée de la Pennsylvania Railroad a rendu les actions de l'Union Pacific infiniment plus précieuses. Les actions ont progressé énormément. À cette époque, j'ai entrepris de négocier des obligations à Londres pour un pont traversant le Missouri à Omaha, et pendant mon absence pour cette affaire, M. Scott a décidé de vendre nos actions de l'Union Pacific. J'avais laissé des instructions à mon secrétaire pour que M. Scott, en tant que l'un des partenaires de l'entreprise, ait accès à la chambre forte, car il pourrait être nécessaire en mon absence que les titres soient à la portée de quelqu'un ; mais l'idée que ces titres soient vendus ou que notre parti perde la splendide position que nous avions acquise en rapport avec l'Union Pacific n'a jamais effleuré mon esprit. Je suis revenu pour découvrir qu'au lieu d'être un collègue de confiance des directeurs de l'Union Pacific, j'étais considéré comme les ayant utilisés à des fins spéculatives. Aucun quatuor d'hommes n'a jamais eu une meilleure occasion de s'identifier à une grande œuvre que la nôtre ; et jamais une occasion n'a été plus imprudemment gâchée. M. Pullman n'était pas au courant de l'affaire et était aussi indigné que moi, et je crois qu'il a immédiatement réinvesti ses bénéfices dans les actions de l'Union Pacific. J'ai senti que, même si j'avais envie de faire cela et de répudier ce qui avait été fait, il serait inconvenant et peut-être ingrat de ma part de me séparer aussi nettement de mon premier ami, M. Scott. À la première occasion, nous avons été expulsés de façon ignominieuse mais méritée du conseil de l'Union Pacific. C'était une dose amère à avaler pour un jeune homme. Et cette transaction marqua mon premier différend sérieux avec l'homme qui, jusqu'alors, avait eu la plus grande influence sur moi, le gentil et affectueux employeur de mon enfance, Thomas A. Scott. M. Thomson a regretté l'affaire, mais, comme il l'a dit, n'y ayant pas prêté attention et ayant laissé le contrôle total de l'entreprise entre les mains de M. Scott et de moi-même, il a présumé que j'avais jugé préférable de vendre. Pendant un certain temps, j'ai craint d'avoir perdu un ami précieux en la personne de Levi P. Morton, de Morton, Bliss & Co, qui était intéressé par l'Union Pacific, mais il a finalement découvert que j'étais innocent. Les négociations concernant deux millions et demi d'obligations pour la construction du pont Omaha ont abouti, et comme ces obligations avaient été achetées par des personnes liées à l'Union Pacific avant que je n'aie quoi que ce soit à faire avec la compagnie, c'est pour elles et non pour l'Union Pacific Company que les négociations ont été menées. Cela ne m'a pas été expliqué par le directeur qui s'est entretenu avec moi avant mon départ pour Londres. Malheureusement, lorsque je suis retourné à New York, j'ai découvert que le produit entier des obligations, y compris mon profit, avait été affecté par les parties au paiement de leurs propres dettes, et j'ai donc été privé d'une somme importante, et j'ai dû créditer mes dépenses et mon temps aux pertes et profits. Jamais auparavant je n'avais été trompé et je ne l'avais découvert de façon si positive et si claire. J'ai vu que j'étais encore jeune et que j'avais beaucoup à apprendre. On peut faire confiance à beaucoup d'hommes, mais il faut en surveiller quelques-uns.

Chapitre 12 : Négociations commerciales

Un succès complet a accompagné une négociation que j'ai menée à peu près à cette époque pour le colonel William Phillips, président de l'Allegheny Valley Railway à Pittsburgh. Un jour, le colonel est entré dans mon bureau de New York et m'a dit qu'il avait un grand besoin d'argent, mais qu'aucune maison en Amérique ne voulait envisager d'acheter cinq millions d'obligations de sa compagnie, bien qu'elles soient garanties par la Pennsylvania Railroad Company. Le vieil homme était persuadé que les banquiers le poussaient d'un pilier à l'autre parce qu'ils avaient convenu entre eux de n'acheter les obligations qu'à leurs propres conditions. Il en demandait quatre-vingt-dix cents pour un dollar, mais les banquiers considéraient cette somme comme exagérément élevée. C'était l'époque où les obligations des chemins de fer de l'Ouest étaient souvent vendues aux banquiers à quatre-vingt cents par dollar. Le colonel Phillips a dit qu'il était venu pour voir si je ne pouvais pas lui suggérer une solution à ses difficultés. Il avait un besoin pressant de deux cent cinquante mille dollars, et ce que M. Thomson, du chemin de fer de la Pennsylvanie, ne pouvait lui donner. Les obligations de l'Allegheny étaient de sept pour cent, mais elles étaient payables, non pas en or, mais en monnaie, en Amérique. Elles étaient donc tout à fait inadaptées au marché étranger. Mais je savais que la Pennsylvania Railroad Company avait dans son trésor une grande quantité d'obligations en or à six pour cent de la Philadelphia and Erie Railroad. Ce serait un échange des plus souhaitables de sa part, pensais-je, de donner ces obligations contre les obligations Allegheny à sept pour cent qui portaient sa garantie. J'ai télégraphié à M. Thomson, lui demandant si la Pennsylvania Railroad Company accepterait de prendre deux cent cinquante mille dollars à intérêt et de les prêter à l'Allegheny Railway Company. M. Thomson a répondu : "Certainement." Le colonel Phillips était heureux. Il a accepté, en contrepartie de mes services, de me donner une option de soixante jours pour prendre ses cinq millions d'obligations au taux souhaité de quatre-vingt-dix cents par dollar. J'ai présenté l'affaire à M. Thomson et j'ai suggéré un échange, que cette société était trop heureuse de faire, car elle économisait un pour cent d'intérêt sur les obligations. Je me suis embarqué immédiatement pour Londres avec le contrôle de cinq millions d'obligations de première hypothèque de Philadelphie et d'Érié, garanties par la Pennsylvania Railroad Company - un titre magnifique pour lequel je voulais un prix élevé. Et voici qu'arrive l'un des plus grands succès et échecs de ma vie financière. J'ai écrit aux Barings de Queenstown que j'avais à vendre un titre que même leur maison pourrait considérer sans hésitation. À mon arrivée à Londres, j'ai trouvé à l'hôtel une note de leur part me demandant de les appeler. Je l'ai fait le lendemain matin, et avant de quitter leur banque, j'avais conclu un accord selon lequel ils devaient faire cet emprunt, et jusqu'à ce qu'ils vendent les obligations au pair, moins leur commission de deux et demi pour cent, ils avanceraient à la Pennsylvania Railroad Company quatre millions de dollars à cinq pour cent d'intérêt. La vente m'a laissé un bénéfice net de plus d'un demi-million de dollars. On a ordonné la rédaction des documents, mais comme je partais, M. Russell Sturgis a dit qu'ils venaient d'apprendre que M. Baring lui-même arrivait en ville le matin. Ils avaient prévu de tenir une "cour"et, comme il serait approprié de lui présenter la transaction par courtoisie, ils remettaient la signature des documents au lendemain. Si j'appelais à deux heures, la transaction serait conclue. Je n'oublierai jamais le sentiment d'oppression qui m'a envahi lorsque je suis sorti et que je me suis rendu au bureau du télégraphe pour envoyer un message au président Thomson. Quelque chose me disait que je ne devais pas le faire. J'attendrais jusqu'à demain, lorsque j'aurais le contrat en poche. J'ai marché de la banque à l'hôtel Langham - quatre longs kilomètres. Quand j'y suis arrivé, j'ai trouvé un messager qui attendait, essoufflé, de me remettre une note scellée des Barings. Bismarck avait enfermé une centaine de millions à Magdebourg. Le monde de la finance était en panique, et les Barings se permettaient de dire que, dans ces circonstances, ils ne pouvaient pas proposer à M. Baring de poursuivre l'affaire. Il y avait autant de chances que je sois frappé par la foudre en rentrant chez moi que de rompre un accord conclu par les Baring. Et pourtant, il l'a été. C'était un coup trop fort pour produire quoi que ce soit qui ressemble à de l'irritation ou de l'indignation. J'étais assez doux pour me résigner, et je me félicitais simplement de ne pas avoir télégraphié à M. Thomson. J'ai décidé de ne pas retourner chez les Barings, et bien que J.S. Morgan & Co. ait sorti un grand nombre de titres américains, je leur ai ensuite vendu les obligations à un prix réduit par rapport à celui convenu par les Barings. J'ai pensé qu'il valait mieux ne pas aller chez Morgan & Co.

au début, parce que j'avais compris du colonel Phillips que les obligations avaient été offertes sans succès par lui à leur maison en Amérique et je supposais que les Morgan à Londres pourraient se considérer comme liés aux négociations par leur maison à New York. Mais dans toutes les négociations ultérieures, j'ai eu pour règle de donner la première offre à Junius S. Morgan, qui m'a rarement permis de quitter sa maison bancaire sans prendre ce que j'avais à offrir. S'il ne pouvait pas acheter pour sa propre maison, il me mettait en contact avec une maison amie qui le faisait, en s'intéressant à la question. C'est une grande satisfaction de constater que je n'ai jamais négocié un titre qui n'ait pas donné lieu à une prime. Bien sûr, dans ce cas, j'ai commis une erreur en ne retournant pas chez les Barings, en leur donnant du temps et en laissant la panique retomber, ce qui ne tarda pas à se produire. Lorsqu'une partie à une négociation s'emballe, l'autre doit garder son calme et sa patience. Dans le cadre de mes opérations financières, je me souviens avoir dit un jour à M. Morgan : "M. Morgan, je vous donnerai une idée et vous aiderai à la réaliser si vous me donnez un quart de l'argent que vous gagnerez en l'appliquant." Il a dit en riant : "Cela semble juste, et comme j'ai la possibilité d'y donner suite ou non, nous devrions certainement être prêts à vous verser un quart du bénéfice." J'ai attiré l'attention sur le fait que les obligations de l'Allegheny Valley Railway que j'avais échangées contre les obligations de la Philadelphia and Érié portaient la garantie de la Pennsylvania Railroad Company, et que cette grande compagnie avait toujours besoin d'argent pour des extensions essentielles. Un prix pourrait être offert pour ces obligations, ce qui pourrait inciter la compagnie à les vendre, et en ce moment, il semblait y avoir une telle demande pour les titres américains que sans aucun doute ils pourraient être émis. Je rédigerais un prospectus qui, selon moi, permettrait de lancer les obligations. Après avoir examiné la question avec son soin habituel, il a décidé de donner suite à ma suggestion. M. Thomson était alors à Paris et j'ai couru là-bas pour le voir. Sachant que la Pennsylvania Railroad avait besoin d'argent, je lui ai dit que j'avais recommandé ces titres à M. Morgan et que s'il me donnait un prix pour ces titres, je verrais si je ne pouvais pas les vendre. Il m'a indiqué un prix qui était alors très élevé, mais inférieur au prix que ces obligations ont atteint depuis. M. Morgan en a acheté une partie avec le droit d'en acheter d'autres, et c'est ainsi que les neuf ou dix millions d'obligations d'Allegheny ont été commercialisés et que la Pennsylvania Railroad Company a été placée dans des fonds. La vente des obligations n'était pas encore très avancée lorsque la panique de 1873 s'est abattue sur nous. Une des sources de revenus que j'avais alors était M. Pierpont Morgan. Il m'a dit un jour : "Mon père a câblé pour demander si vous souhaitez vendre vos intérêts dans l'idée que vous lui avez donnée." J'ai dit : "Oui, je le fais. De nos jours, je vendrais n'importe quoi pour de l'argent." "Eh bien", a-t-il dit, "que prendriez-vous ?" J'ai dit que je croyais qu'un relevé qui m'avait été rendu récemment montrait qu'il y avait déjà cinquante mille dollars à mon crédit, et que je prendrais soixante mille. Le lendemain matin, quand j'ai appelé, M. Morgan m'a remis des chèques de soixante-dix mille dollars. "M. Carnegie", a-t-il dit, "vous vous êtes trompé. Vous avez vendu pour dix mille dollars de moins que ce que le relevé indiquait à votre crédit. Il indique maintenant non pas cinquante, mais soixante mille dollars à votre crédit, et les dix mille supplémentaires font soixante-dix." Les paiements ont été effectués en deux chèques, l'un de soixante mille dollars et l'autre pour les dix mille dollars supplémentaires. Je lui ai rendu le chèque de dix mille dollars en disant : "Eh bien, c'est quelque chose de digne de vous. Voulez-vous bien accepter ces dix mille avec mes meilleurs vœux ?" "Non, merci", a-t-il dit, "je ne peux pas faire ça". De tels actes, qui témoignent d'un bon sens de l'entente honorable par rapport aux simples droits légaux, ne sont pas si rares dans les affaires que les non-initiés pourraient le croire. Et, après cela, il ne faut pas s'étonner si j'ai décidé que, dans la mesure où cela était en mon pouvoir, ni Morgan, père ou fils, ni leur maison, ne devait souffrir à cause de moi. Ils avaient en moi, désormais, un ami solide.

JOHN PIERPONT MORGAN

UNE GRANDE ENTREPRISE se construit rarement, voire jamais, si ce n'est sur la base de la plus stricte intégrité. Une réputation de "mollesse" et de mauvaise foi est fatale dans les grandes affaires. Ce n'est pas la lettre de la loi, mais l'esprit qui doit être la règle. La norme de la moralité commerciale est maintenant très élevée. Une erreur commise par quiconque en faveur de l'entreprise est corrigée aussi rapidement que si l'erreur était en faveur de l'autre partie. Il est essentiel pour un succès permanent qu'une maison obtienne la réputation d'être gouvernée par ce qui est juste plutôt que par ce qui est simplement légal. Une règle que nous avons adoptée et à laquelle nous avons adhéré a donné des résultats plus importants que ce que l'on pourrait croire possible, à savoir : toujours donner à l'autre partie le bénéfice du doute. Bien entendu, cette règle ne s'applique pas à la classe spéculative. Une atmosphère entièrement différente règne dans ce monde. Les hommes n'y sont que des joueurs. Les jeux d'actions et les affaires honorables sont incompatibles. Ces dernières années, il faut admettre que le "banquier" à l'ancienne, comme Junius S. Morgan de Londres, est devenu rare. Peu de temps après avoir été déposé comme président de l'Union Pacific, M. Scott s'est résolu à la construction du Texas Pacific Railway. Il m'a télégraphié un jour à New York de le rejoindre à Philadelphie sans faute. Je l'y ai rencontré avec plusieurs autres amis, parmi lesquels M. J.N. McCullough, vice-président de la Pennsylvania Railroad Company à Pittsburgh. Un prêt important pour le Texas Pacific était arrivé à échéance à Londres et son renouvellement a été accepté par Morgan & Co, à condition que je me joigne aux autres parties du prêt. J'ai refusé. On m'a alors demandé si je les conduirais tous à la ruine en refusant de soutenir mes amis. Ce fut l'un des moments les plus éprouvants de toute ma vie. Pourtant, je n'ai pas été tenté un seul instant d'entretenir l'idée de m'impliquer. La question de savoir quel était mon devoir est venue en premier et m'en a empêché. Tout mon capital était dans la fabrication et chaque dollar était nécessaire. J'étais le capitaliste (modeste à l'époque, d'ailleurs) de notre entreprise. Tout dépendait de moi. Mon frère, sa femme et sa famille, M. Phipps et sa famille, M. Kloman et sa famille, tous se sont levés devant moi et ont réclamé ma protection. J'ai dit à M. Scott que j'avais fait de mon mieux pour l'empêcher de commencer à construire un grand chemin de fer avant qu'il n'ait obtenu les capitaux nécessaires. J'avais insisté sur le fait que des milliers de kilomètres de lignes de chemin de fer ne pouvaient être construits au moyen de prêts temporaires. De plus, j'avais payé deux cent cinquante mille dollars en espèces pour un intérêt dans le projet, qu'il m'a dit à mon retour d'Europe qu'il m'avait réservé, bien que je n'aie jamais approuvé le projet. Mais rien au monde ne m'inciterait à me rendre coupable d'endosser le papier de cette société de construction ou de toute autre entreprise que la nôtre. Je savais qu'il me serait impossible de payer le prêt Morgan en soixante jours, ou même de payer ma proportion. D'ailleurs, ce n'était pas ce prêt en lui-même, mais la demi-douzaine d'autres prêts qui seraient nécessaires par la suite qu'il fallait considérer. Cela marquait une nouvelle étape dans la séparation totale des affaires qui devait intervenir entre M. Scott et moi. Cela m'a fait plus de mal que toutes les épreuves financières auxquelles j'avais été soumis jusqu'alors. Ce n'est que peu de temps après cette réunion que le désastre est arrivé et que le pays a été surpris par l'échec de ceux qu'il avait considérés comme ses hommes les plus forts. Je crains que la mort prématurée de M. Scott ne puisse être attribuée de façon mesurable à l'humiliation qu'il a dû supporter. C'était un homme sensible plutôt qu'orgueilleux, et son échec apparemment imminent l'a coupé dans son élan. M. McManus et M. Baird, partenaires dans l'entreprise, sont également décédés rapidement. Ces deux hommes étaient des fabricants comme moi et n'étaient pas en mesure de s'engager dans la construction d'un chemin de fer. L'homme d'affaires n'a pas de pierre plus dangereuse à rencontrer dans sa carrière que celle d'endosser des papiers commerciaux. Il peut facilement l'éviter s'il se pose deux questions : ai-je un surplus de moyens pour tous les besoins possibles qui me permettraient de payer sans inconvénient la somme la plus élevée dont je suis redevable en vertu de cet endossement ? Deuxièmement : Suis-je prêt à perdre cette somme pour l'ami pour lequel je me porte garant ? S'il peut répondre par l'affirmative à ces deux questions, il peut être autorisé à obliger son ami, mais pas autrement, s'il est un homme sage. Et s'il peut répondre à la première question par l'affirmative, il serait bon qu'il examine s'il ne serait pas préférable, à ce moment précis, de payer la totalité de la somme pour laquelle son nom est demandé. Je suis sûr que ce serait le cas. Les moyens d'un homme sont un fidéicommis qui doit être sacrément tenu pour ses propres créanciers tant qu'il a des dettes et des obligations. Malgré mon refus d'approuver le renouvellement de Morgan, j'ai été invité à accompagner les parties à New York le lendemain matin dans leur voiture spéciale afin de les consulter. Je n'ai été que trop heureux de le faire. Anthony Drexel a également été appelé pour nous accompagner. Pendant le voyage, M. McCullough a fait remarquer qu'il avait regardé autour de la voiture et qu'il s'était rendu compte qu'il n'y avait qu'un seul homme sensé à bord, les autres étant tous des "idiots". Andy " avait payé ses parts et ne devait pas un dollar et n'avait aucune responsabilité dans cette affaire, et c'était la position dans laquelle ils auraient tous dû se trouver. M. Drexel a dit qu'il aimerait que je lui explique comment j'avais pu éviter ces malheureux ennuis. J'ai répondu : en m'en tenant strictement à ce que je croyais être mon devoir de ne jamais mettre mon nom sur quelque chose que je savais ne pas pouvoir payer à l'échéance ; ou, pour rappeler le dicton familier d'un ami occidental, de ne jamais aller là où on ne peut pas patauger. Cette eau était tout à fait trop profonde pour moi. Le respect de cette règle a permis non seulement à moi-même, mais aussi à mes partenaires d'éviter des problèmes. En effet, nous étions allés si loin dans notre contrat de partenariat qu'il nous était interdit d'endosser ou de nous engager de quelque manière que ce soit au-delà de sommes dérisoires, sauf pour la firme. J'ai également donné cette raison pour laquelle je ne pouvais pas m'engager. Pendant la période que couvrent ces événements, j'avais fait des voyages répétés en Europe pour négocier divers titres, et en tout j'en ai vendu pour une valeur de quelque trente millions de dollars. C'était à une époque où le câble de l'Atlantique n'avait pas encore fait de New York une partie de Londres considérée financièrement, et où les banquiers de Londres prêtaient leurs soldes à Paris, Vienne ou Berlin pour une ombre de différence dans le taux d'intérêt plutôt qu'aux États-Unis à un taux plus élevé. La République était considérée comme moins sûre que le Continent par ces braves gens. Mon frère et M. Phipps dirigeaient l'entreprise de fer avec tant de succès que je pouvais m'absenter pendant des semaines sans inquiétude. Il y avait un danger que je m'éloigne de l'industrie manufacturière pour me tourner vers les affaires financières et bancaires. Mes succès à l'étranger m'ont offert des opportunités tentantes, mais ma préférence est toujours allée à la fabrication. Je souhaitais fabriquer quelque chose de tangible et le vendre et j'ai continué à investir mes bénéfices dans l'extension des usines de Pittsburgh. Les petits ateliers construits à l'origine pour la Keystone Bridge Company avaient été loués à d'autres fins et dix acres de terrain avaient été obtenus à Lawrenceville sur lesquels de nouveaux et vastes ateliers avaient été érigés. Des ajouts répétés aux Union Iron Mills en avaient fait les principales usines des États-Unis pour toutes sortes de formes structurelles. Les affaires étaient prometteuses et tous les gains excédentaires que je réalisais dans d'autres domaines étaient nécessaires pour développer l'entreprise de fer. Je m'étais intéressé, avec mes amis de la Pennsylvania Railroad Company, à la construction de quelques chemins de fer dans les États de l'Ouest, mais je me suis progressivement retiré de toutes ces entreprises et j'ai décidé d'aller tout à fait à l'encontre de l'adage selon lequel il ne faut pas mettre tous ses œufs dans le même panier. J'ai déterminé que la politique appropriée était de "mettre tous les bons œufs dans un panier et de surveiller ce panier". Je crois que le vrai chemin vers le succès prééminent dans n'importe quelle ligne est de se rendre maître dans cette ligne. Je n'ai aucune foi en la politique qui consiste à disperser ses ressources, et dans mon expérience, j'ai rarement, voire jamais, rencontré un homme qui a atteint la prééminence dans le domaine de l'argent - et certainement jamais dans le domaine de la fabrication - qui s'intéressait à de nombreux sujets. Les hommes qui ont réussi sont des hommes qui ont choisi une ligne et s'y sont tenus. Il est surprenant de constater combien peu d'hommes apprécient les énormes dividendes que l'on peut tirer d'un investissement dans sa propre entreprise. Il n'y a guère de fabricant dans le monde qui ne possède pas dans ses usines des machines qui devraient être jetées et remplacées par des appareils améliorés, ou qui, faute de machines supplémentaires ou de nouvelles méthodes, ne perd pas plus qu'il n'en faut pour payer le plus gros dividende que l'on puisse obtenir en investissant au-delà de son propre domaine. Et pourtant, la plupart des hommes d'affaires que j'ai connus investissent dans des actions de banques et dans des entreprises lointaines, alors que la véritable mine d'or se trouve dans leurs propres usines. J'ai toujours essayé de m'en tenir à ce fait important. J'ai toujours considéré comme une doctrine cardinale que je pouvais gérer mon propre capital mieux que n'importe quelle autre personne, bien mieux que n'importe quel conseil d'administration. Les pertes que les hommes rencontrent au cours de leur vie professionnelle et qui les embarrassent sérieusement se produisent rarement dans leur propre entreprise, mais dans des entreprises dont l'investisseur n'est pas maître. Le conseil que je donnerais aux jeunes hommes serait non seulement de concentrer tout leur temps et toute leur attention sur la seule entreprise dans laquelle ils s'engagent, mais aussi d'y investir chaque dollar de leur capital. S'il y a une affaire qui ne se développe pas, la vraie politique est d'investir l'excédent dans des titres de première classe qui produiront un revenu modéré mais certain si l'on ne trouve pas d'autre affaire en expansion. En ce qui me concerne, ma décision a été prise très tôt. Je me concentrerai sur la fabrication du fer et de l'acier et je serai maître dans ce domaine. Mes visites en Grande-Bretagne m'ont donné d'excellentes occasions de renouer et de faire connaissance avec les personnes éminentes dans le domaine du fer et de l'acier - Bessemer au premier rang, Sir Lothian Bell, Sir Bernard Samuelson, Sir Windsor Richards, Edward Martin, Bingley, Evans, et toute la foule des capitaines de cette industrie. Mon élection au conseil, et finalement à la présidence du British Iron and Steel Institute suivit bientôt, je fus le premier président qui n'était pas un sujet britannique. Cet honneur a été très apprécié, bien que j'aie d'abord refusé, car je craignais de ne pas pouvoir consacrer suffisamment de temps à ses fonctions, en raison de ma résidence en Amérique. Comme nous avions été obligés de nous engager dans la fabrication de fer forgé pour construire des ponts et d'autres structures, nous avons maintenant pensé qu'il était souhaitable de fabriquer notre propre fonte brute. C'est ainsi que nous avons construit le four Lucy en 1870, une entreprise qui aurait été reportée si nous en avions mesuré l'ampleur. Nous avons entendu de temps en temps les prédictions inquiétantes faites par nos frères plus âgés dans l'industrie manufacturière concernant la croissance et l'expansion rapides de notre jeune entreprise, mais nous n'avons pas été découragés. Nous pensions avoir suffisamment de capital et de crédit pour justifier la construction d'un seul haut fourneau. Les estimations faites de son coût ne couvraient cependant pas plus de la moitié des dépenses. C'était une expérience pour nous. M. Kloman ne connaissait rien au fonctionnement des hauts-fourneaux. Mais même sans connaissance exacte, aucune erreur grave ne fut commise. Le rendement du four Lucy (du nom de ma brillante belle-sœur) dépassa nos attentes les plus optimistes et le rendement alors sans précédent de cent tonnes par jour fut atteint à partir d'un seul haut fourneau, pendant une semaine - un rendement dont le monde n'avait jamais entendu parler auparavant. Nous avons détenu le record et de nombreux visiteurs sont venus s'émerveiller de cette merveille. Mais tout n'a pas été rose pour notre entreprise de fer. Des années de panique sont venues par intervalles. Nous avions traversé sans encombre la chute des valeurs qui a suivi la guerre, lorsque le fer est passé de neuf cents à trois cents la livre. De nombreux échecs se produisirent et notre directeur financier eut tout le temps de fournir des fonds pour faire face aux urgences. Parmi les nombreux naufrages, notre entreprise a conservé son crédit intact. Mais la fabrication de la fonte brute nous a donné plus d'inquiétude que tout autre département de notre entreprise jusqu'à présent. Le plus grand service que nous ayons rendu dans cette branche de la fabrication fut celui de M. Whitwell, des célèbres frères Whitwell d'Angleterre, dont les fourneaux de haut fourneau étaient si généralement utilisés. M. Whitwell était l'un des plus connus des visiteurs qui venaient s'émerveiller devant le fourneau de Lucy, et je lui ai exposé la difficulté que nous rencontrions alors. Il m'a répondu immédiatement : "Cela vient du fait que la cloche est fausse." Il expliqua comment il fallait le changer.

Notre M. Kloman a mis du temps à le croire, mais j'ai insisté pour que l'on fabrique un petit fourneau en verre et deux cloches, l'une telle que la Lucy était et l'autre telle que M. Whitwell l'avait conseillée. C'est ce qui fut fait, et lors de ma visite suivante, des expériences furent faites avec chacune d'elles, le résultat étant exactement celui que M. Whitwell avait prédit. Notre cloche distribuait les gros morceaux sur les côtés du fourneau, laissant au centre une masse dense à travers laquelle le souffle ne pouvait que partiellement pénétrer. La cloche Whitwell a projeté les morceaux vers le centre, laissant la circonférence dense. Cela a fait toute la différence du monde. Les problèmes de la Lucy étaient terminés. Quel homme aimable, grand et large était M. Whitwell, sans jalousie étroite, sans rétention de son savoir ! Dans certains départements, nous avions appris des choses nouvelles et nous pouvions en retour rendre service à son entreprise. En tout cas, après cela, tout ce que nous avions était ouvert aux Whitwell. Aujourd'hui, au moment où j'écris, je me réjouis que l'un des deux soit encore avec nous et que notre amitié soit encore chaleureuse. Il était mon prédécesseur à la présidence de l'Institut britannique du fer et de l'acier.

Chapitre 13 : L'âge de l'acier

Si l'on regarde en arrière, il semble incroyable qu'il y a seulement quarante ans (1870), la chimie aux États-Unis était un agent presque inconnu dans la fabrication de la fonte brute. C'était l'agent, par-dessus tous les autres, le plus nécessaire à la fabrication du fer et de l'acier. Le directeur du haut fourneau de l'époque était généralement une brute grossière, généralement un étranger, qui, en plus de ses autres compétences, était capable d'assommer un homme de temps en temps pour donner une leçon aux autres esprits indisciplinés sous ses ordres. Il était censé diagnostiquer l'état du fourneau par instinct, posséder un pouvoir de divination presque surnaturel, comme son congénère des districts ruraux qui avait la réputation de pouvoir localiser un puits de pétrole ou une source d'eau au moyen d'une tige de noisetier. C'était un véritable médecin charlatan qui appliquait les remèdes qui lui venaient à l'esprit pour résoudre les problèmes de son patient. Le Fourneau Lucy était sorti d'un problème pour entrer dans un autre, en raison de la grande variété de minerais, de calcaire et de coke qui étaient alors fournis avec peu ou pas de considération pour leurs composants. Cet état de choses est devenu intolérable pour nous. Nous avons finalement décidé de nous passer de la règle du pouce et de l'intuition et de placer un jeune homme à la tête du fourneau. Nous avions un jeune commis aux expéditions, Henry M. Curry, qui s'était distingué, et nous avons décidé de le nommer directeur. M. Phipps avait la chaudière Lucy sous sa responsabilité spéciale. Ses visites quotidiennes nous ont sauvés de l'échec. Ce n'est pas que le fourneau ne fonctionnait pas aussi bien que les autres fourneaux de l'Ouest en ce qui concerne la rentabilité, mais étant beaucoup plus grand que les autres fourneaux, ses variations entraînaient des résultats beaucoup plus graves. Je crains que mon partenaire n'ait eu à répondre de ses visites du dimanche matin au Lucy Furnace, lorsque son bon père et sa sœur quittaient la maison pour des tâches plus dévotionnelles. Mais même s'il les avait accompagnés, ses prières les plus sincères n'auraient pas pu ne pas faire référence à l'état précaire de la Lucy Furnace qui absorbait alors ses pensées. La prochaine étape consistait à trouver un chimiste qui serait l'assistant et le guide de M. Curry. Nous avons trouvé cet homme en la personne d'un Allemand érudit, le Dr Fricke, et ce dernier nous a livré de grands secrets. La pierre de fer provenant de mines qui avaient une grande réputation s'est avérée contenir dix, quinze et même vingt pour cent de fer de moins que ce qu'on lui attribuait. Les mines qui avaient jusqu'alors une mauvaise réputation donnaient maintenant du minerai de qualité supérieure. Le bon était mauvais et le mauvais était bon, et tout était sens dessus dessous. Les neuf dixièmes de toutes les incertitudes de la fabrication du fer brut ont été dissipés sous le soleil brûlant de la connaissance chimique. À une période très critique où il était nécessaire pour le crédit de l'entreprise que le haut fourneau donne son meilleur produit, il avait été arrêté parce qu'un minerai extrêmement riche et pur avait été substitué à un minerai inférieur - un minerai qui ne donnait pas plus des deux tiers de la quantité de fer de l'autre. Le fourneau avait subi un désastre parce qu'on avait utilisé trop de chaux pour fondre cette pierre à fer exceptionnellement pure. La supériorité même des matériaux nous avait fait subir de graves pertes. Quels idiots nous avions été ! Mais il y avait cette consolation : nous n'étions pas d'aussi grands imbéciles que nos concurrents. Ce fut des années après que nous eûmes pris la chimie pour guide que les propriétaires de quelques autres fourneaux dirent qu'ils n'avaient pas les moyens d'employer un chimiste. S'ils avaient connu la vérité à l'époque, ils auraient su qu'ils ne pouvaient pas se permettre de s'en passer. Avec le recul, il semble pardonnable de noter que nous avons été les premiers à employer un chimiste dans les hauts fourneaux, ce que nos concurrents ont jugé extravagant. Le four Lucy est devenu la branche la plus rentable de notre entreprise, car nous avions presque le monopole total de la gestion scientifique. Ayant découvert le secret, nous n'avons pas tardé (1872) à décider de construire un four supplémentaire. Cela se fit avec une grande économie par rapport à notre première expérience. Les mines qui n'avaient pas de réputation et dont beaucoup de firmes ne voulaient pas utiliser les produits dans leurs hauts fourneaux trouvèrent en nous un acheteur. Les mines qui étaient en mesure d'obtenir un prix énorme pour leurs produits, en raison d'une réputation de qualité, nous les avons tranquillement ignorées. La célèbre mine de Pilot Knob, dans le Missouri, en est une curieuse illustration. Son produit était, pour ainsi dire, sous un nuage. On ne pouvait en utiliser qu'une petite partie, disait-on, sans obstruer le fourneau. La chimie nous disait qu'il était pauvre en phosphore, mais très riche en silicium. Il n'y avait pas de meilleur minerai et à peine un aussi riche, s'il était correctement fluxé. Nous en avons donc acheté beaucoup et avons reçu les remerciements des propriétaires pour avoir rendu leur propriété précieuse. Il est à peine croyable que, pendant plusieurs années, nous ayons pu écouler la cendre hautement phosphorique des fours à puddler à un prix supérieur à celui que nous devions payer pour la cendre pure des fours de chauffe de nos concurrents, cendre plus riche en fer que le cendre puddlé et beaucoup plus exempte de phosphore. Il est arrivé qu'un haut fourneau ait essayé de fondre la cendre de cheminée, et, en raison de sa plus grande pureté, le fourneau n'a pas bien travaillé avec un mélange destiné à un article plus impur ; c'est pourquoi, pendant des années, nos concurrents l'ont jetée sur les rives du fleuve à Pittsburgh comme étant sans valeur. Dans certains cas, nous avons même pu échanger un article pauvre contre un bon et obtenir une prime. Mais il est encore plus incroyable qu'un préjugé, tout aussi infondé, ait existé contre l'introduction dans les hauts-fourneaux des résidus de laminage des usines qui étaient de l'oxyde de fer pur. Cela me rappelle mon cher ami et concitoyen de Dunfermline, M. Chisholm, de Cleveland. Nous avons fait de nombreuses farces ensemble. Un jour, alors que je visitais son usine à Cleveland, j'ai vu des hommes qui roulaient ce précieux rouleau dans la cour. J'ai demandé à M. Chisholm où ils allaient avec, et il m'a répondu : "Pour le jeter par-dessus la banque. Nos responsables se sont toujours plaints de n'avoir pas eu de chance lorsqu'ils ont tenté de le refondre dans le haut fourneau." Je n'ai rien dit, mais à mon retour à Pittsburgh, je me suis mis à faire une blague à ses dépens. Nous avions alors à notre service un jeune homme nommé Du Puy, dont le père était connu comme l'inventeur d'un procédé direct de fabrication du fer qu'il expérimentait alors à Pittsburgh. Je recommandai à nos gens d'envoyer Du Puy à Cleveland pour acheter tout le matériel roulant de l'établissement de mon ami. Il l'a fait, l'achetant pour cinquante cents la tonne et se faisant expédier directement. Cela a duré un certain temps. Je m'attendais toujours à entendre parler de la découverte de la plaisanterie. La mort prématurée de M. Chisholm est survenue avant que je puisse l'en informer. Ses successeurs ont cependant rapidement suivi notre exemple. Je n'avais pas manqué de remarquer l'essor du procédé Bessemer. Si celui-ci s'avérait fructueux, je savais que le fer était destiné à céder la place à l'acier ; que l'âge du fer disparaîtrait et que l'âge de l'acier prendrait sa place.

Mon ami, John A. Wright, président de la Freedom Iron Works à Lewiston, en Pennsylvanie, s'était rendu en Angleterre exprès pour étudier le nouveau procédé. Il était l'un de nos meilleurs et plus expérimentés fabricants, et sa décision était si fortement en sa faveur qu'il a incité sa société à construire des usines Bessemer. Il avait tout à fait raison, mais juste un peu en avance sur son temps. Le capital nécessaire était plus important que ce qu'il avait estimé. De plus, il ne fallait pas s'attendre à ce qu'un procédé qui en était encore à un stade expérimental en Grande-Bretagne puisse être transposé dans le nouveau pays et fonctionner avec succès dès le début. L'expérience serait certainement longue et coûteuse, et mon ami n'en avait pas tenu compte suffisamment. Plus tard, lorsque le procédé s'est établi en Angleterre, les capitalistes ont commencé à construire l'actuelle aciérie de Pennsylvanie à Harrisburg. Ces usines ont également dû passer par un stade expérimental et, à un moment critique, elles auraient probablement été détruites sans l'aide opportune de la Pennsylvania Railroad Company. Il fallait un homme large et compétent comme le président Thomson, de la Pennsylvania Railroad, pour recommander à son conseil d'administration qu'une somme aussi importante que six cent mille dollars soit avancée à une entreprise manufacturière sur sa route, afin d'obtenir des rails en acier pour la ligne. Le résultat a pleinement justifié son action. La question du remplacement des rails de fer sur le chemin de fer de la Pennsylvanie et d'autres lignes principales était devenue très sérieuse. Dans certaines courbes à Pittsburgh, sur la route reliant la Pennsylvanie à Fort Wayne, j'avais vu de nouveaux rails en fer placés toutes les six semaines ou deux mois. Avant que le procédé Bessemer ne soit connu, j'avais attiré l'attention du président Thomson sur les efforts de M. Dodds en Angleterre, qui avait carbonisé les têtes de rails en fer avec de bons résultats. Je suis allé en Angleterre et j'ai obtenu le contrôle des brevets de Dodds et j'ai recommandé au président Thomson de consacrer vingt mille dollars à des expériences à Pittsburgh, ce qu'il a fait. Nous avons construit un four sur notre terrain à l'usine supérieure et traité plusieurs centaines de tonnes de rails pour la Pennsylvania Railroad Company, avec des résultats remarquablement bons par rapport aux rails en fer. Ce furent les premiers rails à tête dure utilisés en Amérique. Nous les avons placés dans certaines des courbes les plus prononcées et leur service supérieur a largement compensé l'avancée réalisée par M. Thomson. Si le procédé Bessemer n'avait pas été développé avec succès, je crois sincèrement que nous aurions finalement pu améliorer le procédé Dodds suffisamment pour en généraliser l'adoption. Mais il n'y avait rien de comparable à l'article en acier massif produit par le procédé Bessemer. Nos amis de la Cambria Iron Company à Johnstown, près de Pittsburgh - les principaux fabricants de rails en Amérique - ont décidé de construire une usine Bessemer. En Angleterre, j'avais vu la démonstration, du moins à ma satisfaction, que le procédé pouvait être couronné de succès sans dépenses excessives de capitaux ni grands risques. M. William Coleman, qui était toujours à l'affût de nouvelles méthodes, est arrivé à la même conclusion. Il a été convenu que nous devrions nous lancer dans la fabrication de rails en acier à Pittsburgh. Il devint un associé, ainsi que mon cher ami M. David McCandless, qui avait si gentiment offert son aide à ma mère à la mort de mon père. Ce dernier n'a pas été oublié. M. John Scott et M. David A. Stewart, entre autres, se sont joints à moi ; M. Edgar Thomson et M. Thomas A. Scott, président et vice-président du chemin de fer de la Pennsylvanie, sont également devenus actionnaires, soucieux d'encourager le développement de l'acier. La société steel-rail a été organisée le 1er janvier 1873. La question de l'emplacement a été la première à retenir sérieusement notre attention. Je n'ai pu me résoudre à n'accepter aucun des emplacements proposés, et j'ai fini par me rendre à Pittsburgh pour consulter mes partenaires à ce sujet. Le sujet était constamment présent à mon esprit et le dimanche matin, dans mon lit, le site m'est apparu soudainement. Je me suis levé et j'ai appelé mon frère : "Tom, vous et M. Coleman avez raison au sujet de l'emplacement ; juste à Braddock, entre la Pennsylvanie, la Baltimore et l'Ohio, et la rivière, c'est la meilleure situation en Amérique ; et donnons à l'usine le nom de notre cher ami Edgar Thomson. Allons chez M. Coleman et allons jusqu'à Braddock." C'est ce que nous avons fait ce jour-là, et le lendemain matin, M. Coleman était au travail pour tenter de sécuriser la propriété. M. McKinney, le propriétaire, avait une haute idée de la valeur de sa ferme. Ce que nous avions prévu d'acheter pour cinq ou six cents dollars l'acre nous a coûté deux mille. Mais depuis lors, nous avons été obligés d'ajouter à notre achat initial au coût de cinq mille dollars par acre. C'est là, sur le champ même de la défaite de Braddock, que nous avons commencé l'érection de nos usines de rails d'acier. En creusant pour les fondations, de nombreuses reliques de la bataille ont été trouvées -

baïonnettes, épées, etc. C'est là que le prévôt de Dunfermline de l'époque, Sir Arthur Halkett, et son fils ont été tués. On se demandera tout naturellement comment ils se sont retrouvés là. Il ne faut pas oublier qu'à cette époque, les prévôts des villes d'Angleterre étaient des membres de l'aristocratie - les grands hommes du district qui condescendaient à jouir de l'honneur de la position sans en remplir les fonctions. Aucun homme de métier n'était considéré comme assez bon pour la prévôté. Aujourd'hui, nous avons des vestiges de cette notion aristocratique dans toute la Grande-Bretagne. Il n'y a guère de compagnie d'assurance-vie, de chemin de fer ou, dans certains cas, de manufacture qui ne doive avoir à sa tête, pour jouir des honneurs de la présidence, une personne titrée totalement ignorante des devoirs de la fonction. C'est ainsi que Sir Arthur Halkett, en tant que gentleman, était prévôt de Dunfermline, mais par vocation il a suivi la profession des armes et a été tué à cet endroit. Ce fut une coïncidence que ce qui avait été le champ de la mort pour deux citoyens nés à Dunfermline soit transformé en ruche industrielle par deux autres. Un autre fait curieux a été récemment découvert. Le discours prononcé par M. John Morley en 1904 à l'occasion de la Journée du Fondateur à l'Institut Carnegie de Pittsburgh faisait référence à la prise de Fort Duquesne par le général Forbes et au fait qu'il avait écrit au Premier ministre Pitt qu'il l'avait rebaptisé "Pittsburgh" pour lui. Ce général Forbes était alors Laird de Pittencrieff et est né dans le Glen, que j'ai acheté en 1902 et offert à Dunfermline pour en faire un parc public. Ainsi, deux hommes de Dunfermline ont été des Lairds de Pittencrieff dont le travail principal était à Pittsburgh. L'un a nommé Pittsburgh et l'autre a travaillé à son développement. En nommant les aciéries comme nous l'avons fait, nous voulions honorer mon ami Edgar Thomson, mais lorsque j'ai demandé la permission d'utiliser son nom, sa réponse a été significative. Il a dit qu'en ce qui concerne les rails d'acier américains, il ne souhaitait pas y associer son nom, car ils s'étaient avérés loin d'être crédibles. L'incertitude était, bien sûr, inséparable du stade expérimental ; mais, lorsque je l'ai assuré qu'il était maintenant possible de fabriquer en Amérique des rails en acier aussi bons en tous points que l'article étranger, et que nous avions l'intention d'obtenir pour nos rails la réputation dont jouissent les ponts Keystone et les essieux Kloman, il a consenti. Il tenait beaucoup à ce que nous achetions des terrains sur le chemin de fer de la Pennsylvanie, car sa première pensée était toujours pour cette compagnie. Cela aurait donné à la Pennsylvanie un monopole sur notre trafic. Lorsqu'il a visité Pittsburgh quelques mois plus tard et que M. Robert Pitcairn, mon successeur en tant que surintendant de la division Pittsburgh de la Pennsylvanie, lui a fait remarquer la situation des nouveaux travaux à Braddock's Station, qui nous donnaient non seulement une connexion avec sa propre ligne, mais aussi avec la ligne rivale de Baltimore et de l'Ohio, et avec un rival à un égard plus important que les autres - la rivière Ohio - il a dit, avec un clin d'œil à Robert, comme Robert me l'a raconté : "Andy aurait dû situer ses travaux quelques kilomètres plus à l'est." Mais M. Thomson connaissait les bonnes et suffisantes raisons qui avaient déterminé le choix de ce site inégalé. Les travaux étaient bien avancés lorsque la panique financière de septembre 1873 s'est abattue sur nous. Je suis alors entré dans la période la plus angoissante de ma vie professionnelle. Tout allait bien lorsqu'un matin, dans notre chalet d'été, dans les montagnes Allegheny à Cresson, un télégramme est arrivé annonçant la faillite de Jay Cooke & Co. Presque chaque heure qui suivit apporta la nouvelle d'un nouveau désastre. Une maison après l'autre a fait faillite. La question qui se posait chaque matin était de savoir quelle serait la prochaine. Chaque échec épuisait les ressources des autres entreprises. Les pertes se succédaient, jusqu'à ce qu'une paralysie totale des affaires s'installe. Chaque point faible a été découvert et des maisons qui auraient été autrement solides se sont effondrées en grande partie parce que notre pays n'avait pas de système bancaire approprié. Nous n'avions pas beaucoup de raisons de nous inquiéter de nos dettes. Ce n'était pas ce que nous devions payer de nos propres dettes qui pouvait nous causer des problèmes, mais plutôt ce que nous devions payer pour nos débiteurs. Ce n'était pas nos factures à payer, mais nos factures à recevoir qui demandaient de l'attention, car nous devions bientôt commencer à faire face aux deux. Même nos propres banques ont dû nous supplier de ne pas puiser dans nos soldes. Un incident va nous éclairer sur la situation monétaire. L'un de nos jours de paie approchait. Cent mille dollars en petits billets étaient absolument nécessaires, et pour les obtenir nous avons payé une prime de 2400 dollars à New York et les avons fait exprimer à Pittsburgh. Il était impossible d'emprunter de l'argent, même avec les meilleures garanties, mais en vendant des titres, que j'avais en réserve, des sommes considérables ont été réalisées, la compagnie s'engageant à les remplacer plus tard. Il se trouve que certaines des compagnies de chemin de fer dont les lignes étaient centrées à Pittsburgh nous devaient de grosses sommes pour le matériel fourni - la route Fort Wayne étant le plus gros débiteur. Je me souviens avoir appelé M. Thaw, le vice-président de la Fort Wayne, et lui avoir dit que nous devions récupérer notre argent. Il m'a répondu : "Vous devriez avoir votre argent, mais nous ne payons rien ces jours-ci qui ne soit pas contestable." "Très bien", ai-je dit, "vos factures de fret sont dans cette catégorie et nous allons suivre votre excellent exemple. Maintenant, je vais ordonner que nous ne vous payions pas un dollar pour le fret." "Eh bien, si vous faites ça," a-t-il dit, "nous arrêterons votre fret." J'ai dit que nous prendrions ce risque. La compagnie de chemin de fer ne pouvait pas aller jusqu'à cette extrémité. Et en fait nous avons fonctionné pendant un certain temps sans payer les factures de fret. Il était tout simplement impossible pour les fabricants de Pittsburgh de payer leurs dettes accumulées lorsque leurs clients cessaient de payer. Les banques ont été obligées de renouveler les papiers arrivant à échéance. Elles se sont comportées magnifiquement avec nous, comme elles l'ont toujours fait, et nous sommes passés sans encombre. Mais dans une période critique comme celle-ci, je n'avais qu'une seule idée en tête, celle de rassembler plus de capitaux et de les garder dans notre entreprise afin que, quoi qu'il arrive, nous ne soyons plus jamais obligés d'endurer de telles nuits et de tels jours d'angoisse. Pour ma part, dans cette grande crise, j'ai d'abord été le plus excité et le plus anxieux des partenaires. J'avais du mal à me contrôler. Mais lorsque j'ai enfin constaté la solidité de notre position financière, j'ai retrouvé mon sang-froid et je me suis trouvé tout à fait prêt, si nécessaire, à entrer dans les salles des directeurs des différentes banques avec lesquelles nous traitions, et à exposer toute notre position devant leurs conseils. J'avais le sentiment que cela ne pouvait avoir pour résultat de nous discréditer. Aucune personne intéressée par nos affaires n'avait vécu de façon extravagante. Notre mode de vie avait été tout le contraire de cela. Aucun argent n'avait été retiré de l'entreprise pour construire des maisons coûteuses et, surtout, aucun d'entre nous n'avait fait de spéculation en bourse ou investi dans d'autres entreprises que celles liées à l'activité principale. Nous n'avions pas non plus échangé d'avals avec d'autres. En plus de cela, nous pouvions montrer une entreprise prospère qui gagnait de l'argent chaque année. J'étais ainsi en mesure de rire des craintes de mes partenaires, mais aucun d'entre eux ne se réjouissait plus que moi de ce que la nécessité d'ouvrir nos lèvres à quiconque au sujet de nos finances ne se présentait pas. M. Coleman, bon ami et fidèle, disposant de moyens abondants et d'un crédit splendide, ne manqua pas de se porter volontaire pour nous donner ses endossements. En cela, nous étions seuls ; le nom de William Coleman, une tour de force, était pour nous seuls. Comme le grand vieillard se présente à moi au moment où j'écris. Son patriotisme ne connaissait aucune limite. Un jour, alors qu'il visitait ses usines, arrêtées pour le 4 juillet, comme elles l'étaient toujours, il trouva un groupe d'hommes au travail en train de réparer les chaudières. Il a appelé le directeur et lui a demandé ce que cela signifiait. Il a ordonné la suspension du travail. "Travailler le 4 juillet !" s'exclame-t-il, "alors qu'il y a plein de dimanches pour les réparations !". Il était furieux. Lorsque le cyclone de 1873 nous a frappés, nous avons immédiatement commencé à réduire les voiles de tous les côtés. C'est à contrecœur que nous avons décidé que la construction de la nouvelle aciérie devait cesser pour un temps. Plusieurs personnes importantes, qui avaient investi dans ces usines, se sont trouvées dans l'incapacité de faire face à leurs paiements et j'ai été obligé de reprendre leurs intérêts, en remboursant le coût total à tous. C'est ainsi que le contrôle de la société est passé entre mes mains. Le premier déchaînement de la tempête avait touché le monde financier lié à la Bourse. Il a fallu un certain temps avant qu'elle n'atteigne le monde commercial et manufacturier. Mais la situation n'a cessé de s'aggraver pour finalement aboutir au krach qui a impliqué mes amis de l'entreprise Texas Pacific, dont j'ai déjà parlé. Ce fut pour moi le coup le plus dur de tous. Les gens pouvaient difficilement croire qu'en occupant des relations aussi intimes que celles que j'avais avec le groupe Texas, j'aurais pu, par n'importe quel moyen, me tenir à l'écart de leurs obligations financières. M. Schoenberger, président de l'Exchange Bank de Pittsburgh, avec laquelle nous faisions de grosses affaires, était à New York lorsque la nouvelle lui est parvenue des embarras de M. Scott et de M. Thomson. Il s'est empressé de se rendre à Pittsburgh et, lors d'une réunion de son conseil le lendemain matin, il a déclaré qu'il était tout simplement impossible que je ne sois pas impliqué avec eux. Il a suggéré que la banque refuse d'escompter davantage de nos factures à recevoir. Il était alarmé de constater que le montant de ces factures portant notre aval et sous escompte était si élevé. Une action rapide de ma part était nécessaire pour éviter de sérieux problèmes. J'ai pris le premier train pour Pittsburgh, et j'ai pu y annoncer à tous les intéressés que, bien que je sois un actionnaire de l'entreprise texane, ma participation était payée. Mon nom ne figurait pas sur un dollar de leur papier ou de tout autre papier en circulation. Je n'avais aucune obligation financière ni aucune propriété que je ne possédais pas et qui n'était pas entièrement payée. Mes seules obligations étaient celles liées à notre entreprise, et j'étais prêt à mettre en gage chaque dollar que je possédais, et à endosser chaque obligation que la société avait en cours. Jusqu'à cette époque, j'avais la réputation dans le monde des affaires d'être un jeune homme audacieux, intrépide et peut-être un peu téméraire. Nos opérations avaient été étendues, notre croissance rapide et bien qu'encore jeune, j'avais manipulé des millions. Les personnes âgées de Pittsburgh considéraient que ma propre carrière avait été plus brillante que substantielle. Je connais une personne expérimentée qui a déclaré que si "l'intelligence d'Andrew Carnegie ne l'avait pas mené à bien, la chance l'aurait fait". Mais je pense que rien ne pourrait être plus éloigné de la vérité que l'estimation ainsi suggérée. Je suis sûr que tout juge compétent serait surpris de constater à quel point je n'ai jamais pris de risques pour moi-même ou mes partenaires. Quand j'ai fait de grandes choses, une grande société comme la Pennsylvania Railroad Company était derrière moi et la partie responsable. Ma réserve de prudence écossaise n'a jamais été faible, mais j'étais apparemment quelque peu téméraire de temps en temps pour les pères de famille de Pittsburgh. Ils étaient vieux et j'étais jeune, ce qui faisait toute la différence. La crainte que les institutions financières de Pittsburgh avaient à mon égard et à l'égard de nos entreprises a rapidement fait place à une confiance peut-être quelque peu déraisonnable. Notre crédit devint inattaquable, et par la suite, en période de pression financière, les offres d'argent à notre égard augmentèrent plutôt que de diminuer, tout comme les dépôts de la vieille Banque de Pittsburgh n'étaient jamais aussi importants que lorsque les dépôts dans les autres banques étaient faibles. C'était la seule banque en Amérique qui remboursait sa circulation en or, dédaignant de se réfugier sous la loi et de payer ses obligations en billets verts. Elle avait peu de billets, et je ne doute pas que la décision a payé comme une publicité. En plus de l'embarras de mes amis, M. Scott, M. Thomson et d'autres, nous avons subi plus tard une épreuve encore plus sévère en découvrant que notre associé, M. Andrew Kloman, avait été entraîné par un groupe de spéculateurs dans l'Escanaba Iron Company. On lui avait assuré que l'entreprise allait devenir une société par actions, mais avant que cela ne soit fait, ses collègues avaient réussi à créer un énorme passif - environ sept cent mille dollars. Il ne restait plus que la faillite comme moyen de rétablir M. Kloman. Cela nous a causé un choc plus grand que tout ce qui avait précédé, car M. Kloman, en tant qu'associé, n'avait pas le droit d'investir dans une autre société de fer, ou dans toute autre société impliquant une dette personnelle, sans en informer ses partenaires. Il y a une règle impérative pour les hommes d'affaires : pas de secrets pour les associés. Le non-respect de cette règle mettait en péril non seulement M. Kloman lui-même, mais aussi notre société, en raison des difficultés rencontrées par mes amis du Texas Pacific avec lesquels j'avais été intimement associé. Pendant un certain temps, la question était de savoir s'il y avait quelque chose de vraiment solide. Où pourrions-nous trouver des fondations sur lesquelles nous pourrions nous appuyer ? Si M. Kloman avait été un homme d'affaires, il aurait été impossible de lui permettre d'être à nouveau notre partenaire après cette découverte. Il n'en était pas un, cependant, mais le plus habile des mécaniciens pratique avec quelques compétences en affaires. L'ambition de M. Kloman était d'être au bureau, où il était plus qu'inutile, plutôt qu'à l'usine pour concevoir et faire fonctionner de nouvelles machines, où il n'avait pas son pareil. Nous avons eu quelques difficultés à le placer et à le maintenir à son poste, ce qui l'a peut-être poussé à chercher un débouché ailleurs. Il était peut-être flatté par les hommes qui étaient bien connus dans la communauté ; et dans ce cas, il était dirigé par des personnes qui savaient comment l'atteindre en vantant ses merveilleuses capacités commerciales en plus de son génie mécanique - capacités que ses propres partenaires, comme nous l'avons déjà suggéré, ne reconnaissaient que faiblement. Après que M. Kloman soit passé par le tribunal des faillites et qu'il soit à nouveau libre, nous lui avons offert une participation de dix pour cent dans notre entreprise, en ne lui facturant que le capital réel investi, sans rien pour la bonne volonté. Nous devions porter cet intérêt pour lui jusqu'à ce que les bénéfices le rémunèrent. Nous devions facturer des intérêts uniquement sur le coût, et il ne devait assumer aucune responsabilité. L'offre était accompagnée de la condition qu'il ne devait pas s'engager dans d'autres affaires ou endosser pour d'autres, mais consacrer tout son temps et son attention à la gestion mécanique et non commerciale des usines. Si on avait pu le persuader d'accepter cette condition, il aurait été multimillionnaire ; mais son orgueil, et plus particulièrement celui de sa famille, peut-être, ne le permettait pas. Il voulait se lancer dans les affaires pour son propre compte et, malgré les appels les plus pressants de ma part et de celle de mes collègues, il a persisté dans sa volonté de créer une nouvelle entreprise concurrente avec ses fils comme directeurs commerciaux. Le résultat fut un échec et une mort prématurée. Comme nous sommes idiots de ne pas reconnaître ce pour quoi nous sommes le mieux adaptés et que nous pouvons accomplir, non seulement avec facilité, mais avec plaisir, en tant que maîtres du métier. Plus d'un homme capable que j'ai connu s'est obstiné à gaffer dans un bureau alors qu'il avait un grand talent pour le moulin, et s'est épuisé, oppressé par les soucis et les anxiétés, sa vie n'étant qu'un cycle continuel de misère, et le résultat étant finalement l'échec. Je n'ai jamais regretté de me séparer d'un homme autant que M. Kloman. Il avait un bon cœur, un grand cerveau mécanique, et s'il avait été laissé à lui-même, je crois qu'il aurait été heureux de rester avec nous. Les offres de capitaux faites par d'autres - offres qui n'ont pas abouti au moment voulu - lui ont fait tourner la tête, et le grand mécanicien s'est vite révélé être le pauvre homme des affaires.

Chapitre 14 : Partenaires, livres et voyages

Lorsque M. Kloman a rompu ses liens avec nous, on n'a pas hésité à confier la direction des usines à William Borntraeger. C'est toujours avec un plaisir particulier que j'ai rappelé la carrière de William. Il est arrivé directement d'Allemagne, un jeune homme qui ne parlait pas l'anglais, mais qui, ayant un lien lointain avec M. Kloman, a été employé dans les usines, d'abord dans une fonction mineure. Il a rapidement appris l'anglais et est devenu commis aux expéditions pour six dollars par semaine. Il n'avait pas la moindre connaissance en mécanique, mais son zèle et son industrie étaient tels pour les intérêts de son employeur qu'il se fit rapidement remarquer par sa présence partout dans l'usine, par sa connaissance de tout et par son attention à tout. William était un personnage. Il ne s'est jamais remis de ses idiomes allemands et son anglais inversé rendait ses remarques très efficaces. Sous sa direction, l'Union Iron Mills est devenue une branche très rentable de notre entreprise. Il s'était surmené après quelques années d'application et nous avons décidé de lui offrir un voyage en Europe. Il est venu à New York en passant par Washington. Lorsqu'il m'a rendu visite à New York, il s'est dit plus désireux de retourner à Pittsburgh que de retourner en Allemagne. En montant le Washington Monument, il avait vu les poutres Carnegie dans l'escalier et à d'autres endroits dans les bâtiments publics, et comme il l'a dit : "Ça me rend si nerveux que je veux retourner sur place et voir si tout va bien au moulin." Tôt le matin et tard dans les heures sombres de la nuit, William était dans les moulins. Sa vie était là. Il a été l'un des premiers jeunes hommes que nous avons admis comme associé et, à sa mort, le pauvre garçon allemand recevait un revenu, si je me souviens bien, d'environ 50 000 $ par année, dont chaque cent était mérité. Les histoires à son sujet sont nombreuses. Lors d'un dîner de nos partenaires pour célébrer les affaires de l'année, de courts discours ont été prononcés par chacun. William résuma ainsi son discours : "Ce que nous devons faire, messieurs, c'est augmenter les prix et baisser les coûts, et que chaque homme se tient debout sur son propre derrière." Il y eut des rires forts, prolongés et répétés. Le capitaine Evans ("Fighting Bob") était à un moment donné inspecteur du gouvernement dans nos usines. Il était très sévère. William était parfois très perturbé et a fini par offenser le capitaine, qui s'est plaint de son comportement. Nous avons essayé de faire comprendre à William l'importance de plaire à un fonctionnaire du gouvernement. La réponse de William était la suivante : "Mais il entre et fume mes cigares" (audacieux Capitaine ! William se délectait de tabacs de Wheeling à un centime) "et ensuite il va et contemple mon fer. Qu'est-ce que vous pensez d'un homme comme ça ? Mais je m'excuse et je le traiterai bien demain." Le capitaine a été assuré que William avait accepté de faire amende honorable, mais il nous a dit en riant par la suite que les excuses de William étaient : "Bien, Capitaine, j'espère que vous allez bien ce matin. Je n'ai rien contre vous, Capitaine", en tendant la main, que le Capitaine a finalement prise et tout est rentré dans l'ordre. William a un jour vendu à notre voisin, le pionnier de la sidérurgie de Pittsburgh, James Park, un grand lot de vieux rails que nous ne pouvions pas utiliser. M. Park les a trouvés de très mauvaise qualité. Il a réclamé des dommages et intérêts et on a dit à William qu'il devait aller avec M. Phipps rencontrer M. Park et régler le problème. M. Phipps est allé dans le bureau de M. Park, tandis que William a fait le tour de l'usine à la recherche du matériel condamné, qui n'était nulle part. William savait très bien où chercher. Il est finalement entré dans le bureau, et avant que M. Park ait eu le temps de dire un mot, William a commencé : "M. Park, je suis heureux d'apprendre que les vieux rails que je vous ai vendus ne conviennent pas à l'acier. Je vous les rachète tous, avec un bénéfice de cinq dollars la tonne." William savait bien qu'ils avaient tous été utilisés. M. Park n'était pas perturbé, et l'affaire était terminée. William avait triomphé. Lors d'une de mes visites à Pittsburgh, William m'a dit qu'il avait quelque chose de "particulier" qu'il souhaitait me dire - quelque chose qu'il ne pouvait dire à personne d'autre. C'était à son retour de son voyage en Allemagne. Là-bas, on lui avait demandé de rendre visite pendant quelques jours à un ancien camarade de classe, qui était devenu professeur : "Eh bien, M. Carnegie, sa sœur qui gardait sa maison était très gentille avec moi, et quand je suis arrivé à Hambourg, je pensais lui avoir envoyé un petit cadeau. Elle m'a écrit une lettre, puis je lui ai écrit une lettre. Elle m'a écrit et je lui ai écrit, puis je lui ai demandé si elle voulait m'épouser. Elle était très instruite, mais elle a répondu oui. Puis je lui ai demandé de venir à New York, et je l'ai rencontrée là-bas, mais, M. Carnegie, ces gens ne connaissent rien aux affaires et aux usines. Son frère m'a écrit qu'il voulait que je retourne là-bas et que je l'épouse à Chairmany, et je ne peux plus quitter les usines. J'ai pensé que je devais vous en parler." "Bien sûr que tu peux y retourner. C'est vrai, William, tu devrais y aller. Je pense que c'est mieux pour son peuple de penser ainsi. Tu y vas immédiatement et tu la ramènes à la maison. Je vais arranger ça." Puis, en me séparant, j'ai dit : "William, je suppose que ta fiancée est une belle et grande jeune femme allemande, du genre "pêche et crème"." "Vell, Mr. Carnegie, elle est un peu corpulente. Si j'avais le roulement d'elle, je lui donnerais juste un passage de plus." Toutes les illustrations de William étaient fondées sur la pratique des usines. [Je me retrouve ce matin (juin 1912) à éclater de rire en relisant cette histoire. Mais je l'ai fait aussi quand j'ai lu que "Chaque homme doit se tenir sur ses propres fesses"]. M. Phipps était à la tête du département commercial des usines, mais lorsque notre entreprise s'est agrandie, il a dû se consacrer à l'acier. Un autre jeune homme, William L. Abbott, a pris sa place. L'histoire de M. Abbott ressemble un peu à celle de M. Borntraeger. Il est arrivé chez nous en tant que commis avec un petit salaire et a été rapidement affecté au front en charge des affaires des usines sidérurgiques. Il n'a pas eu moins de succès que William. Il devint associé avec un intérêt égal à celui de William, et fut finalement promu à la présidence de la société. À cette époque, M. Curry s'était distingué dans sa gestion des Lucy Furnaces, et il prit sa place parmi les partenaires, partageant à égalité avec les autres. Il n'existe aucun moyen de faire prospérer une entreprise qui puisse rivaliser avec la politique de promotion de ceux qui rendent des services exceptionnels. Nous avons finalement transformé la société Carnegie, McCandless & Co. en Edgar Thomson Steel Company, et nous y avons inclus mon frère et M. Phipps, qui avaient d'abord refusé de se lancer dans l'acier avec leur aîné trop entreprenant. Mais lorsque je leur ai montré les gains de la première année et que je leur ai dit que s'ils ne se lançaient pas dans l'acier, ils se retrouveraient dans le mauvais bateau, ils ont tous deux reconsidéré leur décision et sont venus avec nous. C'était une chance pour eux comme pour nous. Mon expérience m'a montré qu'aucune association de nouveaux hommes rassemblés de manière promiscuité dans divers domaines ne peut s'avérer une bonne organisation de travail telle qu'elle a été constituée au départ. Des changements sont nécessaires. Notre société Edgar Thomson Steel Company n'a pas fait exception à cette règle. Avant même que nous ayons commencé à fabriquer des rails, M. Coleman n'était pas satisfait de la gestion d'un fonctionnaire des chemins de fer qui nous était venu avec une grande réputation, méritée, de méthode et de compétence. J'ai donc dû reprendre les intérêts de M. Coleman. Il n'a pas fallu longtemps, cependant, pour constater que son jugement était correct. Le nouvel homme avait été vérificateur des chemins de fer et était excellent en comptabilité, mais il était injuste d'attendre de lui, ou de tout autre employé de bureau qu'il puisse se lancer dans la fabrication et réussir dès le début. Il n'avait ni les connaissances ni la formation pour ce nouveau travail. Cela ne veut pas dire qu'il n'était pas un excellent auditeur. C'était notre propre erreur d'attendre l'impossible. Les usines étaient enfin sur le point de commencer et l'organisation proposée par l'auditeur me fut soumise pour approbation. J'ai découvert qu'il avait divisé les usines en deux départements et donné le contrôle de l'un à M. Stevenson, un Écossais qui s'est ensuite illustré comme fabricant, et le contrôle de l'autre à M. Jones. Rien, j'en suis certain, n'a jamais affecté le succès de l'entreprise sidérurgique plus que la décision que j'ai prise sur cette proposition. En aucun cas, deux hommes ne pourraient se trouver dans la même usine avec une autorité égale. Une armée avec deux commandants en chef, un navire avec deux capitaines, ne pourraient pas connaître un sort plus désastreux qu'une entreprise manufacturière avec deux hommes aux commandes sur le même terrain, même si dans deux départements différents. J'ai dit : "Cela ne marchera pas. Je ne connais pas M. Stevenson ni M. Jones, mais l'un ou l'autre doit être nommé capitaine et lui seul doit vous faire son rapport." La décision est tombée sur M. Jones et c'est ainsi que nous avons obtenu "Le Capitaine", qui a par la suite rendu son nom célèbre partout où la fabrication de l'acier Bessemer est connue. Le capitaine était alors assez jeune, économe et actif, portant les traces de son ascendance galloise jusque dans sa stature, car il était plutôt petit. Il nous est arrivé comme mécanicien à deux dollars par jour de l'usine voisine de Johnstown. Nous avons vite compris que c'était un personnage. Chaque mouvement le disait. Il s'était engagé comme simple soldat pendant la guerre civile et s'était si bien comporté qu'il était devenu capitaine d'une compagnie qui n'avait jamais bronché. Une grande partie du succès de l'usine Edgar Thomson est due à cet homme. Plus tard, il a refusé une participation dans l'entreprise qui aurait fait de lui un millionnaire. Je lui ai dit un jour que certains des jeunes hommes qui avaient reçu une participation gagnaient maintenant beaucoup plus que lui et que nous avions voté pour qu'il devienne associé.

Cela n'impliquait aucune responsabilité financière, car nous avions toujours prévu que le coût de l'intérêt donné ne serait payable que sur les bénéfices. "Non," dit-il, "je ne veux pas que mes pensées soient tournées vers les affaires. J'ai assez de mal à m'occuper de ces travaux. Donnez-moi juste un petit salaire si vous pensez que j'en vaux la peine." "Très bien, capitaine, le salaire du président des États-Unis est à vous." "C'est ce qu'on dit", dit le petit Gallois. Nos concurrents dans le domaine de l'acier étaient d'abord disposés à nous ignorer. Connaissant les difficultés qu'ils rencontraient pour lancer leurs propres aciéries, ils ne pouvaient pas croire que nous serions prêts à livrer des rails avant un an et ont refusé de nous reconnaître comme concurrents. Le prix des rails d'acier lorsque nous avons commencé était d'environ soixante-dix dollars la tonne. Nous avons envoyé notre agent à travers le pays avec pour instruction de prendre des commandes aux meilleurs prix qu'il pouvait obtenir ; et avant que nos concurrents ne le sachent, nous avions obtenu un grand nombre de rails, suffisamment pour nous justifier de commencer. Les machines étaient si parfaites, les plans si admirables, les hommes choisis par le capitaine Jones si habile, et lui-même si grand gestionnaire, que notre succès fut phénoménal. Je pense que je fais une déclaration unique en son genre en disant que le résultat des opérations du premier mois laissait une marge de profit de 11 000 dollars. Il est également remarquable que notre système de comptabilité était si parfait que nous connaissions le montant exact du bénéfice. Nous avions appris par expérience dans nos usines de fer ce que signifiait une comptabilité exacte. Il n'y a rien de plus rentable que des commis pour vérifier chaque transfert de matériel d'un département à un autre en cours de fabrication. La nouvelle entreprise sidérurgique ayant démarré de manière si prometteuse, j'ai commencé à penser à prendre des vacances, et le projet de faire le tour du monde, que je nourrissais depuis longtemps, est apparu au premier plan. M. J.W. Vandevort ("Vandy") et moi nous sommes donc mis en route à l'automne 1878. J'emportai plusieurs blocs de crayons et commençai à prendre quelques notes jour après jour, sans avoir l'intention de publier un livre, mais en pensant que je pourrais peut-être imprimer quelques exemplaires de mes notes pour une diffusion privée. La sensation que l'on éprouve lorsqu'on voit pour la première fois ses remarques sous la forme d'un livre imprimé est grande. Lorsque le paquet est arrivé des imprimeurs, j'ai relu le livre en essayant de décider si cela valait la peine d'envoyer des copies à mes amis. Je suis arrivé à la conclusion que, dans l'ensemble, il valait mieux le faire et attendre le verdict. L'auteur d'un livre destiné à ses amis n'a aucune raison de s'attendre à une réception désobligeante, mais il y a toujours un certain risque qu'il soit condamné par des éloges peu enthousiastes. Dans mon cas, cependant, les réponses ont dépassé les attentes et étaient de nature à me convaincre que les auteurs avaient réellement apprécié le livre, ou qu'ils pensaient au moins une partie de ce qu'ils en disaient. Tout auteur est enclin à croire les mots doux. Parmi les premières, il y avait une lettre d'Anthony Drexel, le grand banquier de Philadelphie, qui se plaignait que je l'avais privé de plusieurs heures de sommeil. Ayant commencé le livre, il n'a pas pu le poser et s'est retiré à deux heures du matin après l'avoir terminé. Plusieurs lettres similaires ont été reçues. Je me souviens que M. Huntington, président de la Central Pacific Railway, m'a rencontré un matin et m'a dit qu'il allait me faire un grand compliment. "Qu'est-ce que c'est ?" Tasked. "Oh, j'ai lu votre livre de bout en bout." "Eh bien", ai-je dit, "ce n'est pas un si grand compliment. D'autres de nos amis communs l'ont fait." "Oh, oui, mais probablement aucun de vos amis n'est comme moi. Je n'ai pas lu de livre depuis des années, à l'exception de mon grand livre, et je n'avais pas l'intention de lire le vôtre, mais lorsque je l'ai commencé, je n'ai pas pu le reposer. Mon grand livre est le seul livre que j'ai lu pendant cinq ans." Je n'étais pas disposé à croire tout ce que mes amis disaient, mais d'autres qui avaient obtenu le livre d'eux en étaient satisfaits et j'ai vécu pendant quelques mois sous le coup de flatteries enivrantes, mais je crois qu'elles n'étaient pas dangereusement pernicieuses. Plusieurs éditions du livre furent imprimées pour répondre à la demande d'exemplaires. Quelques avis à son sujet et des extraits parvinrent dans les journaux, et finalement Charles Scribner's Sons demanda à le publier pour le marché. C'est ainsi que "Round the World" fut présenté au public et que je devins enfin "un auteur". Un nouvel horizon s'est ouvert à moi grâce à ce voyage. Il a complètement changé mes perspectives intellectuelles. Spencer et Darwin étaient alors au zénith, et je m'étais profondément intéressé à leurs travaux. J'ai commencé à considérer les différentes phases de la vie humaine du point de vue de l'évolutionniste. En Chine, j'ai lu Confucius ; en Inde, Bouddha et les livres sacrés des hindous ; chez les Parsis, à Bombay, j'ai étudié Zoroastre. Le résultat de mon voyage a été d'apporter une certaine paix mentale. Là où il y avait eu du chaos, il y avait maintenant de l'ordre. Mon esprit était en paix. J'avais enfin une philosophie. Les paroles du Christ "Le Royaume des Cieux est en vous" avaient une nouvelle signification pour moi. Non pas dans le passé ou dans le futur, mais maintenant et ici, le Ciel est en nous. Tous nos devoirs se situent dans ce monde et dans le présent, et il est aussi vain que stérile d'essayer de scruter avec impatience ce qui se trouve au-delà. Tous les vestiges de la théologie dans laquelle j'étais né et j'avais été élevé, toutes les impressions que Swedenborg avait faites sur moi, cessaient maintenant de m'influencer ou d'occuper mes pensées. J'ai découvert qu'aucune nation n'avait toute la vérité dans la révélation qu'elle considère comme divine, et qu'aucune tribu n'est assez basse pour ne pas avoir une part de vérité ; que chaque peuple a eu son grand maître ; Bouddha pour l'un ; Confucius pour un autre ; Zoroastre pour un troisième ; le Christ pour un quatrième. Je trouvais les enseignements de tous ces gens éthiquement proches, de sorte que je pouvais dire avec Matthew Arnold, que j'étais si fier d'appeler ami : "Enfants des hommes, la puissance invisible, dont l'œil accompagne toujours l'humanité, n'a regardé avec mépris aucune religion que les hommes n'aient jamais trouvée. Qui n'a pas enseigné aux faibles volontés combien elles peuvent ? Qui n'est pas tombé dans le cœur sec comme la pluie ? Qui n'a pas crié à l'homme abattu, las de lui-même : "Tu dois naître de nouveau". "The Light of Asia", d'Edwin Arnold, est sorti à cette époque et m'a procuré plus de plaisir que toute autre œuvre poétique similaire que j'avais lue récemment. Je venais de me rendre en Inde et ce livre m'y a ramené. L'appréciation que j'en ai faite est parvenue aux oreilles de l'auteur et plus tard, ayant fait sa connaissance à Londres, il m'a offert le manuscrit original du livre. C'est l'un de mes plus précieux trésors. Toute personne qui peut, même au prix d'un sacrifice, faire le voyage autour du monde devrait le faire. Tous les autres voyages, comparés à celui-ci, semblent incomplets, ne nous donnent que de vagues impressions de parties du tout. Lorsque le cercle est bouclé, on a le sentiment au retour d'avoir vu (bien sûr seulement dans la masse) tout ce qu'il y a à voir. Les parties s'emboîtent dans un tout symétrique et vous voyez l'humanité, où qu'elle soit placée, travailler à un destin tendant vers une fin définie. Le voyageur du monde qui étudie attentivement les bibles des différentes religions de l'Orient sera bien récompensé. Il en conclura que les habitants de chaque pays considèrent leur propre religion comme la meilleure de toutes. Ils se réjouissent que leur sort ait été jeté là où il est, et sont disposés à plaindre les moins chanceux condamnés à vivre au-delà de leurs limites sacrées. Les masses de toutes les nations sont généralement heureuses, chaque masse en est certaine : "Que ce soit à l'Est ou à l'Ouest, la maison est la meilleure." Deux illustrations de ce phénomène, tirées de notre voyage "Tour du monde", sont à noter : En rendant visite aux travailleurs du tapioca dans les bois près de Singapour, nous les avons trouvés très occupés, les enfants courant tout nus, les parents vêtus des habituels haillons. Notre groupe a attiré une grande attention. Nous avons demandé à notre guide de dire aux gens que nous venions d'un pays où l'eau d'un étang comme celui qui se trouvait devant nous devenait solide à cette saison de l'année et où l'on pouvait marcher dessus, et que parfois elle était si dure que les chevaux et les chariots traversaient de larges rivières sur la glace. Ils se demandaient pourquoi nous ne venions pas vivre parmi eux. Ils étaient vraiment très heureux. Encore une fois : En route vers le Cap Nord, nous avons visité un camp de rennes des Lapons. Un marin du navire avait été désigné pour accompagner le groupe. Je suis rentré avec lui et, en approchant du fjord et en regardant vers la rive opposée, nous avons vu quelques huttes éparses et une maison à deux étages en construction. À quoi sert ce nouveau bâtiment ? avons-nous demandé. "Ce sera la maison d'un homme né à Tromso qui a gagné beaucoup d'argent et qui est revenu y passer ses jours. Il est très riche." "Tu m'as dit que tu avais voyagé dans le monde entier. Vous avez vu Londres, New York, Calcutta, Melbourne, et d'autres endroits. Si tu faisais une fortune comme cet homme, dans quel endroit ferais-tu ta maison pour tes vieux jours ? ". Son œil a brillé quand il a dit : "Ah, il n'y a pas d'endroit comme Tromso." C'est dans le cercle arctique, six mois de nuit, mais il était né à Tromso. Maison, douce, douce maison ! Parmi les conditions de vie ou les lois de la nature, dont certaines nous semblent défectueuses, d'autres apparemment injustes et sans pitié, il en est beaucoup qui nous étonnent par leur beauté et leur douceur. L'amour du foyer, quel que soit son caractère ou son emplacement, est certainement l'un d'entre eux. Et quel plaisir de constater qu'au lieu que l'Être suprême confine la révélation à une race ou à une nation, chaque race a le message qui lui convient le mieux au stade actuel de son développement ! La Puissance inconnue n'en a négligé aucune.

Chapitre 15 : Voyage de coaching et mariage

La liberté de ma ville natale (Dunfermline) m'a été conférée le 12 juillet 1877, la première liberté et le plus grand honneur que j'ai jamais reçu. J'ai été comblé. Seules deux signatures sur la liste se trouvaient entre la mienne et celle de Sir Walter Scott, qui avait été nommé bourgmestre. Mes parents l'avaient vu un jour en train de dessiner l'abbaye de Dunfermline et m'ont souvent parlé de son apparence. Mon discours en réponse à la Liberté a fait l'objet de beaucoup d'inquiétudes. J'en ai parlé à mon oncle Bailie Morrison, lui disant que j'avais envie de dire telle ou telle chose, car cela me tenait vraiment à cœur. Il était lui-même un orateur et il m'a alors adressé des paroles de sagesse. "Dis-le, Andra ; rien de tel que de dire ce que tu ressens vraiment." C'était une leçon d'art oratoire que j'ai prise à cœur. Il y a une règle que je pourrais suggérer aux jeunes orateurs. Lorsque vous vous tenez devant un auditoire, pensez que vous n'avez devant vous que des hommes et des femmes. Vous devez leur parler comme vous parlez à d'autres hommes et femmes dans vos rapports quotidiens. Si vous n'essayez pas d'être quelque chose de différent de vous-même, il n'y a pas plus d'occasions d'être embarrassé que si vous parliez dans votre bureau à un groupe de personnes de votre entourage - aucun. C'est le fait d'essayer d'être différent de soi qui nous rend mal à l'aise. Soyez votre propre moi naturel et allez de l'avant. J'ai demandé un jour au colonel Ingersoll, l'orateur le plus efficace que j'aie jamais entendu, à quoi il attribuait son pouvoir. "Évitez les élocuteurs comme des serpents", a-t-il répondu, "et soyez vous-même".

UN AMÉRICAIN À QUATRE MAINS EN BRETAGNE

J'AI ENCORE PARLÉ À Dunfermline, le 27 juillet 1881, lorsque ma mère y a posé la première pierre du premier bâtiment de la bibliothèque gratuite que j'ai jamais donné. Mon père était l'un des cinq tisserands qui ont fondé la toute première bibliothèque de la ville en ouvrant leurs propres livres à leurs voisins. Dunfermline a baptisé le bâtiment que j'ai donné "Carnegie Library". L'architecte m'a demandé mes armoiries. Je lui ai répondu que je n'en avais pas, mais j'ai suggéré qu'au-dessus de la porte soit sculpté un soleil levant répandant ses rayons avec la devise : "Que la lumière soit". C'est ce qu'il a adopté. Nous étions venus à Dunfermline avec un groupe d'entraîneurs. En 1867, lors d'une promenade en Angleterre avec George Lauder et Harry Phipps, j'avais eu l'idée de me rendre de Brighton à Inverness en compagnie d'un groupe de mes amis les plus chers. Le moment était venu de faire le voyage promis depuis longtemps et, au printemps 1881, nous avons quitté New York à onze pour faire l'une des plus belles excursions de ma vie. C'était l'un des congés professionnels qui m'ont permis de rester jeune et heureux, ce qui valait tous les médicaments du monde. Toutes les notes que j'ai prises sur le voyage en autocar se résumaient à quelques lignes par jour dans des livrets à deux pennies achetés avant le départ. Comme pour le "Tour du monde", je pensais qu'un jour je pourrais écrire un article de magazine ou donner un compte rendu de mon excursion à ceux qui m'accompagnaient ; mais un jour d'hiver, j'ai décidé que cela ne valait guère la peine de descendre au bureau de New York, distant de trois miles, et la question était de savoir comment occuper mon temps libre. J'ai pensé au voyage en carrosse et j'ai décidé d'écrire quelques lignes, juste pour voir comment je m'en sortirais. Le récit a coulé à flots et, avant la fin de la journée, j'avais écrit entre trois et quatre mille mots. J'ai repris cette tâche agréable chaque jour d'orage où il n'était pas nécessaire que je me rende au bureau, et en exactement vingt séances, j'avais terminé un livre. Je remis les notes aux gens de Scribner et leur demandai d'imprimer quelques centaines d'exemplaires pour une circulation privée. Le volume plut à mes amis, comme l'avait fait "Round the World". Un jour, M. Champlin me dit que M. Scribner avait lu le livre et qu'il aimerait beaucoup le publier pour une diffusion générale à son propre compte, moyennant une redevance. L'auteur vaniteux est facilement persuadé que ce qu'il a fait est méritoire, et j'y ai consenti. [Chaque année, cela me rapporte encore une petite somme en droits d'auteur. Et trente ans ont passé, en 1912]. Les lettres que j'ai reçues lors de la publication de cet ouvrage étaient si nombreuses et certaines si enthousiastes que mes collaborateurs les ont conservées et qu'elles sont maintenant reliées sous forme d'album, auquel des ajouts sont faits de temps en temps. Le nombre d'invalides qui ont eu le plaisir de m'écrire, déclarant que le livre avait illuminé leur vie, a été gratifiant. L'accueil en Grande-Bretagne a été cordial ; le "Spectator" en a fait une critique favorable. Mais tout mérite de ce livre vient, j'en suis sûr, de l'absence totale d'effort de ma part pour faire une impression. J'ai écrit pour mes amis ; et ce que l'on fait facilement, on le fait bien. Je me suis délecté de l'écriture du livre, comme je l'avais fait du voyage lui-même. L'année 1886 s'est terminée dans une profonde tristesse pour moi. Ma vie de jeune homme heureux et insouciant, dont tous les besoins étaient satisfaits, était terminée. J'étais laissé seul au monde. Ma mère et mon frère sont décédés en novembre, à quelques jours d'intervalle, tandis que j'étais couché dans mon lit sous l'effet d'une grave fièvre typhoïde, incapable de bouger, et, peut-être heureusement, incapable de ressentir tout le poids de la catastrophe, étant moi-même face à face avec la mort. J'ai été le premier à être frappé, au retour d'une visite dans l'Est, à notre chalet de Cresson Springs, au sommet des Alleghanies, où ma mère et moi passions nos heureux étés. J'avais été assez mal en point pendant un jour ou deux avant de quitter New York. Un médecin a été convoqué et mon mal a été déclaré comme étant une fièvre typhoïde. Le professeur Dennis a été appelé de New York et a corroboré le diagnostic. Un médecin accompagnateur et une infirmière qualifiée ont été fournis immédiatement. Peu de temps après, ma mère s'est effondrée et mon frère à Pittsburgh a également été déclaré malade. J'étais désespéré, j'étais si bas, et puis toute ma nature a semblé changer. Je me réconciliai, je me livrai à des méditations agréables, fus sans la moindre douleur. L'état grave de ma mère et de mon frère ne m'avait pas été révélé, et lorsqu'on m'apprit que tous deux m'avaient quitté pour toujours, il me parut tout naturel de les suivre. Nous n'avions jamais été séparés, pourquoi le serions-nous maintenant ? Mais il en a été décidé autrement. Je me suis rétabli lentement et l'avenir a commencé à occuper mes pensées. Il n'y avait qu'une seule lueur d'espoir et de réconfort. C'est vers cela que mes pensées se tournaient toujours. Depuis plusieurs années, je connaissais Miss Louise Whitfield. Sa mère lui avait permis de monter avec moi à Central Park. Nous aimions toutes deux beaucoup monter à cheval. D'autres jeunes femmes étaient sur ma liste. J'avais de bons chevaux et je me promenais souvent dans le parc et dans les environs de New York avec l'une ou l'autre de ces jeunes filles. À la fin, les autres se sont toutes effacées pour devenir des êtres ordinaires. Mlle Whitfield est restée seule, comme l'être parfait au-delà de tous ceux que j'avais rencontrés. Finalement, je commençai à trouver et à admettre qu'elle résistait au test suprême que j'avais appliqué à plusieurs belles personnes en mon temps. Elle seule le faisait parmi toutes celles que j'avais connues. Je pourrais recommander aux jeunes hommes d'appliquer ce test avant de s'offrir. S'ils peuvent honnêtement croire les lignes suivantes, comme je l'ai fait, alors tout va bien : "J'ai regardé bien des dames avec le plus grand respect : pour plusieurs vertus, j'ai aimé plusieurs femmes, mais aucune n'avait une âme si pleine, mais quelque défaut en elle se disputait avec la plus noble grâce qu'elle devait, et la mettait à mal ; mais toi, ô toi, si parfaite et si incomparable, tu es créée du meilleur de chaque créature ". Dans mon âme, je pouvais faire écho à ces mêmes mots. Aujourd'hui, après vingt ans de vie avec elle, si je pouvais trouver des mots plus forts, je pourrais les utiliser en toute sincérité. Mes avances ont rencontré un succès indifférent. Elle n'était pas sans autres admirateurs plus jeunes. Ma richesse et mes projets d'avenir jouaient contre moi. J'étais riche et j'avais tout et elle sentait qu'elle ne pouvait pas m'être d'une grande utilité. Son idéal était d'être la véritable compagne d'un jeune homme qui luttait pour qui elle pouvait et devait être indispensable, comme sa mère l'avait été pour son père. Le soin de sa propre famille lui avait largement incombé après la mort de son père, alors qu'elle avait vingt et un ans. Elle avait maintenant vingt-huit ans ; ses vues sur la vie étaient formées. Par moments, elle semblait plus favorable et nous correspondions. Une fois, cependant, elle a renvoyé mes lettres en disant qu'elle devait mettre de côté toute idée de m'accepter. Le professeur et Mme Dennis m'ont emmené de Cresson à leur propre maison à New York, dès que j'ai pu être déplacé, et j'y suis resté quelque temps sous la surveillance personnelle du premier. Miss Whitfield a appelé pour me voir, car je lui avais écrit les premiers mots de Cresson que j'étais capable d'écrire. Elle voyait maintenant que j'avais besoin d'elle. J'étais laissé seul au monde. Maintenant, elle pouvait être, dans tous les sens du terme, ma "compagne". Son cœur et sa tête étaient maintenant prêts et le jour était fixé. Nous nous sommes mariés à New York le 22 avril 1887 et nous nous sommes embarqués pour notre lune de miel qui s'est déroulée sur l'île de Wight.

ANDREW CARNEGIE (VERS 1878)

SON PLAISIR ÉTAIT INTENSE lorsqu'elle trouvait les fleurs sauvages. Elle avait lu des articles sur le Willie vagabond, la vaseline, les myosotis, la primevère, le thym sauvage, et toute la liste des noms familiers qui n'avaient été pour elle que des noms jusqu'à présent. Tout la charmait. L'oncle Lauder et l'un de mes cousins sont venus d'Écosse pour nous rendre visite, puis nous avons rapidement rejoint la résidence de Kilgraston qu'ils nous avaient choisie pour y passer l'été. L'Écosse l'a conquise. Il n'y avait aucun doute là-dessus. Ses lectures de jeune fille avaient porté sur l'Écosse - les romans de Scott et les " chefs écossais " étaient ses préférés. Elle devint bientôt plus écossaise que moi. Tout cela réalisait mes rêves les plus chers. Nous avons passé quelques jours à Dunfermline et les avons beaucoup appréciés. Les lieux et incidents de mon enfance ont été visités et lui ont été racontés par tout le monde. Elle n'a obtenu que des comptes rendus flatteurs de son mari, ce qui m'a donné un bon départ avec elle. On m'a remis la liberté d'Édimbourg lorsque nous sommes passés au nord - Lord Rosebery a prononcé le discours. La foule était nombreuse à Édimbourg. Je me suis adressé aux ouvriers dans la plus grande salle et j'ai reçu un cadeau de leur part, tout comme Mme Carnegie, une broche qu'elle apprécie beaucoup. Elle a entendu et vu les joueurs de cornemuse dans toute leur gloire et a supplié qu'il y en ait un chez nous - un joueur de cornemuse qui se promène et nous réveille le matin et qui nous accompagne au dîner. Américaine jusqu'au bout des ongles, et puritaine du Connecticut de surcroît, elle déclara que si elle était condamnée à vivre sur une île isolée et ne pouvait choisir qu'un seul instrument de musique, ce serait la cornemuse. Le joueur de cornemuse fut trouvé assez rapidement. On a appelé et présenté des lettres de créance de Cluny McPherson. Nous l'avons engagé et avons été précédés par lui jouant de la cornemuse lorsque nous sommes entrés dans notre maison de Kilgraston. Nous avons apprécié Kilgraston, bien que Mme Carnegie ait toujours envie d'une maison plus sauvage et plus Highland. Matthew Arnold nous a rendu visite, ainsi que M. et Mme Blaine, le sénateur et Mme Eugene Hale, et de nombreux amis. [Mme Carnegie faisait venir mes proches de Dunfermline, surtout les oncles et tantes les plus âgés. Elle les charmait tous. Ils m'ont dit qu'ils étaient surpris qu'elle m'ait épousé, mais je leur ai répondu que j'étais tout aussi surpris. Ce mariage était de toute évidence prédestiné. Nous avons emmené notre cornemuseur avec nous lorsque nous sommes retournés à New York, ainsi que notre gouvernante et certains des domestiques. Mme Nicoll est toujours avec nous et, après vingt ans de bons et loyaux services, elle est maintenant un membre de la famille. George Irvine, notre majordome, est venu nous rejoindre un an plus tard et est également comme l'un des nôtres. Maggie Anderson, l'une des domestiques, est pareille. Ce sont des gens dévoués, d'un caractère élevé et d'une véritable loyauté. L'année suivante, on nous a proposé et nous avons pris le château de Cluny. Notre cornemuseur était l'homme idéal pour nous en parler. Il y était né et y avait grandi et a peut-être influencé notre choix de cette résidence où nous avons passé plusieurs étés. Le 30 mars 1897, notre fille nous est apparue. Quand je l'ai regardée pour la première fois, Mme Carnegie a dit, "Elle s'appelle Margaret, comme ta mère. Maintenant, j'ai une requête à faire." "Qu'est-ce qu'il y a, Lou ?" "Nous devons nous procurer une maison d'été puisque cette petite maison nous a été donnée. Nous ne pouvons pas en louer une et être obligés d'y entrer et d'en sortir à une certaine date. Ce doit être notre maison." "Oui", j'ai accepté. "Je ne pose qu'une seule condition." "Qu'est-ce que c'est ?" J'ai demandé. "Ça doit être dans les Highlands d'Écosse." "A vos souhaits", ai-je répondu. "Cela me convient. Vous savez que je dois me protéger des rayons du soleil, et où pouvons-nous le faire aussi sûrement que dans la bruyère ? Je serai un comité d'une personne pour enquêter et faire un rapport." Le château de Skibo en est le résultat. Cela fait maintenant vingt ans que Mme Carnegie est entrée dans ma vie et l'a changée, quelques mois après le décès de ma mère et de mon unique frère qui m'ont laissé seul au monde. Ma vie a été rendue si heureuse par elle que je ne peux m'imaginer vivre sans sa tutelle. Je croyais la connaître quand elle a passé l'épreuve de Ferdinand, mais ce n'était que la surface de ses qualités que j'avais vues et senties. De leur pureté, de leur sainteté, de leur sagesse, je n'avais pas sondé la profondeur. Dans toutes les situations d'urgence de notre vie active, changeante et, plus tard, quelque peu publique, dans toutes ses relations avec les autres, y compris avec ma famille et la sienne, elle s'est montrée diplomate et pacificatrice. La paix et la bonne volonté accompagnent ses pas partout où s'étend son influence bénie. Dans les rares cas qui exigent une action héroïque, c'est elle qui s'en rend compte en premier et qui joue le rôle. La pacificatrice n'a jamais eu de querelle de toute sa vie, pas même avec un camarade de classe, et il n'y a pas une âme sur la terre qui l'ait rencontrée qui ait la moindre raison de se plaindre d'être négligée. Non pas qu'elle n'accueille pas les meilleurs et n'évite pas gentiment les indésirables - personne n'est plus pointilleux qu'elle - mais ni le rang, ni la richesse, ni la position sociale ne l'affectent d'un iota. Elle est incapable d'agir ou de parler grossièrement ; tout est de parfait bon goût. Pourtant, elle ne baisse jamais la barre. Elle n'a pour amis que les meilleurs. Elle pense toujours à la façon dont elle peut faire du bien à ceux qui l'entourent - en prévoyant pour les uns et les autres en cas de besoin et en faisant des arrangements ou des cadeaux judicieux qui surprennent ceux qui coopèrent avec elle. Je ne peux pas m'imaginer traverser ces vingt années sans elle. Je ne peux pas non plus supporter l'idée de vivre après elle. Dans le cours de la nature, je n'ai pas cela à rencontrer ; mais alors la pensée de ce qui sera jeté sur elle, une femme laissée seule avec tant de choses nécessitant une attention et ayant besoin d'un homme pour décider, me donne une douleur intense et je souhaite parfois avoir cela à endurer pour elle. Mais alors elle aura notre fille bénie dans sa vie et peut-être que cela la rendra patiente. De plus, Margaret a plus besoin d'elle que de son père.

MRS. ANDREW CARNEGIE

MARGARET CARNEGIE À QUINZE ANS

POURQUOI, OH, POURQUOI, sommes-nous obligés de quitter le ciel que nous avons trouvé sur la terre et d'aller on ne sait où ! Car je peux dire avec Jessica : "Il est très important que le Seigneur Bassanio mène une vie droite, car, ayant une telle bénédiction dans sa dame, il trouve les joies du ciel ici sur terre.

Chapitre 16 : Les moulins et les hommes

L'une des leçons essentielles que j'ai apprises en Grande-Bretagne sur le fer et l'acier est la nécessité de posséder des matières premières et de finir l'article achevé prêt à être utilisé. Après avoir résolu le problème des rails en acier à l'usine Edgar Thomson, nous sommes rapidement passés à l'étape suivante. Les difficultés et les incertitudes liées à l'obtention d'un approvisionnement régulier en fonte brute nous ont obligés à entreprendre la construction de hauts fourneaux. Trois d'entre eux furent construits, l'un d'entre eux étant un haut fourneau reconstruit acheté à l'Escanaba Iron Company, avec laquelle M. Kloman avait été en contact. Comme il est habituel dans de tels cas, le fourneau nous a coûté aussi cher qu'un neuf, et il n'a jamais été aussi bon. Il n'y a rien de plus insatisfaisant que l'achat d'installations de qualité inférieure.

Mais bien que cet achat ait été une erreur, directement considéré, il s'est avéré, à une date ultérieure, une source de grand profit parce qu'il nous a donné un fourneau assez petit pour la fabrication de spiegel et, à une date ultérieure, de ferro-manganèse. Nous étions la deuxième entreprise des États-Unis à fabriquer notre propre spiegel, et la première, et pendant des années la seule, à fabriquer du ferro-manganèse. Nous étions dépendants des étrangers pour l'approvisionnement de cet article indispensable, payant jusqu'à quatre-vingts dollars la tonne. Le directeur de nos hauts fourneaux, M. Julian Kennedy, a le mérite d'avoir suggéré qu'avec les minerais à notre portée, nous pourrions fabriquer du ferro-manganèse dans notre petit fourneau. L'expérience valait la peine d'être tentée et le résultat a été un grand succès. Nous avons pu approvisionner tout le marché américain et les prix sont tombés de quatre-vingts à cinquante dollars par tonne en conséquence.

En testant les minerais de Virginie, nous avons découvert que ceux-ci étaient tranquillement achetés par des Européens pour le ferro-manganèse, les propriétaires de la mine étant amenés à croire qu'ils étaient utilisés à d'autres fins. Notre M. Phipps a immédiatement entrepris d'acheter cette mine. Il obtint une option de la part des propriétaires, qui n'avaient ni capital ni compétence pour l'exploiter efficacement. Un prix élevé leur a été payé pour leurs intérêts et (avec l'un d'entre eux, M. Davis, un jeune homme très compétent) nous sommes devenus propriétaires, mais pas avant qu'une étude approfondie de la mine ait prouvé qu'il y avait suffisamment de minerai de manganèse en vue pour nous rembourser. Tout cela a été fait avec rapidité ; pas un jour n'a été perdu lorsque la découverte a été faite. Et c'est là que réside le grand avantage d'un partenariat par rapport à une société. Le président de cette dernière aurait dû consulter un conseil d'administration et attendre sa décision pendant plusieurs semaines, voire plusieurs mois. Entre-temps, la mine serait probablement devenue la propriété d'autres personnes.

Nous avons continué à développer nos hauts-fourneaux, chaque nouveau four étant une grande amélioration du précédent, jusqu'à ce que nous pensions être arrivés à un four standard. Des améliorations mineures seraient sans doute apportées, mais pour autant que nous le sachions, nous avions une installation parfaite et notre capacité était alors de cinquante mille tonnes par mois de fonte brute.

Le département des hauts fourneaux n'a pas été ajouté plus tôt qu'une autre étape a été considérée comme essentielle à notre indépendance et à notre succès. L'approvisionnement en coke supérieur était une quantité fixe - le champ de Connellsville étant défini. Nous avons constaté que nous ne pouvions pas nous passer d'un approvisionnement en combustible essentiel à la fusion de la fonte brute ; et une étude très approfondie de la question nous a conduit à la conclusion que la Frick Coke Company avait non seulement la meilleure propriété de charbon et de coke, mais qu'elle avait en M. Frick lui-même un homme avec un génie positif pour sa gestion. Il avait prouvé ses capacités en commençant comme un pauvre employé de chemin de fer et en réussissant. En 1882, nous avons acheté la moitié des actions de cette société, et par des achats ultérieurs à d'autres détenteurs, nous sommes devenus propriétaires de la grande majorité des actions.

Il ne reste plus qu'à acquérir la fourniture de pierre de fer. Si nous pouvions l'obtenir, nous serions dans la position occupée par seulement deux ou trois des entreprises européennes. Nous avons cru à un moment donné avoir réussi à découvrir en Pennsylvanie ce dernier maillon de la chaîne. Nous avons été trompés, cependant, dans notre investissement dans la région de Tyrone, et avons perdu des sommes considérables à la suite de nos tentatives d'exploitation et d'utilisation des minerais de cette section. Ils promettaient bien aux bords des mines, où l'action du temps pendant des âges avait éliminé les impuretés et enrichi le minerai, mais lorsque nous avons pénétré sur une petite distance, ils se sont avérés trop "maigres" pour être exploités.

Notre chimiste, M. Prousser, a ensuite été envoyé dans un fourneau de Pennsylvanie parmi les collines que nous avions louées, avec pour instruction d'analyser toutes les matières qu'on lui apporterait du district, et d'encourager les gens à lui apporter des spécimens de minéraux. Un exemple frappant de la crainte qu'inspirait le chimiste à cette époque est que ce n'est qu'avec beaucoup de difficulté qu'il pouvait obtenir un homme ou un garçon pour l'assister dans le laboratoire. On le soupçonnait d'avoir des rapports illicites avec les puissances du mal lorsqu'il entreprenait de dire, à l'aide de son appareil d'apparence suspecte, ce que contenait une pierre. Je crois que finalement, nous avons dû lui envoyer un homme de notre bureau de Pittsburgh.

Un jour, il nous a envoyé un rapport d'analyses d'un minerai remarquable par l'absence de phosphore. Il s'agissait bien d'un minerai propre à la fabrication de l'acier Bessemer. Une telle découverte a tout de suite attiré notre attention. Le propriétaire de la propriété était Moses Thompson, un riche fermier, propriétaire de sept mille acres des plus belles terres agricoles du Center County, en Pennsylvanie. Un rendez-vous fut pris pour le rencontrer sur le terrain d'où le minerai avait été obtenu. Nous avons découvert que la mine avait été exploitée pour un haut fourneau à charbon de bois cinquante ou soixante ans auparavant, mais qu'elle n'avait pas joui d'une bonne réputation à l'époque, la raison en étant sans doute que son produit était tellement plus pur que les autres minerais que la même quantité de fondant utilisée causait des problèmes lors de la fusion. Il était si bon qu'il n'était bon à rien en ces temps anciens.

Nous avons finalement obtenu le droit de reprendre la mine à tout moment dans un délai de six mois, et nous avons donc commencé le travail d'examen, que tout acheteur de propriété minière devrait faire avec le plus grand soin. Nous avons tracé des lignes sur le flanc de la colline, espacées de 15 mètres, avec des lignes transversales espacées de 30 mètres, et à chaque point d'intersection, nous avons creusé un puits dans le minerai. Je crois qu'il y a eu quatre-vingts puits de ce type en tout et le minerai a été analysé à quelques pieds de profondeur, de sorte qu'avant de payer les cent mille dollars demandés, nous savions exactement ce qu'il y avait de minerai. Le résultat espéré a été plus que réalisé. Grâce à l'habileté de mon cousin et partenaire, M. Lauder, le coût de l'exploitation minière et du lavage a été réduit à un faible chiffre, et le minerai de la Scotia a compensé toutes les pertes que nous avions subies dans les autres mines, s'est remboursé lui-même et a laissé un bénéfice en plus. Dans ce cas, au moins, nous avons arraché la victoire des mâchoires de la défaite. Nous avons marché sur un terrain sûr avec le chimiste comme guide. Vous verrez que nous étions déterminés à obtenir des matières premières et que nous avons été actifs dans notre quête.

Nous avions perdu et gagné, mais les échappatoires dans les affaires sont parfois très étroites. Un jour, alors que nous revenions des usines avec M. Phipps, nous sommes passés devant le bureau de la National Trust Company sur Penn Street, à Pittsburgh. J'ai remarqué les grandes lettres dorées en travers de la fenêtre, "Actionnaires individuellement responsables". Le matin même, en examinant un état de nos affaires, j'avais remarqué vingt actions "National Trust Company" sur la liste des actifs. J'ai dit à Harry :

"Si c'est l'entreprise dans laquelle nous avons des parts, ne pourriez-vous pas les vendre avant de retourner au bureau cet après-midi ?"

Il ne voyait pas la nécessité de se précipiter. Ce sera fait en temps voulu.

"Non, Harry, oblige-moi à le faire immédiatement."

Il l'a fait et l'a fait transférer. Heureusement, car en peu de temps, la banque fit faillite avec un énorme déficit. Mon cousin, M. Morris, était parmi les actionnaires ruinés. Beaucoup d'autres ont connu le même sort. Les temps étaient à la panique, et si nous avions été individuellement responsables de toutes les dettes de la National Trust Company, notre crédit aurait inévitablement été sérieusement mis en péril. Nous l'avons échappé belle. Et avec seulement vingt actions (deux mille dollars d'actions), prises pour obliger les amis qui souhaitaient que notre nom figure sur leur liste d'actionnaires ! La leçon n'a pas été perdue. La bonne règle en affaires est que vous pouvez donner de l'argent librement lorsque vous avez un excédent, mais jamais votre nom - ni comme endosseur, ni comme membre d'une société avec responsabilité individuelle. Un investissement insignifiant de quelques milliers de dollars, une simple bagatelle - oui, mais une bagatelle dotée d'un pouvoir explosif mortel.

La substitution rapide de l'acier au fer dans l'avenir immédiat était devenue évidente pour nous. Même dans nos Keystone Bridge Works, l'acier était utilisé de plus en plus à la place du fer. Le roi fer était sur le point d'être déposé par le nouveau roi acier, et nous en étions de plus en plus dépendants. Nous étions sur le point de conclure, en 1886, la construction, à côté des aciéries Edgar Thomson, de nouvelles usines pour la fabrication de formes diverses d'acier, lorsqu'il nous fut suggéré que les cinq ou six principaux fabricants de Pittsburgh, qui s'étaient regroupés pour construire des aciéries à Homestead, étaient disposés à nous vendre leurs usines.

Ces usines avaient été construites à l'origine par un syndicat de fabricants, dans le but d'obtenir les fournitures d'acier dont ils avaient besoin dans leurs diverses entreprises, mais le commerce des rails d'acier étant alors en pleine expansion, ils avaient été tentés de changer de plan et de construire une usine de rails d'acier. Ils ont pu fabriquer des rails tant que les prix sont restés élevés, mais, comme les usines n'avaient pas été spécialement conçues à cet effet, ils n'avaient pas les hauts fourneaux indispensables pour la fourniture de fonte brute, ni de cokerie pour la fourniture de combustible. Elles n'étaient pas en mesure de nous faire concurrence.

Il était avantageux pour nous d'acheter ces œuvres. Je pensais qu'il n'y avait qu'une seule façon de traiter avec leurs propriétaires, et c'était de proposer une consolidation avec Carnegie Brothers & Co. Nous avons proposé de le faire à égalité de conditions, chaque dollar qu'ils avaient investi étant assimilé à nos dollars. Sur cette base, les négociations ont été rapidement conclues. Nous avons cependant donné à toutes les parties l'option de prendre du liquide et, heureusement pour nous, toutes ont choisi de le faire, à l'exception de M. George Singer, qui a continué avec nous à son entière satisfaction et à la nôtre. M. Singer nous a dit par la suite que ses associés avaient été très inquiets quant à la façon dont ils pourraient répondre à la proposition que j'allais leur faire. Ils craignaient beaucoup d'être trop sollicités, mais lorsque j'ai proposé l'égalité dans tous les domaines, dollar pour dollar, ils sont restés sans voix.

Cet achat a conduit à la reconstruction de toutes nos entreprises. La nouvelle société Carnegie, Phipps & Co. a été créée en 1886 pour exploiter les Homestead Mills. La société Wilson, Walker & Co. a été intégrée à la société Carnegie, Phipps & Co. et M. Walker a été élu président. Mon frère était président de Carnegie Brothers & Co. et à la tête de tous. Une autre extension de nos activités a été la création de l'aciérie Hartman à Beaver Falls, conçue pour transformer en une centaine de formes différentes le produit des usines de Homestead. Nous fabriquions donc maintenant presque tout en acier, du clou métallique à la poutrelle en acier de vingt pouces, et on ne pensait pas alors que nous devrions nous lancer dans un nouveau domaine.

Il peut être intéressant de noter ici la progression de nos travaux pendant la décennie 1888 à 1897. En 1888, nous avions vingt millions de dollars investis ; en 1897, plus du double, soit plus de quarante-cinq millions. Les 600.000 tonnes de fonte brute que nous fabriquions par an en 1888 ont été triplées ; nous en avons fabriqué près de 2.000.000. Notre production de fer et d'acier était en 1888, disons, de 2.000 tonnes par jour ; elle est passée à plus de 6.000 tonnes. Nos cokeries comprenaient alors environ 5 000 fours ; leur nombre a triplé, et notre capacité, qui était alors de 6 000 tonnes, est passée à 18 000 tonnes par jour. En 1897, la Frick Coke Company possédait 42 000 acres de charbon, soit plus des deux tiers de la véritable veine de Connellsville. Dix ans plus tard, on peut constater que l'augmentation de la production a été tout aussi rapide. On peut considérer comme un axiome qu'une entreprise manufacturière dans un pays en croissance comme le nôtre commence à décliner lorsqu'elle cesse de s'étendre.

Pour fabriquer une tonne d'acier, il faut extraire une tonne et demie de pierre de fer, la transporter par chemin de fer sur cent milles jusqu'aux lacs, la transporter par bateau sur des centaines de milles, la transférer dans des wagons, la transporter par chemin de fer sur cent cinquante milles jusqu'à Pittsburgh ; il faut extraire une tonne et demie de charbon, le transformer en coke et le transporter sur cinquante et quelques milles par chemin de fer ; il faut extraire une tonne de calcaire et la transporter sur cent cinquante milles jusqu'à Pittsburgh. Comment alors fabriquer de l'acier et le vendre sans perte à trois livres pour deux cents ? J'avoue que cela me paraissait incroyable, et un peu moins que miraculeux, mais c'était le cas.

L'Amérique va bientôt passer du statut de pays producteur d'acier le plus cher à celui de pays le moins cher. Les chantiers navals de Belfast sont déjà nos clients. Ce n'est que le début. Dans les conditions actuelles, l'Amérique peut produire de l'acier aussi bon marché que n'importe quel autre pays, malgré le prix plus élevé de sa main-d'œuvre. Il n'y a pas de main-d'œuvre aussi bon marché que la plus chère dans le domaine mécanique, à condition qu'elle soit libre, satisfaite, zélée, et qu'elle récolte la récompense en rendant service. Et c'est là que l'Amérique est en tête.

Un grand avantage que l'Amérique aura dans la concurrence sur les marchés du monde est que ses fabricants auront le meilleur marché intérieur. Ils peuvent compter sur le rendement de leur capital, et le produit excédentaire peut être exporté avec avantage, même si les prix reçus pour ce produit ne couvrent pas plus que le coût réel, à condition que les exportations soient facturées avec leur proportion de toutes les dépenses. La nation qui a le meilleur marché intérieur, surtout si les produits sont standardisés, comme les nôtres, peut rapidement dépasser le producteur étranger. L'expression que j'ai utilisée en Grande-Bretagne à ce sujet était : "La loi du surplus". Par la suite, elle est devenue d'usage courant dans les discussions commerciales.

Chapitre 17 : La grève de l'Homestead

Tandis que nous parlons de nos intérêts manufacturiers, je dois signaler que le 1er juillet 1892, pendant mon absence dans les Highlands d'Écosse, s'est produite la seule querelle vraiment sérieuse avec nos ouvriers de toute notre histoire. Pendant vingt-six ans, j'avais été activement chargé des relations entre nous et nos hommes, et c'était la fierté de ma vie de penser à quel point elles avaient été et sont encore délicieusement satisfaisantes. J'espère avoir pleinement mérité ce que mon partenaire principal, M. Phipps, a dit dans sa lettre au "New York Herald", le 30 janvier 1904, en réponse à quelqu'un qui avait déclaré que j'étais resté à l'étranger pendant la grève de Homestead, au lieu de revenir en avion pour soutenir mes partenaires. Elle disait que "j'étais toujours disposé à céder aux demandes des hommes, aussi déraisonnables soient-elles" ; c'est pourquoi un ou deux de mes partenaires ne souhaitaient pas mon retour. [Sans tenir compte de la récompense qu'apporte le fait de sentir que vos employés et vous êtes amis, et en ne jugeant que par les résultats économiques, je crois que des salaires plus élevés pour des hommes qui respectent leurs employeurs et qui sont heureux et satisfaits sont un bon investissement, qui rapporte, en effet, de gros dividendes. La fabrication de l'acier a été révolutionnée par le fourneau Bessemer et les inventions de base. Les machines utilisées jusqu'alors étaient devenues obsolètes et notre entreprise, consciente de ce fait, a dépensé plusieurs millions à Homestead pour reconstruire et agrandir les usines. Les nouvelles machines produisent environ soixante pour cent d'acier de plus que les anciennes. Deux cent dix-huit hommes de tonnage (c'est-à-dire payés à la tonne d'acier produite) travaillaient sous un contrat de trois ans, dont une partie de la dernière année avec les nouvelles machines. Leurs revenus avaient donc augmenté de près de 60 % avant la fin du contrat. L'entreprise a proposé de partager ces soixante pour cent avec eux dans le nouveau barème qui serait établi par la suite. En d'autres termes, les gains des hommes auraient été supérieurs de 30 % à ceux de l'ancien barème et les 30 % restants auraient été versés à l'entreprise pour la dédommager de ses dépenses. Le travail des hommes n'aurait pas été beaucoup plus dur qu'il ne l'avait été jusqu'à présent, puisque les machines améliorées faisaient le travail. Ce n'était pas seulement juste et libéral, c'était généreux, et dans des circonstances ordinaires, les hommes l'auraient accepté avec gratitude. Mais l'entreprise était alors engagée dans la fabrication d'armures pour le gouvernement des États-Unis, que nous avions refusé de fabriquer à deux reprises et dont le besoin était urgent. Elle avait également le contrat de fourniture de matériel pour l'Exposition de Chicago. Certains des chefs de file des hommes, connaissant ces conditions, ont insisté pour exiger la totalité des soixante pour cent, pensant que la firme serait obligée de les donner. La société ne pouvait pas accepter, et elle n'aurait pas dû accepter une telle tentative de la prendre à la gorge et de lui dire : "Tenez-vous prêts à livrer". Elle a très justement refusé. Si j'avais été chez moi, rien ne m'aurait incité à céder à cette tentative d'extorsion déloyale. Jusqu'à présent, tout s'était bien passé. La politique que j'avais suivie en cas de différend avec nos hommes était d'attendre patiemment, de raisonner avec eux et de leur montrer que leurs demandes étaient injustes, mais de ne jamais essayer d'employer de nouveaux hommes à leur place - jamais. Le surintendant de Homestead, cependant, a été assuré par les trois mille hommes qui n'étaient pas concernés par le conflit qu'ils pouvaient diriger l'usine, et ils étaient impatients de se débarrasser des deux cent dix-huit hommes qui s'étaient regroupés dans un syndicat et dans lequel ils avaient jusqu'à présent refusé d'admettre ceux des autres départements - seuls les "chauffeurs" et les "rouleurs" d'acier étant admissibles. Mes partenaires ont été trompés par ce superintendant, qui a lui-même été trompé. Il n'avait pas une grande expérience de ce genre d'affaires, n'ayant été promu que récemment d'un poste subalterne. Les demandes injustes des quelques hommes syndiqués, et l'opinion des trois mille hommes non syndiqués qu'elles étaient injustes l'ont très naturellement amené à penser qu'il n'y aurait pas de problème et que les ouvriers feraient ce qu'ils avaient promis. Il y avait beaucoup d'hommes parmi les trois mille qui pouvaient prendre, et souhaitaient prendre, les places des deux cent dix-huit - du moins c'est ce qu'on m'a rapporté. Il est facile de regarder en arrière et de dire que l'étape vitale de l'ouverture des travaux n'aurait jamais dû être franchie. Tout ce que l'entreprise avait à faire était de dire aux hommes : "Il y a un conflit de travail ici et vous devez le régler entre vous. L'entreprise vous a fait une offre très généreuse. L'usine fonctionnera lorsque le conflit sera réglé, et pas avant. En attendant, vos places vous restent ouvertes." Ou bien, il aurait été bon que le directeur dise aux trois mille hommes : " Très bien, si vous venez et faites fonctionner l'usine sans protection ", leur faisant ainsi porter la responsabilité de se protéger eux-mêmes - trois mille hommes contre deux cent dix-huit. Au lieu de cela, on a jugé bon (comme une précaution supplémentaire par les fonctionnaires de l'État, si j'ai bien compris) d'avoir le shérif avec des gardes pour protéger les milliers contre les centaines. Les chefs de ces dernières étaient des hommes violents et agressifs ; ils avaient des fusils et des pistolets, et, comme cela a été rapidement prouvé, ils étaient capables d'intimider les milliers d'hommes. Je cite ce que j'ai un jour établi par écrit comme étant notre règle : "Mon idée est que la Compagnie doit être connue comme étant déterminée à laisser les hommes de n'importe quelle usine arrêter le travail ; qu'elle s'entretiendra librement avec eux et attendra patiemment qu'ils décident de reprendre le travail, sans jamais penser à essayer de nouveaux hommes - jamais." Les meilleurs hommes en tant qu'hommes, et les meilleurs ouvriers, ne parcourent pas les rues à la recherche d'un emploi. Seule la classe inférieure, en règle générale, est oisive. Le genre d'hommes que nous désirons est rarement autorisé à perdre son emploi, même en période d'ennui. Il est impossible de trouver des hommes nouveaux pour faire fonctionner avec succès les machines complexes d'une aciérie moderne. La tentative d'employer des hommes nouveaux a transformé les milliers de vieux hommes qui désiraient travailler en tièdes partisans de notre politique, car on peut toujours compter sur les ouvriers pour s'opposer à l'emploi d'hommes nouveaux. Qui peut les en blâmer ? Si j'avais été à la maison, cependant, j'aurais pu être persuadé d'ouvrir l'usine, comme le souhaitait le directeur, afin de vérifier si nos vieux hommes se mettraient au travail comme ils l'avaient promis. Mais il faut noter que les travaux n'ont pas été ouverts au début par mes partenaires pour les nouveaux hommes. Au contraire, c'est, comme je l'ai appris à mon retour, à la demande de milliers de nos anciens qu'elles ont été ouvertes. C'est un point essentiel. Mes partenaires n'étaient en aucun cas blâmables pour avoir fait l'essai recommandé par le directeur. Notre règle de ne jamais employer de nouveaux hommes, mais d'attendre le retour des anciens, n'avait pas été violée jusqu'à présent. En ce qui concerne la deuxième ouverture de l'usine, après que les grévistes eurent abattu les officiers du shérif, il est également facile de regarder en arrière et de dire : "Il aurait mieux valu fermer l'usine jusqu'à ce que les anciens votent le retour" ; mais le gouverneur de la Pennsylvanie, avec huit mille soldats, avait entre-temps pris la situation en main. J'étais en voyage dans les Highlands d'Écosse lorsque le problème a surgi, et je n'en ai entendu parler que deux jours plus tard. Rien de ce que j'ai eu à rencontrer dans toute ma vie, avant ou depuis, ne m'a blessé aussi profondément. Il ne reste aucune trace d'une blessure reçue dans ma carrière professionnelle, sauf celle de Homestead. C'était tellement inutile. Les hommes avaient outrageusement tort. Les grévistes, avec les nouvelles machines, auraient gagné de quatre à neuf dollars par jour selon le nouveau barème, soit trente pour cent de plus que ce qu'ils gagnaient avec les anciennes machines. Pendant mon séjour en Écosse, j'ai reçu le câble suivant des dirigeants du syndicat de nos ouvriers : "Cher maître, dites-nous ce que vous voulez que nous fassions et nous le ferons pour vous." C'était très touchant, mais, hélas, trop tard. Le mal était fait, les travaux étaient entre les mains du gouverneur ; il était trop tard. J'ai reçu, pendant mon séjour à l'étranger, de nombreux messages aimables d'amis au courant des circonstances, qui imaginaient mon malheur. Le message suivant de M. Gladstone a été très apprécié : Mon cher M. Carnegie, Ma femme a depuis longtemps offert ses remerciements, avec les miens, pour vos félicitations les plus aimables. Mais je n'oublie pas que vous avez souffert vous-même d'inquiétudes, et que vous avez été exposé à des imputations en raison des efforts courageux que vous avez faits pour orienter les hommes riches vers une ligne de conduite plus éclairée que celle qu'ils suivent habituellement. Je voudrais pouvoir vous délivrer de ces imputations de journalistes, trop souvent téméraires, vaniteux ou censurés, rancuniers, mauvais joueurs. Je voudrais faire le peu, le très peu, qui est en mon pouvoir, c'est-à-dire vous dire simplement combien je suis sûr qu'aucun de ceux qui vous connaissent ne sera incité par les malheureux événements d'outre-mer (dont nous ne pouvons évidemment pas connaître les mérites exacts) à nuancer le moins du monde sa confiance dans vos vues généreuses ou son admiration pour la bonne et grande œuvre que vous avez déjà accompli. La richesse est actuellement comme un monstre qui menace d'engloutir la vie morale de l'homme ; vous lui avez appris, par le précepte et par l'exemple, à dégorger. Pour ma part, je vous en remercie. Croyez-moi. Veuillez bien vous en parer très bien. (Signé) W.E. Gladstone J'insère ceci pour donner une preuve, s'il en était besoin, de la grande nature sympathique de M. Gladstone, vivante et sensible à tout ce qui se passe de nature à susciter la sympathie - Napolitains, Grecs et Bulgares un jour, ou un ami frappé le lendemain. Le grand public, bien sûr, ne savait pas que j'étais en Écosse et ne savait rien des premiers problèmes à Homestead. Des ouvriers avaient été tués à l'usine Carnegie, dont j'étais le propriétaire majoritaire. Cela a suffi à faire de mon nom un mot d'ordre pendant des années. Mais enfin, une certaine satisfaction est venue. Le sénateur Hanna était président de la National Civic Federation, un organisme composé de capitalistes et d'ouvriers qui exerçait une influence bienveillante sur les employeurs et les employés, et l'honorable Oscar Straus, qui était alors vice-président, m'a invité à dîner chez lui et à rencontrer les responsables de la Fédération. Avant la date fixée, Mark Hanna, son président, mon ami de toujours et ancien agent à Cleveland, était soudainement décédé. J'ai assisté au dîner. À la fin du dîner, M. Straus s'est levé et a déclaré que la question du successeur de M. Hanna avait été examinée et qu'il devait signaler que toutes les organisations syndicales entendues m'avaient recommandé pour ce poste. Plusieurs dirigeants syndicaux étaient présents et, l'un après l'autre, se sont levés et ont corroboré les dires de M. Straus. Je ne me souviens pas d'une surprise aussi complète et, je dois l'avouer, aussi reconnaissante pour moi. Je sentais que je méritais bien le travail. Je savais que j'avais une sympathie chaleureuse pour les travailleurs, et aussi que j'avais l'estime de nos propres travailleurs ; mais dans tout le pays, c'était naturellement l'inverse, à cause de l'émeute de Homestead. Les usines Carnegie signifiaient pour le public la guerre de M. Carnegie contre les justes revenus des travailleurs. Je me suis levé pour expliquer aux officiels présents au dîner Straus qu'il m'était impossible d'accepter ce grand honneur, car je devais fuir la chaleur de l'été et que le chef de la Fédération devait être présent en toute saison, prêt à faire face à une épidémie, le cas échéant. J'étais très embarrassé, mais j'ai réussi à faire comprendre à tous que c'était l'hommage le plus apprécié que je pouvais recevoir - un baume pour l'esprit blessé. J'ai terminé en disant que si j'étais élu à la place de mon regretté ami au sein du Comité exécutif, j'estimerais que ce serait un honneur de servir. J'ai été élu à ce poste par un vote unanime. J'étais ainsi soulagé du sentiment d'avoir été considéré par les travailleurs en général comme responsable de l'émeute de Homestead et du meurtre des ouvriers. Je dois cette justification à M. Oscar Straus, qui avait lu mes articles et mes discours des premiers jours sur les questions de travail, et qui les avait cités fréquemment aux ouvriers. Les deux dirigeants syndicaux de l'Amalgamated Union, White et Schaeffer de Pittsburgh, qui étaient présents à ce dîner, étaient également capables et désireux d'éclairer leurs collègues ouvriers membres du Conseil sur mes antécédents en matière de travail, et ils n'ont pas manqué de le faire. Une réunion de masse des ouvriers et de leurs femmes s'est ensuite tenue dans le Library Hall de Pittsburgh pour me saluer, et je leur ai adressé un discours de la tête et du cœur. La seule phrase dont je me souvienne, et dont je me souviendrai toujours, était à l'effet que le capital, le travail et l'employeur étaient un tabouret à trois pieds, aucun avant ou après les autres, tous également indispensables. Puis vint la cordiale poignée de main et tout était bien. Après avoir ainsi joint les mains et les cœurs de nos employés et de leurs épouses, j'avais l'impression qu'un grand poids avait été enlevé, mais j'avais vécu une expérience terrible, bien qu'à des milliers de kilomètres de la scène. Un incident découlant du problème de Homestead est raconté par mon ami, le professeur John C. Van Dyke, du Rutgers College. Au printemps 1900, je suis parti de Guaymas, sur le golfe de Californie, pour me rendre au ranch d'un ami à La Noria Verde, pensant passer une semaine de chasse dans les montagnes de Sonora. Le ranch était assez éloigné de la civilisation, et je m'attendais à n'y rencontrer que quelques Mexicains et de nombreux Indiens Yaqui, mais à ma grande surprise, j'ai trouvé un homme parlant anglais, qui s'est avéré être un Américain. Je n'ai pas eu à attendre longtemps pour savoir ce qui l'avait amené là, car il était très solitaire et disposé à parler. Il s'appelait McLuckie et, jusqu'en 1892, il avait été un mécanicien qualifié à l'emploi des aciéries Carnegie à Homestead. Il était ce qu'on appelait un "top hand", recevait de gros salaires, était marié et possédait à cette époque une maison et des biens considérables. En outre, il avait été honoré par ses concitoyens et avait été nommé bourgmestre de Homestead. Lorsque la grève de 1892 a éclaté, McLuckie s'est naturellement rangé du côté des grévistes et, en sa qualité de bourgmestre, a donné l'ordre d'arrêter les détectives de Pinkerton qui étaient venus à Homestead en bateau à vapeur pour protéger les usines et maintenir l'ordre. Il pensait qu'il était pleinement justifié d'agir ainsi. Comme il me l'a expliqué, les détectives étaient une force armée qui envahissait son bailliage, et il avait le droit de les arrêter et de les désarmer. L'ordre a conduit à une effusion de sang, et le conflit a commencé pour de bon. L'histoire de la grève est, bien sûr, bien connue de tous. Les grévistes ont finalement été vaincus. Quant à McLuckie, il a été accusé de meurtre, d'émeute, de trahison et de je ne sais quels autres délits. Il a été contraint de fuir l'État, a été blessé, affamé, poursuivi par les agents de la loi, et obligé de se cacher jusqu'à ce que la tempête se calme. Il s'est alors retrouvé sur la liste noire de tous les sidérurgistes des États-Unis et n'a pu trouver d'emploi nulle part. Il n'avait plus d'argent et, comme coup de grâce, sa femme est morte et son foyer a été démoli. Après de nombreuses vicissitudes, il décida d'aller au Mexique et, au moment où je l'ai rencontré, il essayait de trouver un emploi dans les mines à environ quinze miles de La Noria Verde. Mais il était trop bon mécanicien pour les Mexicains, qui exigeaient dans les mines la main-d'œuvre non qualifiée la moins chère. Il ne trouvait rien à faire et n'avait pas d'argent. Il n'avait littéralement plus que son dernier cuivre. Naturellement, lorsqu'il a raconté ses malheurs, j'ai eu beaucoup de peine pour lui, d'autant plus que c'était une personne très intelligente et qu'il ne se plaignait pas inutilement de ses problèmes. Je ne pense pas lui avoir dit à l'époque que je connaissais M. Carnegie et que j'avais été avec lui à Cluny en Écosse peu après la grève de Homestead, ni que j'avais appris de M. Carnegie l'autre version de l'histoire. Mais McLuckie s'est bien gardé de blâmer M. Carnegie, me disant à plusieurs reprises que si "Andy" avait été là, les problèmes n'auraient jamais surgi. Il semblait penser que les "garçons" pouvaient s'entendre très bien avec "Andy", mais pas aussi bien avec certains de ses partenaires. Je suis resté au ranch pendant une semaine et j'ai beaucoup vu McLuckie le soir. Lorsque j'ai quitté le ranch, je suis allé directement à Tucson, en Arizona, et de là, j'ai eu l'occasion d'écrire à M. Carnegie, et dans cette lettre, je lui ai raconté ma rencontre avec McLuckie. J'ai ajouté que j'avais beaucoup de peine pour cet homme et que je pensais qu'il avait été plutôt mal traité. M. Carnegie m'a répondu immédiatement, et en marge de la lettre, il a écrit au crayon de plomb : "Donnez à McLuckie tout l'argent qu'il veut, mais ne mentionnez pas mon nom." J'ai écrit à McLuckie immédiatement, lui offrant l'argent dont il avait besoin, ne mentionnant aucune somme, mais lui faisant comprendre que cela serait suffisant pour le remettre sur pied. Il l'a refusé. Il a dit qu'il allait se battre et faire son propre chemin, ce qui était l'esprit américain par excellence. Je ne pouvais m'empêcher de l'admirer. Si je me souviens bien, j'ai parlé de lui plus tard à un ami, M. J.A. Naugle, le directeur général de la Sonora Railway. Quoi qu'il en soit, McLuckie a été embauché par le chemin de fer pour conduire des puits, et il a connu un grand succès. Un an plus tard, ou peut-être à l'automne de la même année, je l'ai rencontré à Guaymas, où il supervisait des réparations sur ses machines dans les ateliers du chemin de fer. Il avait beaucoup changé, semblait heureux et, pour ajouter à son contentement, avait pris une femme mexicaine. Maintenant que son ciel s'était éclairci, je tenais à lui dire la vérité sur mon offre afin qu'il ne pense pas injustement à ceux qui avaient été obligés de le combattre. Avant de le quitter, j'ai donc dit, "McLuckie, je veux que tu saches maintenant que l'argent que je t'ai offert n'était pas le mien. C'était l'argent d'Andrew Carnegie. C'était son offre, faite par mon intermédiaire." McLuckie était assez stupéfait, et tout ce qu'il a pu dire, c'est : "Eh bien, c'était sacrément blanc de la part d'Andy, n'est-ce pas ?" Je préfère risquer ce verdict de McLuckie comme passeport pour le Paradis que tous les dogmes théologiques inventés par l'homme. Je connaissais bien McLuckie, c'était un bon gars. On disait que sa propriété à Homestead valait trente mille dollars. Il était en état d'arrestation pour avoir tiré sur les officiers de police parce qu'il était le bourgmestre, et aussi le président du Comité des hommes de Homestead. Il a dû s'envoler, laissant tout derrière lui. Après que cette histoire ait été publiée, le sketch suivant est apparu dans les journaux parce que j'avais déclaré que je préférais avoir les quelques mots de McLuckie sur ma pierre tombale plutôt que toute autre inscription, car cela indiquait que j'avais été gentil avec l'un de nos ouvriers : "JUSTE AU FAIT" Sandy sur Andy Oh ! avez-vous entendu ce qu'Andy s'est efforcé de faire jusqu'à sa tombe, quand son dieu est mort et que la mort a scellé son destin ? Il n'y a pas de ligne de l'Écriture avec des hommages fins que les revendeurs gardent toujours à portée de main, mais juste ce cri irrévérencieux : "C'est sacrément blanc de la part d'Andy !". Le vieil Écossais se moque des épitaphes qui ne visent qu'à flatter, mais qui n'ont jamais été aussi profanes, et ça, ce n'est pas drôle. Pourtant, s'il donne son siller à tout va, mon gars, c'est un dandy, et nous admettons qu'il en a le droit, car "C'est un sacré blanc d'Andy !". Il n'y a pas de "grand, grand D", ni de tiret ensuite, car Andy ne gâcherait pas le mot en essayant de l'adoucir ; ce n'est pas un garçon qui jongle avec les termes ni un discours apaisant. C'est un homme franc et direct, et "C'est sacrément blanc de la part d'Andy". Alors quand il sera mort, nous ferons attention, et nous l'écrirons comme il l'a demandé ; nous le graverons sur sa pierre tombale et nous l'apposerons sur son cercueil : "Celui qui est riche est déshonoré", dit-il, et je suis sûr que mon nom est Sandy, "Ce ne sera pas un homme riche qu'il verra" - et "C'est un sacré blanc d'Andy"

Chapitre 18 : Problèmes de travail

J'aimerais consigner ici certains des conflits du travail auxquels j'ai eu à faire face, car ils peuvent servir de morale au capital et au travail. Les ouvriers des hauts fourneaux de notre usine sidérurgique ont un jour envoyé un "round-robin" déclarant que si l'entreprise ne leur donnait pas une avance de salaire avant le lundi après-midi à quatre heures, ils quitteraient les fourneaux. Or, l'échelle sur laquelle ces hommes avaient accepté de travailler ne prenait fin qu'à la fin de l'année, soit plusieurs mois plus tard. J'ai pensé que si les hommes rompaient un accord, il était inutile de conclure un deuxième accord avec eux, mais j'ai néanmoins pris le train de nuit de New York et j'étais à l'usine tôt le matin. J'ai demandé au surintendant de convoquer les trois comités qui régissaient l'usine - non seulement le comité du haut fourneau qui était seul concerné, mais aussi les comités du moulin et de l'usine de transformation. Ils se sont présentés et, bien sûr, j'ai été reçu avec beaucoup de courtoisie, non pas parce qu'il est de bonne politique d'être courtois, mais parce que j'ai toujours aimé rencontrer nos hommes. Je dois dire que plus je connais les travailleurs, plus j'apprécie leurs vertus. Mais c'est avec eux comme Barrie le dit avec les femmes : "Sans doute le Seigneur a-t-il bien fait les choses, mais il a laissé quelques bizarreries chez les femmes". Ils ont leurs préjugés et leurs "chiffons rouges", qu'il faut respecter, car la principale racine des problèmes est l'ignorance, non l'hostilité. Le comité s'est assis en demi-cercle devant moi, tous sans leur chapeau, bien sûr, comme le mien aussi ; et vraiment il y avait l'apparence d'une assemblée modèle. En m'adressant au président du comité de l'usine, j'ai dit : "M. Mackay" (c'était un vieux monsieur qui portait des lunettes), "avons-nous un accord avec vous pour le reste de l'année ?" Enlevant lentement les lunettes, et les tenant dans sa main, il dit : "Oui, monsieur, vous l'avez fait, M. Carnegie, et vous n'avez pas assez d'argent pour nous le faire rompre non plus." "Voilà comment s'exprime le vrai travailleur américain", ai-je dit. "Je suis fier de vous." "M. Johnson" (qui était président du comité des transformateurs ferroviaires), "avons-nous un accord similaire avec vous ?" M. Johnson était un homme petit et dépouillé ; il parlait de façon très délibérée : "M. Carnegie, quand on me présente un accord à signer, je le lis attentivement, et s'il ne me convient pas, je ne le signe pas, et s'il me convient, je le signe, et quand je le signe, je le garde." "Voilà encore une fois l'ouvrier américain qui se respecte", ai-je dit. Je me tourne maintenant vers le président de la commission des hauts-fourneaux, un Irlandais du nom de Kelly, et je lui pose la même question : "M. Kelly, avons-nous un accord avec vous pour le reste de l'année ?" M. Kelly a répondu qu'il ne pouvait pas le dire exactement. Un document avait été envoyé et il l'avait signé, mais il ne l'avait pas lu attentivement et n'avait pas compris ce qu'il contenait. À ce moment, notre surintendant, le capitaine Jones, excellent gestionnaire, mais impulsif, s'exclama brusquement : "Maintenant, M. Kelly, vous savez que j'ai lu ça deux fois et que j'en ai discuté avec vous !" "Ordre, ordre, Capitaine ! M. Kelly a le droit de donner son explication. Je signe beaucoup de papiers que je ne lis pas - des documents que nos avocats et partenaires me présentent pour que je les signe. M. Kelly déclare qu'il a signé ce document dans de telles circonstances et sa déclaration doit être reçue. Mais, M. Kelly, j'ai toujours trouvé que le meilleur moyen est d'exécuter les dispositions de l'accord que l'on signe négligemment et de se résoudre à être plus prudent la prochaine fois. Ne vaudrait-il pas mieux que vous continuiez quatre mois de plus sous cet accord, et qu'ensuite, lorsque vous signerez le prochain, vous vous assuriez de le comprendre ?" Il n'y avait pas de réponse à cela, et je me suis levé et j'ai dit : "Messieurs du Comité des hauts-fourneaux, vous avez menacé notre société de rompre votre accord et de quitter ces hauts-fourneaux (ce qui signifie un désastre) si vous n'obtenez pas une réponse favorable à votre menace avant quatre heures aujourd'hui. Il n'est pas encore trois heures, mais votre réponse est prête. Vous pouvez quitter les hauts-fourneaux. L'herbe poussera autour d'eux avant que nous ne cédions à votre menace. Le pire jour que le travail ait jamais vu dans ce monde est celui où il se déshonore en rompant son accord. Vous avez votre réponse." Le comité s'est retiré lentement et le silence a régné parmi les partenaires. Un étranger qui venait pour affaires a rencontré le comité dans le passage et a fait son rapport : Comme je suis entré, un homme portant des lunettes s'est avancé à côté d'un Irlandais qu'il appelait Kelly, et il a dit : "Vous pouvez aussi bien comprendre maintenant que plus tard. Il n'y aura pas d'entourloupe autour de ces travaux.'" Cela signifiait des affaires. Plus tard, nous avons appris par l'un de nos commis ce qui s'était passé aux fours. Kelly et son comité s'y sont rendus. Bien sûr, les hommes attendaient et surveillaient le comité et une foule s'était rassemblée. Une fois les fours atteints, Kelly les a appelés : "Mettez-vous au travail, palpeurs, que faites-vous ici ? Begorra, le petit chef, vient d'être touché à l'épaule. Il ne veut pas se battre, mais il dit qu'il s'est assis, et begorra, on sait tous qu'il sera un squelette avant de se lever. Au travail, les palpeurs." Les Irlandais et les Écossais-Irlandais sont bizarres, mais ce sont les types les plus faciles et les meilleurs avec lesquels on peut s'entendre, si seulement on sait comment. Cet homme, Kelly, est resté mon ami fidèle et mon admirateur par la suite, et il était avant cela l'un de nos hommes les plus violents. D'après mon expérience, on peut toujours compter sur la grande majorité des travailleurs pour faire ce qui est juste, à condition qu'ils n'aient pas pris position et promis à leurs chefs de les soutenir. Mais leur loyauté envers leurs chefs, même lorsqu'ils se trompent, a de quoi nous rendre fiers d'eux. Tout peut être fait avec des hommes qui ont en eux ce sentiment de loyauté. Ils ont seulement besoin d'être traités équitablement. La façon dont une grève a été brisée dans nos aciéries est intéressante. Là encore, je suis désolé de le dire, cent trente-quatre hommes d'un département s'étaient engagés sous serment secret à demander une augmentation de salaire à la fin de l'année, dans plusieurs mois. La nouvelle année s'est avérée très défavorable pour les affaires, et d'autres fabricants de fer et d'acier dans tout le pays ont procédé à des réductions de salaire. Néanmoins, ces hommes, ayant secrètement juré des mois auparavant qu'ils ne travailleraient pas à moins d'obtenir une augmentation de salaire, se sont crus obligés d'insister sur leurs demandes. Nous ne pouvions pas avancer les salaires quand nos concurrents les réduisaient, et les travaux furent arrêtés en conséquence. Tous les départements de l'usine ont été mis à l'arrêt par ces grévistes. Les hauts fourneaux ont été abandonnés un jour ou deux avant l'heure convenue, et nous avons été très perturbés en conséquence. Je me suis rendu à Pittsburgh et j'ai été surpris de constater que les fours avaient été banchés, contrairement à ce qui avait été convenu. Je devais rencontrer les hommes dans la matinée à mon arrivée à Pittsburgh, mais un message m'a été envoyé de l'usine indiquant que les hommes avaient "quitté les fours et me rencontreraient demain." Voilà une belle réception ! J'ai répondu : "Non, ils ne le feront pas. Dites-leur que je ne serai pas là demain. N'importe qui peut arrêter le travail ; l'astuce est de le faire redémarrer. Un jour, ces hommes voudront que l'usine soit mise en marche et chercheront quelqu'un qui puisse le faire, et je leur dirai alors ce que je fais maintenant : que l'usine ne sera jamais mise en marche sans une échelle mobile basée sur les prix que nous obtenons pour nos produits ! Cette échelle durera trois ans et elle ne sera pas soumise par les hommes. Ils nous ont soumis de nombreux barèmes. C'est notre tour maintenant, et nous allons leur soumettre un barème. "Maintenant", ai-je dit à mes partenaires, "je retourne à New York dans l'après-midi. Il n'y a plus rien à faire." Peu de temps après la réception de mon message par les hommes, ils ont demandé s'ils pouvaient venir me voir l'après-midi même avant mon départ. J'ai répondu : "Certainement !" Ils sont entrés et je leur ai dit : "Messieurs, votre président ici présent, M. Bennett, vous a assuré que je ferais mon apparition et que je m'arrangerais avec vous d'une manière ou d'une autre, comme je l'ai toujours fait. C'est vrai. Et il vous a dit que je ne me battrais pas, ce qui est également vrai. C'est un vrai prophète. Mais il vous a dit autre chose en quoi il s'est légèrement trompé. Il a dit que je ne pouvais pas me battre. Messieurs," regardant M. Bennett droit dans les yeux et fermant et levant mon poing, "il a oublié que j'étais écossais. Mais je vais vous dire une chose : je ne me battrai jamais contre vous. Je sais qu'il ne faut pas se battre contre le travail. Je ne me battrai pas, mais je peux battre n'importe quel comité qui a jamais été créé pour s'asseoir, et je me suis assis. Ces travaux ne commenceront jamais avant que les hommes ne votent à une majorité des deux tiers pour les commencer, et alors, comme je vous l'ai dit ce matin, ils commenceront sur notre échelle mobile. Je n'ai rien d'autre à dire." Ils se retirèrent. Environ deux semaines plus tard, l'un des domestiques s'est présenté à ma bibliothèque à New York avec une carte sur laquelle figuraient les noms de deux de nos ouvriers, ainsi que celui d'un révérend. Les hommes ont dit qu'ils venaient de l'usine de Pittsburgh et qu'ils voulaient me voir. "Demandez si l'un de ces messieurs fait partie des ouvriers des hauts-fourneaux qui les ont banalisés contrairement à l'accord." L'homme est revenu et a dit : "Non." Je lui ai répondu : "Dans ce cas, descendez et dites-leur que je serai heureux de les faire monter." Bien sûr, ils ont été reçus avec une chaleur et une cordialité authentique et nous nous sommes assis et avons parlé de New York, pendant un certain temps, car c'était leur première visite. "M. Carnegie, nous sommes vraiment venus pour parler des problèmes de l'usine", dit enfin le ministre. "Oh, en effet !" Je répondis. "Les hommes ont-ils voté ?" "Non", a-t-il dit. Ma réplique a été la suivante : " Vous devrez m'excuser d'entrer dans ce sujet ; j'ai dit que je n'en parlerais jamais avant qu'ils aient voté à la majorité des deux tiers la mise en route des moulins. Messieurs, vous n'avez jamais vu New York. Laissez-moi vous faire sortir et vous montrer la Cinquième Avenue et le Parc, et nous reviendrons ici pour déjeuner à une heure et demie." C'est ce que nous avons fait, en parlant de tout sauf de la seule chose dont ils voulaient parler. Nous avons passé un bon moment, et je sais qu'ils ont apprécié leur déjeuner. Il y a une grande différence entre l'ouvrier américain et l'étranger. L'Américain est un homme ; il s'assied pour déjeuner avec les gens comme s'il était (comme il l'est généralement) un gentleman né. C'est splendide. Ils sont retournés à Pittsburgh, sans que l'on ait dit un mot de plus sur les travaux. Mais les hommes ont rapidement voté (il y a eu très peu de votes contre le démarrage) et je suis retourné à Pittsburgh. J'ai présenté au comité le barème selon lequel ils allaient travailler. Il s'agissait d'une échelle mobile basée sur le prix du produit. Une telle échelle fait vraiment du capital et du travail des partenaires, partageant ensemble les périodes de prospérité et de désastre. Bien sûr, elle comporte un minimum, de sorte que les hommes sont toujours assurés d'un salaire décent. Comme les hommes avaient vu ces barèmes, il n'était pas nécessaire de les revoir. Le président dit : "M. Carnegie, nous sommes d'accord sur tout. Et maintenant, dit-il en hésitant, nous avons une faveur à vous demander, et nous espérons que vous ne la refuserez pas." "Eh bien, messieurs, si c'est raisonnable, je vais sûrement l'accorder." "Eh bien, c'est ceci : que vous autorisiez les responsables du syndicat à signer ces papiers pour les hommes." "Mais certainement, messieurs ! Avec le plus grand plaisir ! Et puis j'ai une petite faveur à vous demander, que vous ne refuserez pas, j'espère, comme j'ai accordé la vôtre. Pour me faire plaisir, après que les officiers auront signé, que chaque ouvrier signe aussi pour lui-même. Vous voyez, M. Bennett, cette échelle dure trois ans, et un homme, ou un groupe d'hommes pourraient contester si votre président du syndicat avait l'autorité de les lier pour si longtemps, mais si nous avons aussi sa signature, il ne peut y avoir aucun malentendu." Il y eut une pause ; puis un homme à ses côtés chuchota à M. Bennett (mais je l'ai parfaitement entendu) : "Bon sang, la fête est finie !" Ce fut le cas, mais pas par une attaque directe, mais par un mouvement de flanc. Si je n'avais pas permis aux officiers du syndicat de signer, ils auraient eu un grief et une excuse pour la guerre. Mais comme je leur avais permis de le faire, comment auraient-ils pu refuser une demande aussi simple que la mienne, à savoir que chaque citoyen américain libre et indépendant signe également pour lui-même ? Je me souviens qu'en fait, les officiers de l'Union n'ont jamais signé, mais ils l'ont peut-être fait. Pourquoi l'auraient-ils fait, si la signature de chaque homme était requise ? En outre, les ouvriers, sachant que le syndicat ne pouvait rien faire pour eux lorsque le barème a été adopté, ont négligé de payer les cotisations et le syndicat a été déserté. On n'en a plus jamais entendu parler. [C'était en 1889, il y a maintenant vingt-sept ans. Le barème n'a jamais été modifié. Les hommes ne le changeraient pas s'ils le pouvaient ; il fonctionne à leur avantage, comme je leur ai dit qu'il le ferait]. De tous les services que j'ai rendus aux travailleurs, l'introduction de l'échelle mobile est le plus important. C'est la solution au problème du capital et du travail, parce qu'elle fait d'eux des partenaires égaux dans la prospérité et l'adversité. Une échelle annuelle a été appliquée dans le district de Pittsburgh au cours des premières années, mais ce n'est pas un bon plan parce que les hommes et les employeurs commencent immédiatement à se préparer à une lutte qui est presque certaine. Il est de loin préférable, tant pour les employeurs que pour les employés, de ne fixer aucune date pour la fin d'un barème convenu. Elle devrait faire l'objet d'un préavis de six mois ou d'un an de part et d'autre, et de cette façon elle pourrait et probablement durerait des années. Pour montrer sur quelles vétilles peut tourner un conflit entre le capital et le travail, laissez-moi vous raconter deux cas qui ont été réglés à l'amiable par de simples incidents apparemment sans conséquence. Une fois, lorsque je suis allé à la rencontre d'un comité d'hommes qui, à notre avis, avait fait des demandes injustes, j'ai été informé qu'ils étaient influencés par un homme qui possédait secrètement un saloon de boisson, bien que travaillant dans les usines. C'était un grand tyran. Les ouvriers sobres et tranquilles avaient peur de lui, et les buveurs étaient ses débiteurs. Il était le véritable instigateur du mouvement. Nous nous sommes rencontrés de la manière habituelle et amicale. J'étais heureux de voir les hommes, dont beaucoup que je connaissais depuis longtemps et que je pouvais appeler par leur nom. Lorsque nous nous sommes assis à la table, le siège du chef était à une extrémité et le mien à l'autre. Nous étions donc face à face. Après avoir présenté notre proposition à l'assemblée, j'ai vu le chef ramasser son chapeau sur le sol et le mettre lentement sur sa tête, indiquant ainsi qu'il était sur le point de partir. C'était ma chance. "Monsieur, vous êtes en présence de gentlemen ! Ayez la gentillesse d'enlever votre chapeau ou de quitter la pièce !" J'avais les yeux fixés sur lui. Il y avait un silence que l'on pouvait sentir. La grande brute hésitait, mais je savais que quoi qu'il fasse, il serait battu. S'il partait, c'était parce qu'il avait traité l'assemblée avec discourtoisie en gardant son chapeau, il n'était pas un gentleman ; s'il restait et enlevait son chapeau, il avait été écrasé par la réprimande. Je ne me souciais pas du choix qu'il faisait. Il n'en avait que deux, et l'un ou l'autre était fatal. Il s'était livré entre mes mains. Il a enlevé son chapeau très lentement et l'a posé sur le sol. Il n'a pas dit un mot par la suite au cours de cette conférence. On m'a dit par la suite qu'il avait dû quitter les lieux. Les hommes se sont réjouis de cet épisode et un accord a été harmonieusement conclu. Lorsque l'échelle de trois ans a été proposée aux hommes, un comité de seize personnes a été choisi par eux pour conférer avec nous. Peu de progrès ont été réalisés au début, et j'ai annoncé que mes engagements m'obligeaient à retourner le lendemain à New York. On a demandé si nous allions rencontrer un comité de trente-deux, car les hommes souhaitaient que d'autres personnes soient ajoutées au comité, signe certain de division dans leurs rangs. Bien sûr, nous avons accepté. Le comité est venu de l'usine pour me rencontrer au bureau de Pittsburgh. Les débats ont été ouverts par l'un de nos meilleurs hommes, Billy Edwards (je me souviens bien de lui ; il a atteint une position élevée par la suite), qui a estimé que le total offert était juste, mais que l'échelle n'était pas équitable. Certains départements étaient très bien, d'autres n'étaient pas traités équitablement. La plupart des hommes étaient naturellement de cet avis, mais lorsqu'ils en venaient à indiquer les sous-payés, il y avait une différence, comme il fallait s'y attendre. Il n'y avait pas deux hommes dans les différents départements qui étaient d'accord. Billy a commencé : "M. Carnegie, nous convenons que la somme totale par tonne à payer est juste, mais nous pensons qu'elle n'est pas correctement répartie entre nous. Maintenant, M. Carnegie, vous prenez mon travail..." "Ordre, ordre !" J'ai crié. "Pas de ça, Billy. M. Carnegie ne prend pas le travail d'un autre. Prendre le travail d'un autre est une offense impardonnable parmi les ouvriers de grande classe." Il y a eu de grands rires, suivis d'applaudissements, puis de nouveaux rires. Je riais avec eux. Nous avions marqué un point sur Billy. Bien sûr, le différend a été rapidement réglé. Ce n'est pas seulement, et souvent pas principalement, une question de dollars avec les ouvriers. L'appréciation, la gentillesse, l'équité sont souvent des forces puissantes avec les ouvriers américains. Les employeurs peuvent faire tellement de choses désirables pour leurs hommes à peu de frais. Lors d'une réunion, lorsque j'ai demandé ce que nous pouvions faire pour eux, je me souviens que ce même Billy Edwards s'est levé et a dit que la plupart des hommes devaient s'endetter auprès des commerçants parce qu'ils étaient payés mensuellement. Je me souviens bien de ses paroles : "J'ai une bonne femme pour épouse qui se débrouille bien. Nous allons à Pittsburgh tous les quatre samedis après-midi et achetons nos fournitures en gros pour le mois suivant et économisons un tiers. Peu de vos hommes peuvent faire cela. Les commerçants d'ici font payer tellement cher. Et autre chose, ils font payer très cher le charbon. Si vous payiez vos hommes toutes les deux semaines, au lieu de tous les mois, cela serait aussi bon pour les hommes prudents qu'une augmentation de salaire de dix pour cent ou plus." "M. Edwards, ce sera fait", ai-je répondu. Cela impliquait une augmentation de la main-d'œuvre et un peu plus de commis, mais c'était une petite affaire. La remarque sur les prix élevés pratiqués m'a amené à me demander pourquoi les hommes ne pouvaient pas ouvrir un magasin coopératif. C'est ce qui a été fait, la société acceptant de payer le loyer du bâtiment, mais insistant pour que les hommes prennent eux-mêmes le stock et le gèrent. C'est ainsi qu'est née la Braddock's Coöperative Society, une institution précieuse pour de nombreuses raisons, notamment parce qu'elle a appris aux hommes que les affaires avaient leurs difficultés. Le problème du charbon a été résolu efficacement en acceptant que la compagnie vende à tous ses hommes du charbon au prix coûtant net (environ la moitié de ce qui avait été facturé par les marchands de charbon, selon ce qu'on m'a dit) et en s'arrangeant pour le livrer chez les hommes - l'acheteur ne payant que le coût réel du transport. Il y avait un autre problème. Nous avons constaté que les économies des hommes leur causaient de l'inquiétude, car les hommes prudents et économes ont peu confiance dans les banques et, malheureusement, notre gouvernement de l'époque n'a pas suivi les Britanniques en créant des banques de dépôt dans les bureaux de poste. Nous avons proposé de prendre les économies réelles de chaque ouvrier, jusqu'à deux mille dollars, et de leur verser un intérêt de six pour cent, afin d'encourager l'épargne. Leur argent était gardé séparément de l'entreprise, dans un fonds en fiducie, et prêté à ceux qui souhaitaient se construire une maison. Je considère que c'est l'une des meilleures choses que l'on puisse faire pour l'ouvrier économe. Ce sont de telles concessions qui se sont avérées les investissements les plus rentables jamais réalisés par la société, même d'un point de vue économique. Il est payant d'aller au-delà de la lettre de l'obligation avec vos hommes. Deux de mes partenaires, comme l'a dit M. Phipps, "connaissaient mon extrême disposition à toujours accéder aux demandes des travailleurs, même si elles étaient déraisonnables", mais en regardant en arrière, j'aurais aimé que mon échec à cet égard soit plus grand, beaucoup plus grand. Aucune dépense n'a rapporté autant de dividendes que l'amitié de nos ouvriers. Nous avons rapidement eu un corps d'ouvriers, je le crois sincèrement, totalement inégalé - les meilleurs ouvriers et les meilleurs hommes jamais réunis. Les querelles et les grèves sont devenues des choses du passé. Si les hommes de Homestead avaient été nos propres anciens hommes, au lieu d'hommes que nous avons dû ramasser, il est à peine possible que les problèmes de 1892 aient pu se produire. La balance des aciéries, introduite en 1889, a fonctionné jusqu'à aujourd'hui (1914), et je pense qu'il n'y a jamais eu de grief de travail à l'usine depuis. Les hommes, comme je l'ai déjà dit, ont dissous leur ancien syndicat parce qu'il était inutile de payer des cotisations à un syndicat quand les hommes eux-mêmes avaient un contrat de trois ans. Bien que leur syndicat soit dissous un autre et meilleur a pris sa place - une union cordiale entre les employeurs et leurs hommes, la meilleure union de toutes pour les deux parties. Il est dans l'intérêt de l'employeur que ses hommes gagnent bien leur vie et aient un travail régulier. L'échelle mobile permet à l'entreprise de répondre au marché et, parfois, de prendre des commandes et de faire tourner l'usine, ce qui est l'essentiel pour les ouvriers. Des salaires élevés, c'est bien, mais il ne faut pas les comparer à un emploi stable. Les usines d'Edgar Thomson sont, à mon avis, les usines idéales en ce qui concerne les relations entre le capital et le travail. On me dit que les hommes de notre époque, et même aujourd'hui (1914), préfèrent deux à trois tours, mais trois tours, c'est certain. Les heures de travail doivent être réduites à mesure que nous progressons. Huit heures seront la règle - huit pour le travail, huit pour le sommeil, et huit pour le repos et la récréation. De nombreux incidents dans ma vie professionnelle ont prouvé que les conflits du travail ne sont pas uniquement fondés sur les salaires. Je crois que le meilleur moyen de prévenir les querelles est de reconnaître et de s'intéresser sincèrement aux hommes, de leur montrer que vous vous souciez vraiment d'eux et que vous vous réjouissez de leur réussite. Je peux dire sincèrement que j'ai toujours apprécié mes conférences avec nos ouvriers, qui ne portaient pas toujours sur les salaires, et que plus je connaissais les hommes, plus je les aimais. Ils ont généralement deux vertus contre une pour l'employeur, et ils sont certainement plus généreux les uns envers les autres. Le travail est généralement impuissant face au capital. L'employeur, peut-être, décide de fermer les magasins ; il cesse de faire des profits pendant une courte période. Il n'y a pas de changement dans ses habitudes, sa nourriture, ses vêtements, ses plaisirs - pas de peur angoissante du manque. Comparez cela avec l'ouvrier dont la diminution des moyens de subsistance le tourmente. Il a peu de conforts, à peine le nécessaire pour sa femme et ses enfants en bonne santé, et pour les petits malades aucun traitement approprié. Ce n'est pas le capital que nous devons protéger, mais le travail sans défense. Si je reprenais mes affaires demain, la crainte des conflits du travail n'entrerait pas dans mon esprit, mais la tendresse pour les ouvriers pauvres et parfois malavisés, bien que bien intentionnés, remplirait mon cœur et l'adoucirait ; et par là même adoucirait les leurs. À mon retour à Pittsburgh en 1892, après les troubles de Homestead, je me suis rendu à l'usine et j'ai rencontré beaucoup de vieux hommes qui n'avaient pas participé à l'émeute. Ils ont exprimé l'opinion que si j'avais été à la maison, la grève n'aurait jamais eu lieu. Je leur ai dit que la compagnie avait offert des conditions généreuses et que je n'aurais pas dû aller au-delà de son offre ; qu'avant que leur câble ne me parvienne en Écosse, le gouverneur de l'État était apparu sur les lieux avec des troupes et souhaitait que la loi soit respectée ; que la question avait alors échappé à mes partenaires ! J'ai ajouté : "Vous avez été mal conseillé. L'offre de mes partenaires aurait dû être acceptée. Elle était très généreuse. Je ne sais pas si j'aurais offert autant." À cela, l'un des rouleurs m'a dit : "Oh, M. Carnegie, ce n'était pas une question de dollars. Les garçons vous auraient laissé les frapper, mais ils n'auraient pas laissé l'autre homme leur caresser les cheveux." Les sentiments comptent pour beaucoup dans les affaires pratiques de la vie, même avec les classes laborieuses. Ceux qui ne les connaissent pas ne le croient généralement pas, mais je suis certain que les disputes sur les salaires ne représentent pas la moitié des désaccords entre le capital et le travail. Il y a un manque d'appréciation et de bienveillance de la part des employeurs à l'égard des employés. Des poursuites avaient été engagées contre de nombreux grévistes, mais à mon retour, elles ont été rapidement rejetées. Tous les anciens qui restaient, et qui n'avaient pas été coupables de violence, ont été repris. J'avais envoyé un câble d'Écosse demandant instamment que M. Schwab soit renvoyé à Homestead. Il n'avait été promu que récemment au poste d'Edgar Thomson Works. Il y est retourné, et "Charlie", comme on l'appelait affectueusement, a rapidement rétabli l'ordre, la paix et l'harmonie. S'il était resté à l'usine de Homestead, selon toute probabilité, aucun problème sérieux ne serait survenu. "Charlie" aimait ses ouvriers et ceux-ci l'aimaient ; mais il restait encore à Homestead un élément insatisfaisant chez les hommes qui avaient été écartés de nos diverses usines pour de bonnes raisons et qui avaient trouvé un emploi dans les nouvelles usines avant que nous les achetions.

Chapitre 19 : L'évangile de la richesse

APRÈS la publication de mon livre, "L'Évangile de la richesse", il était inévitable que je me conforme à ses enseignements en cessant de lutter pour obtenir davantage de richesses. J'ai résolu de cesser d'accumuler et d'entreprendre la tâche infiniment plus sérieuse et difficile de la sage distribution. Nos bénéfices avaient atteint quarante millions de dollars par an et la perspective d'une augmentation des gains qui s'offrait à nous était étonnante. Nos successeurs, la United States Steel Corporation, peu après l'achat, ont réalisé soixante millions en un an. Si notre société avait poursuivi ses activités et adhéré à nos plans d'expansion, nous avons estimé que nous aurions pu gagner soixante-dix millions cette année-là. L'acier était monté sur le trône et chassait tout matériau de qualité inférieure. On voyait clairement qu'un grand avenir nous attendait ; mais en ce qui me concerne, je savais que la tâche de distribution qui m'attendait me mettrait à rude épreuve dans ma vieillesse. Comme d'habitude, Shakespeare avait mis sa touche talismanique sur cette pensée et avait formulé la phrase- "Ainsi la distribution devrait annuler l'excès, et chaque homme avoir assez." À ce moment-là - c'est-à-dire en mars 1901 - M. Schwab m'a dit que M. Morgan lui avait dit qu'il aimerait vraiment savoir si je souhaitais me retirer des affaires ; dans l'affirmative, il pensait pouvoir arranger cela. Il a également dit qu'il avait consulté nos partenaires et qu'ils étaient disposés à vendre, étant attirés par les conditions que M. Morgan avait offertes. J'ai dit à M. Schwab que si mes partenaires étaient désireux de vendre, je serais d'accord, et nous avons finalement vendu.

CHARLES M. SCHWAB

IL Y AVAIT EU TELLEMENT de tromperies de la part de spéculateurs qui achetaient de vieilles usines de fer et d'acier et les vendaient à des acheteurs innocents à des valeurs gonflées - des actions de cent dollars dans certains cas, vendues pour une bagatelle - que j'ai refusé de prendre quoi que ce soit pour les actions ordinaires. Si je l'avais fait, cela m'aurait donné environ cent millions de plus d'obligations à cinq pour cent, que M. Morgan a dit après coup que j'aurais pu obtenir. Telle était la prospérité et la valeur monétaire de notre entreprise sidérurgique. Les événements ont prouvé que j'aurais été tout à fait justifié de demander la somme supplémentaire mentionnée, car les actions ordinaires ont payé cinq pour cent de façon continue depuis. Mais j'en avais assez, comme cela a été prouvé, pour me tenir plus occupé que jamais à essayer de la distribuer. Ma première distribution a été faite aux hommes des usines. Les lettres et documents suivants expliqueront ce don

: New York, N.Y., 12 mars 1901 Je fais ce premier usage de l'excédent de richesse, quatre millions d'obligations de première hypothèque 5%, en me retirant des affaires, comme une reconnaissance de la dette profonde que je dois aux ouvriers qui ont contribué si largement à mon succès. Il est destiné à soulager ceux qui peuvent souffrir d'accidents, et à fournir de petites pensions à ceux qui ont besoin d'aide dans leur vieillesse. En outre, je donne un million de dollars de ces obligations, dont le produit sera utilisé pour entretenir les bibliothèques et les salles que j'ai construites pour nos ouvriers. En retour, les ouvriers de Homestead ont présenté l'adresse suivante : Munhall, Pa, 23 février 1903 M. Andrew CarnegieNew York, N.Y. Cher Monsieur : Nous, les employés de l'usine sidérurgique de Homestead, désirons par ce moyen vous exprimer, par l'intermédiaire de notre comité, notre grande reconnaissance pour la bienveillance dont vous avez fait preuve en créant le "Andrew Carnegie Relief Fund", dont le premier rapport annuel de fonctionnement nous a été présenté le mois dernier. L'intérêt que vous avez toujours porté à vos ouvriers vous a valu une reconnaissance qui ne peut être exprimée par de simples mots. Parmi les nombreux canaux par lesquels vous avez cherché à faire le bien, nous pensons que le "Andrew Carnegie Relief Fund" est le premier. Nous savons personnellement que les soucis ont été allégés et que l'espoir et la force ont été renouvelés dans des foyers où les perspectives humaines semblaient sombres et décourageantes. Respectueusement vôtre {Harry F. Rose, Roller [John Bell, Jr., forgeron Comité { J.A. Horton, chronométreur {Walter A. Greig, contremaître électrique {Harry Cusack, Yardmaster Les hommes de Lucy Furnace m'ont présenté une belle plaque d'argent sur laquelle était inscrite l'adresse suivante : Fonds de secours Andrew Carnegie Fourneaux Lucy Attendu que M. Andrew Carnegie, dans le cadre de sa philanthropie généreuse, a créé le "Fonds de secours Andrew Carnegie" au profit des employés de la société Carnegie. Il est résolu que les employés des Lucy Furnaces, réunis en assemblée spéciale, transmettent à M. Andrew Carnegie leurs sincères remerciements et leur appréciation de sa dotation inégalée et généreuse, et qu'en outre Il est résolu que le souhait et la prière les plus sincères sont que sa vie soit épargnée longtemps pour qu'il puisse jouir des fruits de ses travaux. {James Scott, Président {Louis A. Hutchison, Secrétaire {James Daly Comité {R.C. Taylor {John V. Ward [Frederick Voelker {John M. Veigh. Je m'embarquai bientôt pour l'Europe et, comme d'habitude, certains de mes partenaires ne manquèrent pas de m'accompagner jusqu'au paquebot pour me dire au revoir. Mais, oh ! la différence pour moi ! Dire ce que nous voulions, faire ce que nous voulions, le changement solennel était arrivé. Je ne pouvais que m'en rendre compte. La déchirure était en effet sévère et il y avait de la douleur dans cet adieu qui était aussi un adieu. À mon retour à New York quelques mois plus tard, je ne me sentais pas du tout à ma place, mais j'ai été très réconforté de voir plusieurs des "garçons" sur le quai pour m'accueillir - les mêmes chers amis, mais si différents. J'avais perdu mes partenaires, mais pas mes amis. C'était quelque chose ; c'était beaucoup. Mais il restait encore un vide à combler. Je devais maintenant m'atteler à la tâche que je m'étais assignée, à savoir disposer sagement de l'excédent de richesse. Cela m'intéresserait beaucoup. Un jour, mes yeux ont vu par hasard une ligne dans ce journal des plus précieux, le "Scottish American", dans lequel j'avais trouvé de nombreuses pierres précieuses. Voici la ligne en question : "Les dieux envoient du fil pour un web commencé." C'était comme s'il m'avait été envoyé directement. Cela m'a touché au cœur et j'ai décidé de commencer immédiatement ma première toile. Il est vrai que les dieux ont envoyé le fil sous la forme appropriée. Le Dr J.S. Billings, des bibliothèques publiques de New York, est venu en tant qu'agent, et cinq millions et quart de dollars sont allés d'un seul coup pour soixante-huit bibliothèques annexes, promises pour la ville de New York. Vingt autres bibliothèques pour Brooklyn ont suivi. Mon père, comme je l'ai dit, avait été l'un des cinq pionniers de Dunfermline qui ont réuni et donné accès à leurs quelques livres à leurs voisins moins fortunés. J'ai suivi ses traces en offrant à ma ville natale une bibliothèque - dont la première pierre a été posée par ma mère - de sorte que cette bibliothèque publique a vraiment été mon premier cadeau. J'ai ensuite offert une bibliothèque et un hall publics à Allegheny City, notre premier foyer en Amérique. Le président Harrison m'a gentiment accompagné depuis Washington et a inauguré ces bâtiments. Peu après, Pittsburgh a demandé une bibliothèque, qui lui a été offerte. Celle-ci s'est transformée, en temps voulu, en un groupe de bâtiments comprenant un musée, une galerie de photos, des écoles techniques et la Margaret Morrison School for Young Women. Ce groupe de bâtiments a été ouvert au public le 5 novembre 1895. À Pittsburgh, j'avais fait fortune et, avec les vingt-quatre millions déjà dépensés pour ce groupe, elle ne récupère qu'une petite partie de ce qu'elle a donné et auquel elle a largement droit. Le deuxième don important était destiné à fonder la Carnegie Institution de Washington. Le 28 janvier 1902, j'ai donné dix millions de dollars en obligations à cinq pour cent, auxquels s'est ajoutée une somme suffisante pour que la valeur totale en espèces soit de vingt-cinq millions de dollars, les ajouts étant effectués en fonction des résultats obtenus. J'ai naturellement souhaité consulter le président Roosevelt à ce sujet et, si possible, inciter le secrétaire d'État, M. John Hay, à en être le président, ce qu'il a volontiers accepté de faire. Avec lui étaient associés comme directeurs mon vieil ami Abram S. Hewitt, le Dr Billings, William E. Dodge, Elihu Root, le colonel Higginson, D.O. Mills, le Dr S. Weir Mitchell, et d'autres. Lorsque j'ai montré au Président Roosevelt la liste des hommes distingués qui avaient accepté de servir, il a fait remarquer : "Vous ne pourriez pas la dupliquer". Il était fortement favorable à la fondation, qui a été constituée par une loi du Congrès le 28 avril 1904, comme suit : Encourager de la manière la plus large et la plus libérale les enquêtes, les recherches et les découvertes, ainsi que l'application des connaissances à l'amélioration de l'humanité ; et, en particulier, mener, financer et aider les recherches dans tous les domaines de la science, de la littérature ou de l'art, et à cette fin, coopérer avec les gouvernements, les universités, les collèges, les écoles techniques, les sociétés savantes et les particuliers.

L'INSTITUT CARNEGIE DE PITTSBURGH

JE SUIS REDEVABLE AU Dr Billings qui m'a guidé dans le choix du Dr Daniel C. Gilman comme premier président. Il est décédé quelques années plus tard. Le Dr Billings a ensuite recommandé le président actuel, le Dr Robert S. Woodward, qui connaît un grand succès. Qu'il continue longtemps à guider les affaires de l'institution ! L'histoire de ses réalisations est si bien connue par ses publications qu'il n'est pas nécessaire de la détailler ici. Je peux cependant faire référence à deux de ses entreprises qui sont quelque peu uniques. Elle rend un service mondial avec le yacht de bois et de bronze, "Carnegie", qui fait le tour du monde pour corriger les erreurs des levés antérieurs. Beaucoup de ces relevés océaniques se sont révélés trompeurs, en raison des variations de la boussole. Le bronze étant non magnétique, alors que le fer et l'acier le sont fortement, les observations précédentes se sont avérées sujettes à erreur. Un exemple notable est celui de l'échouement d'un navire à vapeur de la Cunard près des Açores. Le capitaine Peters, du "Carnegie", a jugé bon de tester ce cas et a découvert que le capitaine du malheureux vapeur naviguait sur la route indiquée sur la carte de l'amirauté et n'était pas à blâmer. L'observation initiale était erronée. L'erreur causée par la variation a été promptement corrigée. Ce n'est qu'une des nombreuses corrections rapportées aux nations qui descendent sur la mer dans des navires. Leurs remerciements sont notre ample récompense. Dans l'acte de donation, j'ai exprimé l'espoir que notre jeune République pourrait un jour être en mesure de rembourser, au moins dans une certaine mesure, la grande dette qu'elle doit aux terres plus anciennes. Rien ne me donne une plus grande satisfaction que de savoir qu'elle a, dans une certaine mesure, déjà commencé à le faire. Avec les services uniques rendus par le "Carnegie" errant, nous pouvons classer celui de l'observatoire fixe du Mont Wilson, en Californie, à une altitude de 5886 pieds. Le professeur Hale en est le responsable. Il a assisté à la réunion des principaux astronomes à Rome une année, et ses révélations ont été telles que ces savants ont décidé que leur prochaine réunion aurait lieu au sommet du Mont Wilson. Et ce fut le cas. Il n'y a qu'un seul Mont Wilson. À une profondeur de soixante-douze pieds dans la terre, des photographies ont été prises de nouvelles étoiles. Sur la première de ces plaques, de nombreux Nouveaux Mondes - seize, je crois - ont été découverts. Sur la deuxième, je crois qu'il y avait soixante Nouveaux Mondes qui étaient entrés dans notre champ de vision, et sur la troisième plaque, on estimait qu'il y en avait plus d'une centaine - on disait que plusieurs d'entre eux avaient vingt fois la taille de notre soleil. Certaines d'entre elles étaient si éloignées qu'il fallait huit ans pour que leur lumière nous parvienne, ce qui nous incite à baisser la tête en nous murmurant : "Tout ce que nous savons n'est rien face à l'inconnu." Lorsque le nouveau verre monstrueux, trois fois plus grand que tous ceux qui existent, sera en service, quelles révélations nous attendent ! Je suis sûr que si une race habite la lune, elle sera clairement visible. La troisième tâche délicieuse fut de fonder le Hero Fund, dans lequel tout mon cœur était concerné. J'avais entendu parler d'un grave accident dans une mine de charbon près de Pittsburgh, et comment l'ancien directeur, M. Taylor, bien qu'engagé dans d'autres activités, s'était immédiatement rendu sur les lieux, espérant être utile dans cette crise. Il a rassemblé des volontaires, qui ont répondu avec empressement, et les a conduits dans la fosse pour sauver ceux qui étaient en dessous. Hélas, hélas, le chef héroïque a perdu la vie. Je n'arrivais pas à chasser cette idée de mon esprit. Mon cher, cher ami, M. Richard Watson Gilder, m'avait envoyé le vrai et beau poème suivant, et je l'ai relu le matin après l'accident, et j'ai alors décidé de créer le Hero Fund. EN TEMPS DE PAIX Il a été dit : "Quand le roulement des tambours et le rugissement des batailles cesseront sur la terre, ô, alors plus jamais L'acte - la race - des héros du pays." Mais à peine ce mot était-il prononcé qu'une petite main Levé victorieux d'une injustice géante qui avait écrasé ses victimes à travers les âges ; Quelque femme a dressé son visage pâle et frémissantForte comme un roc contre la disgrâce d'un homme ; Un petit enfant a souffert en silence de peur que sa douleur sauvage ne blesse le sein d'une mère ; Un érudit discret a jeté son gant et a risqué, au grand nom de la Vérité, le froncement de sourcils du synode ; Un héros civique, dans le calme royaume des lois, a fait ce qui a soudainement attiré les applaudissements du monde entier ; Et un à la peste, son jeune corps léger a donné pour qu'il puisse sauver mille mille vies. C'est ainsi qu'est née la caisse de cinq millions de dollars destinée à récompenser les héros, ou à soutenir les familles des héros, qui périssent dans l'effort de servir ou de sauver leurs semblables, et à compléter la contribution des employeurs ou d'autres personnes au soutien des familles de ceux que les accidents ont laissés dans la misère. Ce fonds, créé le 15 avril 1904, s'est révélé être un succès à tous points de vue. J'ai une estime paternelle pour ce fonds, car personne ne me l'a suggéré. Pour autant que je sache, on n'y a jamais pensé ; c'est pourquoi il s'agit clairement de "mon propre enfant". Plus tard, je l'ai étendu à mon pays natal, la Grande-Bretagne, avec un siège à Dunfermline - les administrateurs du Carnegie Dunfermline Trust se chargeant de son administration, et ils ont magnifiquement réussi. En temps voulu, il a été étendu à la France, l'Allemagne, l'Italie, la Belgique, la Hollande, la Norvège, la Suède, la Suisse et le Danemark. En ce qui concerne son fonctionnement en Allemagne, j'ai reçu une lettre de David Jayne Hill, notre ambassadeur américain à Berlin, dont je cite un extrait : L'objet principal de ma lettre est de vous dire combien Sa Majesté est satisfaite du fonctionnement du Fonds du héros allemand. Il en est enthousiasmé et a parlé en termes très élogieux de votre discernement, ainsi que de votre générosité en le fondant. Il ne pensait pas qu'il remplirait une place aussi importante qu'il le fait. Il m'a parlé de plusieurs cas qui sont vraiment touchants, et qui, autrement, n'auraient pas été du tout pourvu. L'un d'eux est celui d'un jeune homme qui a sauvé un garçon de la noyade et qui, au moment où l'on s'apprêtait à le sortir de l'eau, après avoir fait monter l'enfant dans un bateau, a eu une défaillance cardiaque et a sombré. Il a laissé une jeune et jolie épouse et un petit garçon. Le Hero Fund l'a déjà aidée à monter une petite affaire qui lui permettra de gagner sa vie, et l'éducation du garçon, qui est très intelligent, sera prise en charge. Ce n'est qu'un exemple. Valentini (chef du Cabinet civil), qui était quelque peu sceptique au début quant à la nécessité d'un tel fonds, est maintenant rayonnant d'enthousiasme à ce sujet, et il me dit que toute la Commission, qui est composée d'hommes soigneusement choisis, est sincèrement dévouée à la tâche de faire le meilleur et le plus sage usage de leurs moyens et a consacré beaucoup de temps à leurs décisions. Ils ont correspondu avec la Commission anglaise et la Commission française, se sont arrangés pour échanger des rapports et ont fait des plans pour rester en contact les uns avec les autres dans leur travail. Ils ont été profondément intéressés par le rapport américain et ont beaucoup appris de celui-ci. Le roi Édouard de Grande-Bretagne a été profondément impressionné par les dispositions du fonds et m'a écrit une lettre autographe pour me remercier de ce don et d'autres dons à mon pays natal, lettre à laquelle je tiens beaucoup et que j'ai donc insérée. Château de Windsor, 21 novembre 1908 Cher M. Carnegie : Depuis quelque temps, j'ai tenu à vous exprimer le sentiment de votre générosité pour les grands objets publics que vous avez présentés à ce pays, la terre de votre naissance. À peine moins admirable que les cadeaux eux-mêmes, c'est le grand soin et la réflexion que vous avez apportés à la prévention de leur mauvais usage. Je tiens à vous dire combien je reconnais chaleureusement vos très généreux bienfaits et les grands services qu'ils sont susceptibles de rendre au pays. En signe de reconnaissance, j'espère que vous accepterez le portrait de moi-même que je vous envoie. Croyez-moi, cher M. Carnegie, Sincèrement vôtre Edward R. & I. Certains journaux américains ont douté des mérites du Hero Fund et le premier rapport annuel a été critiqué, mais tout cela est passé et l'action du fonds est maintenant chaleureusement louée. Il a vaincu, et il faudra attendre longtemps avant que le fonds ne périsse ! Les héros du passé barbare blessaient ou tuaient leurs semblables ; les héros de notre époque civilisée servent ou sauvent les leurs. Telle est la différence entre le courage physique et le courage moral, entre la barbarie et la civilisation. Ceux qui appartiennent à la première classe disparaîtront bientôt, car nous finirons par considérer les hommes qui s'entretuent comme nous considérons aujourd'hui les cannibales qui se mangent entre eux ; mais ceux de la seconde classe ne mourront pas tant que l'homme existera sur la terre, car l'héroïsme dont ils font preuve est divin. Le Hero Fund sera avant tout un fonds de pension. Il compte déjà de nombreux pensionnés, héros, veuves ou enfants de héros. Au début, une étrange méprise s'est installée à son sujet. Beaucoup ont pensé que son but était de stimuler l'action héroïque, que les héros devaient être incités à jouer leur rôle pour être récompensés. Cette idée n'a jamais effleuré mon esprit. C'est absurde. Les vrais héros ne pensent pas à la récompense. Ils sont inspirés et ne pensent qu'à leurs compagnons en danger, jamais à eux-mêmes. Le fonds est destiné à assurer une pension ou à subvenir de la manière la plus appropriée aux besoins du héros s'il devient invalide, ou à ceux des personnes à sa charge s'il périt dans sa tentative de sauver les autres. Il a pris un bon départ et sa popularité augmentera d'année en année à mesure que ses objectifs et ses services seront mieux compris. Aujourd'hui, nous avons en Amérique 1430 héros pensionnés ou leurs familles sur notre liste. J'ai trouvé le président du Hero Fund chez un vétéran de Carnegie, l'un des premiers garçons, Charlie Taylor. Charlie n'a pas de salaire - il ne prendra jamais un centime. Il aime tellement ce travail que je crois qu'il paierait cher pour avoir la permission de vivre avec. C'est l'homme qu'il faut à la place qu'il faut. Il est également chargé, avec l'aide compétente de M. Wilmot, des pensions des ouvriers de Carnegie (Carnegie Relief Fund), ainsi que des pensions des employés des chemins de fer de mon ancienne division. Trois fonds de secours et tous profitent aux autres. J'ai pris ma revanche un jour sur Charlie, qui me poussait toujours à faire pour les autres. Il est diplômé de l'université de Lehigh et l'un de ses fils les plus loyaux. Lehigh souhaitait un bâtiment et Charlie était son principal défenseur. Je n'ai rien dit, mais j'ai écrit au président Drinker pour lui offrir les fonds nécessaires à la construction du bâtiment à condition que je lui donne un nom. Il a accepté, et je l'ai appelé "Taylor Hall". Lorsque Charlie a découvert cela, il est venu protester en disant que cela le rendrait ridicule, qu'il n'avait été qu'un modeste diplômé et qu'il n'avait pas le droit de voir son nom honoré publiquement, etc. Je me suis amusé de sa situation, j'ai attendu qu'il ait terminé, puis j'ai dit que cela le rendrait probablement un peu ridicule si j'insistais sur "Taylor Hall", mais qu'il devait être prêt à se sacrifier un peu pour Lehigh. S'il n'était pas rongé par la vanité, il ne se soucierait pas de la façon dont son nom serait utilisé si cela aidait son Alma Mater. Taylor n'était pas un grand nom de toute façon. C'était son insupportable vanité qui faisait tant d'histoires. Il devrait la vaincre. Il pouvait prendre sa décision. Il pouvait sacrifier le nom de Taylor ou sacrifier Lehigh, comme il voulait, mais. : "Pas de Taylor, pas de Hall." Je l'ai eu ! Les visiteurs qui, après coup, regarderont cette structure et se demanderont qui était Taylor peuvent être assurés qu'il était un fils loyal de Lehigh, un apôtre actif, et pas seulement un prêcheur, de l'évangile du service à ses semblables, et l'un des meilleurs hommes qui n'aient jamais vécu. Tel est notre Seigneur Haut-Commissaire aux Pensions.

Chapitre 20 : Fonds d'éducation et de pension

Le fonds de pension de quinze millions de dollars pour les professeurs d'université âgés (The Carnegie Endowment for the Advancement of Learning), quatrième don important, fait en juin 1905, a nécessité la sélection de vingt-cinq administrateurs parmi les présidents des établissements d'enseignement des États-Unis. Lorsque vingt-quatre d'entre eux - le président Harper, de l'université de Chicago, étant absent pour cause de maladie - m'ont fait l'honneur de se réunir chez nous pour l'organisation, j'ai obtenu une adhésion importante de ceux qui allaient devenir des amis plus intimes. M. Frank A. Vanderlip s'est avéré très utile au début, son expérience à Washington étant des plus précieuses, et nous avons trouvé en notre président, le Dr Henry S. Pritchett, l'homme indispensable. Ce fonds m'est très cher - connaissant, comme je le fais, beaucoup de ceux qui seront bientôt bénéficiaires, et convaincus comme je le suis de leur valeur et de la valeur du service déjà rendu par eux. De toutes les professions, celle d'enseignant est probablement la plus injustement, oui, la plus mesquinement payée, alors qu'elle devrait se classer parmi les plus élevées. Des hommes instruits, qui consacrent leur vie à enseigner aux jeunes, ne reçoivent que des sommes dérisoires. Lorsque j'ai pris place pour la première fois en tant qu'administrateur de l'Université Cornell, j'ai été choqué de constater à quel point les salaires des professeurs étaient faibles, en général inférieurs à ceux de certains de nos employés de bureau. Il est impossible d'épargner pour la vieillesse avec ces hommes. C'est pourquoi les universités qui n'ont pas de fonds de pension sont obligées de conserver des hommes qui ne sont plus capables, qui ne devraient plus être tenus, de remplir leurs fonctions. On ne peut douter de l'utilité de la caisse. [La première liste de bénéficiaires publiée a été concluante sur ce point, car elle contenait plusieurs noms de réputation mondiale, tant leur contribution au stock de connaissances humaines avait été importante. Plusieurs de ces bénéficiaires et leurs veuves m'ont écrit des lettres très touchantes. Je ne pourrai jamais les détruire, car si j'ai un jour un accès de mélancolie, je sais que le remède consiste à relire ces lettres. Mon ami, M. Thomas Shaw (aujourd'hui Lord

Shaw), de Dunfermline, avait écrit un article pour l'une des revues anglaises, montrant que beaucoup de pauvres en Écosse étaient incapables de payer les frais exigés pour donner à leurs enfants une éducation universitaire, bien que certains se soient privés de tout confort pour y parvenir. Après avoir lu l'article de M. Shaw, l'idée m'est venue de donner dix millions en obligations à cinq pour cent, la moitié des recettes annuelles de 104 000 £ devant servir à payer les frais des étudiants pauvres méritants et l'autre moitié à améliorer les universités. La première réunion des administrateurs de ce fonds (The Carnegie Trust for the Universities of Scotland) s'est tenue dans le bureau d'Édimbourg du Secrétaire d'État pour l'Écosse en 1902, sous la présidence de Lord Balfour of Burleigh. Il s'agissait d'un groupe d'hommes remarquables - le Premier ministre Balfour, Sir Henry Campbell-Bannerman (qui devint ensuite Premier ministre), John Morley (aujourd'hui Vicomte Morley), James Bryce (aujourd'hui Vicomte Bryce), le Comte d'Elgin, Lord Rosebery, Lord Reay, M. Shaw (aujourd'hui Lord Shaw), le Dr John Ross de Dunfermline, "l'homme de tous les travaux" qui contribuent au bonheur ou à l'instruction de ses semblables, et d'autres encore. J'ai expliqué que je leur avais demandé d'agir parce que je ne pouvais pas confier des fonds aux facultés des universités écossaises après avoir lu le rapport d'une commission récente. M. Balfour s'est promptement exclamé : "Pas un penny, pas un penny !" Le comte d'Elgin, qui avait été membre de la commission, était entièrement d'accord.

ANDREW CARNEGIE ET VICOMTE BRYCE

APRÈS AVOIR LU LES détails du fonds proposé, le comte d'Elgin n'était pas sûr d'accepter un trust qui n'était pas strict et spécifique. Il souhaitait savoir exactement quels étaient ses devoirs. J'avais donné à la majorité des administrateurs le droit de changer les objectifs de bienfaisance et les modes d'application des fonds, s'ils décidaient par la suite que les objectifs et les modes prescrits pour l'éducation en Écosse étaient devenus inadaptés ou inutiles pour les temps modernes. Balfour of Burleigh était d'accord avec le comte, tout comme le Premier ministre Balfour, qui a déclaré qu'il n'avait jamais entendu parler auparavant d'un testateur prêt à donner de tels pouvoirs. Il s'interroge sur l'opportunité de le faire. "Eh bien, ai-je dit, M. Balfour, je n'ai jamais connu un corps d'hommes capable de légiférer pour la génération à venir, et dans certains cas, ceux qui tentent de légiférer même pour leur propre génération ne sont pas considérés comme éminemment réussis." Il y a eu une vague de rires à laquelle le Premier ministre lui-même s'est joint de bon cœur, puis il a dit : "Vous avez raison, tout à fait raison ; mais vous êtes, je pense, le premier grand donateur qui a été assez sage pour adopter ce point de vue." J'avais proposé qu'une majorité ait le pouvoir, mais Lord Balfour a suggéré pas moins de deux tiers. Cette proposition a été acceptée par le comte d'Elgin et approuvée par tous. Je suis convaincu qu'il s'agit d'une sage disposition, comme le prouveront les jours à venir. Elle est incorporée dans tous mes dons importants, et je suis assuré que cette caractéristique se révélera précieuse dans les temps à venir. Le comte d'Elgin, de Dunfermline, n'a pas hésité à devenir président de ce trust. Lorsque j'ai dit au Premier ministre Balfour que j'espérais qu'Elgin pourrait être amené à assumer cette fonction, il a répondu sans hésiter : " Vous ne pourriez pas trouver un meilleur homme en Grande-Bretagne. " Nous sommes tous entièrement satisfaits maintenant sur ce point. La question est : où pouvons-nous trouver son égal ? C'est une étrange coïncidence qu'il n'y ait que quatre hommes vivants qui aient été nommés bourgmestres et aient reçu la liberté de Dunfermline, et tous sont liés au trust pour les universités d'Écosse, Sir Henry Campbell-Bannerman, le comte d'Elgin, le Dr John Ross et moi-même. Mais il y a une dame dans le cercle aujourd'hui, la seule personne qui ait jamais été aussi honorée de la liberté de Dunfermline, Mme Carnegie, dont le dévouement à la ville, comme le mien, est intense. Mon élection au Lord Rectorship de St. Andrews en 1902 a été un événement très important dans ma vie. Elle m'a admis dans le monde universitaire, auquel j'étais étranger. Peu d'incidents dans ma vie m'ont impressionné aussi profondément que la première réunion de la faculté, lorsque j'ai pris place dans le vieux fauteuil occupé successivement par tant de lords recteurs distingués au cours des presque cinq cents ans qui se sont écoulés depuis la fondation de St Andrews. J'ai lu le recueil des discours rectoraux pour me préparer à celui que j'allais bientôt prononcer. Le paragraphe le plus remarquable que j'ai rencontré dans l'un d'eux était le conseil du doyen Stanley aux étudiants "d'aller à Burns pour leur théologie". Qu'un haut dignitaire de l'Église et un favori de la reine Victoria se risque à dire cela aux étudiants de l'Université John Knox est très révélateur de la façon dont même la théologie s'améliore avec les années. Les meilleures règles de conduite se trouvent chez Burns. Il y a d'abord : "Ne crains que ton propre reproche." Je l'ai pris comme devise très tôt dans ma vie. Et deuxièmement : "La peur de l'enfer est le fouet du bourreau pour mettre le malheureux en ordre ; mais là où vous sentez votre honneur s'accrocher, que ce soit toujours votre frontière." Le discours du recteur de John Stuart Mill aux étudiants de St.

Andrews est remarquable. Il souhaitait manifestement leur donner le meilleur de lui-même. L'importance qu'il accorde à la musique en tant qu'aide à une vie élevée et à une jouissance pure et raffinée est remarquable. Telle est ma propre expérience. L'invitation faite aux directeurs des quatre universités écossaises et à leurs épouses ou filles de passer une semaine à Skibo a suscité beaucoup de joie chez Mme Carnegie et moi-même. Le comte d'Elgin, président du Trust pour les universités d'Écosse, Lord Balfour of Burleigh, secrétaire pour l'Écosse, et Lady Balfour ont assisté à la première réunion. Par la suite, la "semaine des directeurs d'école" est devenue une coutume annuelle bien établie. Ils sont devenus, tout comme nous, des amis et, de ce fait, ils sont tous d'accord, les universités en ont tiré un grand profit. Un esprit de coopération est stimulé. En me prenant la main au moment de partir après la première visite annuelle, le principal Lang m'a dit : "Il a fallu cinq cents ans aux directeurs des universités écossaises pour apprendre comment commencer nos sessions. Passer une semaine ensemble est la solution." L'un des résultats mémorables du rassemblement de Skibo en 1906 a été que Mlle Agnes Irwin, doyenne du Radcliffe College et arrière-petite-fille de Benjamin Franklin, a passé la semaine des directeurs avec nous et tous ont été charmés par elle. Franklin a reçu son premier diplôme de docteur de l'Université de St. Andrews, il y a près de cent cinquante ans. Le deuxième centenaire de sa naissance a été finement célébré à Philadelphie, et St. Andrews, avec de nombreuses autres universités dans le monde, a envoyé des adresses. Andrews a également envoyé un dégrée à l'arrière-petite-fille. En tant que Lord Recteur, j'ai été chargé de le conférer et de lui remettre le manteau. Cela a été fait le premier soir devant un large public, où plus de deux cents discours ont été présentés. Le public a été profondément impressionné, comme il se doit. L'université de St. Andrews, la première à conférer le diplôme à l'arrière-grand-père, a conféré le même diplôme à l'arrière-petite-fille cent quarante-sept ans plus tard (et ce, sur la base de ses propres mérites en tant que doyenne du Radcliffe College) ; l'a envoyé de l'autre côté de l'Atlantique pour qu'il soit décerné par les mains de son Lord Recteur, le premier qui n'était pas un sujet britannique, mais qui était né comme Franklin, et qui est devenu un citoyen américain comme Franklin ; la cérémonie a eu lieu à Philadelphie où Franklin repose, en présence d'une brillante assemblée réunie pour honorer sa mémoire. Tout cela était très beau, et je me suis estimé privilégié, en effet, d'être le médium d'une cérémonie aussi gracieuse et appropriée. Le principal Donaldson de St. Andrews a sûrement été inspiré quand il y a pensé ! Ma réélection à l'unanimité par les étudiants de St. Andrews, sans concours pour un second mandat, a été profondément appréciée. Et j'ai aimé les soirées du Recteur, lorsque les étudiants le réclament pour eux-mêmes, aucun membre de la faculté n'étant invité. Nous avons toujours passé un bon moment. Après la première, le principal Donaldson m'a donné le verdict du secrétaire tel qu'il lui a été rendu : "Le recteur Untel nous a parlé, le recteur Untel nous a parlé, tous deux depuis l'estrade ; M. Carnegie s'est assis dans notre cercle et a parlé avec nous." La question de l'aide à nos propres institutions d'enseignement supérieur s'est souvent posée à moi, mais je croyais que nos principales universités, comme Harvard et Columbia, qui comptent de cinq à dix mille étudiants, étaient assez grandes ; qu'une croissance supplémentaire n'était pas souhaitable ; que les institutions plus petites (les collèges surtout) avaient davantage besoin d'aide et que ce serait une meilleure utilisation de l'excédent de richesse de les aider. En conséquence, je me suis ensuite limité à ces institutions et je suis convaincu que c'était sage. Plus tard, nous avons découvert que le splendide fonds éducatif de M. Rockefeller, le General Éducation Board, et nous-mêmes travaillions dans ce domaine fructueux sans nous consulter, avec des résultats parfois indésirables. M. Rockefeller m'a demandé de me joindre à son conseil, ce que j'ai fait. La coopération s'est vite avérée très avantageuse pour nous, et nous travaillons maintenant à l'unisson. Un certain nombre de mes amis ont été honorés par des dons à des universités, comme l'a été mon partenaire Charlie Taylor. Conway Hall, au Dickinson College, a été nommé en l'honneur de Moncure D Conway, dont l'Autobiographie, récemment publiée, a été qualifiée de "littérature" par l'"Athenæum". On y lit : "Ces deux volumes sont posés sur la table et brillent comme des pierres précieuses au milieu des piles de déchets autobiographiques qui les entourent". C'est plutôt suggestif pour quelqu'un qui ajoute à la pile. Le dernier chapitre de l'Autobiographie de M. Conway se termine par le paragraphe suivant : Implore la paix, ô, mon lecteur, dont je me sépare maintenant. Implore la paix, non pas auprès de nuages de tonnerre divinisés, mais auprès de chaque homme, femme et enfant que tu rencontreras. Ne te contente pas d'offrir la prière "Donne la paix en notre temps", mais fais ta part pour l'exaucer ! Alors, au moins, même si le monde est en conflit, il y aura la paix en toi. Mon ami a mis le doigt sur notre plus profonde disgrâce. Elle doit sûrement être abolie bientôt entre les nations civilisées. La chaire d'économie Stanton au Kenyon College, dans l'Ohio, a été fondée à la mémoire d'Edwin M. Stanton, qui m'a gentiment salué lorsque j'étais enfant à Pittsburgh et que je lui remettais des télégrammes, et qui a toujours été cordial avec moi à Washington, lorsque j'étais assistant du Secrétaire Scott. La chaire Hanna à la Western Reserve University de Cleveland, la bibliothèque John Hay à la Brown University, le deuxième fonds Elihu Root pour Hamilton, la bibliothèque Mrs Cleveland pour Wellesley, m'ont donné le plaisir de baptiser en l'honneur de ces amis. J'espère que d'autres suivront, commémorant ceux que j'ai connus, appréciés et honorés. Je souhaitais également qu'une bibliothèque General Dodge et une bibliothèque Gayley soient érigées grâce à mes dons, mais ces amis avaient déjà obtenu cet honneur de leurs Alma Maters respectives. Mon premier don au Hamilton College devait porter le nom de la Fondation Elihu Root, mais le plus compétent de tous nos secrétaires d'État, et de l'avis du président Roosevelt, "l'homme le plus sage qu'il ait jamais connu", a pris soin, semble-t-il, de ne pas mentionner ce fait aux autorités du collège. Lorsque je lui ai reproché cette déréliction, il m'a répondu en riant : "Eh bien, je promets de ne pas te tromper au prochain cadeau que tu nous feras." Et par un second don, ce manquement a été réparé après tout, mais j'ai pris soin de ne pas lui confier l'affaire directement. Le fonds Root de Hamiltonest maintenant établi au-delà de son pouvoir de destruction. Root est un grand homme, et, comme le sont seulement les plus grands, il est, dans sa simplicité, sublime. Le président Roosevelt a déclaré qu'il ramperait à quatre pattes de la Maison-Blanche au Capitole si cela pouvait assurer la nomination de Root à la présidence avec une perspective de succès. On le considérait comme vulnérable parce qu'il avait été conseiller juridique pour des sociétés et qu'il était trop peu le baratineur et le démagogue, trop l'homme d'État modeste et retiré pour fendre les oreilles des groundlings. Le parti a sottement décidé de ne pas risquer Root. Mes liens avec les instituts de Hampton et de Tuskegee, qui favorisent l'élévation de la race de couleur que nous maintenions autrefois en esclavage, ont été une source de satisfaction et de plaisir, et connaître Booker Washington est un rare privilège. Nous devrions tous tirer notre chapeau à l'homme qui non seulement s'est sorti de l'esclavage, mais a aidé à élever des millions de personnes de sa race à un stade supérieur de civilisation. M. Washington m'a rendu visite quelques jours après que mon don de six cent mille dollars ait été fait à Tuskegee et m'a demandé s'il pouvait me faire une suggestion. J'ai répondu : "Certainement." "Vous avez aimablement spécifié qu'une somme de ce fonds soit mise de côté pour notre entretien futur à moi et à ma femme pendant notre vie, et nous vous en sommes très reconnaissants, mais, M. Carnegie, la somme est bien au-delà de nos besoins et semblera à ma race une fortune. Certains pourraient penser que je ne suis plus un pauvre homme qui offre ses services sans penser à économiser de l'argent. Auriez-vous une objection à ce que je modifie cette clause, en supprimant la somme, et en la remplaçant par " seule disposition appropriée " ? Je ferai confiance aux fiduciaires. Mme Washington et moi-même avons besoin de très peu de choses." C'est ce que j'ai fait, et l'acte est maintenant valable, mais lorsque M. Baldwin a demandé la lettre originale pour l'échanger contre le substitut, il m'a dit que la noble âme s'y opposait. Le document qui lui était adressé devait être conservé à jamais et transmis, mais il le mettait de côté et laissait le substitut dans le dossier. C'est une indication du caractère du chef de sa race. Il n'y a jamais eu de héros plus vrai, plus généreux, un homme composé de toutes les vertus. Le simple fait de connaître des âmes aussi pures et nobles nous rend meilleurs : la nature humaine, dans ses formes les plus élevées, est déjà divine ici-bas. Si l'on demande quel homme de notre époque, ou même des époques passées, s'est élevé du plus bas au plus haut, la réponse doit être Booker Washington. Il est passé de l'esclavage à la direction de son peuple - un Moïse et un Josué modernes combinés, conduisant son peuple à la fois vers le haut et vers le bas. En relation avec ces institutions, je suis entré en contact avec leurs dirigeants et leurs administrateurs - des hommes comme le directeur Hollis B. Frissell de Hampton, Robert C. Ogden, George Foster Peabody, V. Everit Macy, George McAneny et William H. Baldwin - que nous avons hélas récemment perdus - des hommes qui travaillent pour les autres. C'était une bénédiction de les connaître intimement. La Cooper Union, la Mechanics and Tradesmen's Society, en fait toutes les institutions auxquelles je me suis intéressé, ont révélé que beaucoup d'hommes et de femmes consacraient leur temps et leurs pensées, non pas à des "objectifs misérables qui se terminent par le moi", mais à des idéaux élevés qui signifient le soulagement et l'élévation de leurs frères moins fortunés. J'ai commencé à donner des orgues aux églises très tôt dans ma carrière, ayant offert un orgue à moins de cent membres de l'église Swedenborgian d'Allegheny que mon père favorisait, après avoir refusé de contribuer à la construction d'une nouvelle église pour si peu de personnes. Les demandes d'autres églises ont rapidement commencé à affluer, de la grande cathédrale catholique de Pittsburgh à la petite église du village de campagne, et j'ai été très occupé. Chaque église semblait avoir besoin d'un meilleur orgue que celui qu'elle avait, et comme le prix total du nouvel instrument était payé, ce que l'ancien apportait était un bénéfice évident. Certains commandaient des orgues pour de très petites églises qui fendraient presque les chevrons, comme ce fut le cas avec le premier orgue donné aux Swedenborgians ; d'autres avaient déjà acheté des orgues auparavant en faisant une demande, mais notre chèque pour couvrir le montant était le bienvenu. Finalement, cependant, un système rigide de dons a été mis au point. Un formulaire imprimé qui exige des réponses à de nombreuses questions doit maintenant être rempli et renvoyé avant que des mesures soient prises. Le service est maintenant parfaitement systématisé et fonctionne admirablement bien, car nous graduons le don en fonction de la taille de l'église. Des accusations ont été portées dans les Highlands écossais rigides selon lesquelles je démoralisais le culte chrétien en donnant des orgues aux églises. Les presbytériens très stricts de cette région dénoncent encore aujourd'hui comme méchante toute tentative "d'adorer Dieu avec un kist fu' de sifflets", au lieu d'utiliser la voix humaine donnée par Dieu. Après cela, j'ai décidé que je devais avoir un partenaire dans mon péché, et j'ai donc demandé à chaque congrégation de payer la moitié du nouvel orgue souhaité. Sur cette base, le département des orgues fonctionne toujours et continue à faire des affaires florissantes, la demande d'orgues améliorés étant toujours aussi grande. En outre, de nombreuses nouvelles églises sont nécessaires pour répondre à l'augmentation de la population et pour cela, les orgues sont essentiels. Je n'en vois pas la fin. En demandant à l'assemblée de payer la moitié du coût de meilleurs instruments, on s'assure d'une dépense nécessaire et raisonnable. Croyant d'après ma propre expérience qu'il est salutaire pour la congrégation d'entendre de la musique sacrée par intervalles dans le service et de se disperser lentement aux sons de l'orgue qui inspire le respect après des sermons qui nous montrent souvent peu de choses sur le Père céleste, je pense que l'argent dépensé pour les orgues est bien dépensé. Nous continuons donc le département des orgues. De tous mes travaux de caractère philanthropique, mon fonds de pension privé me donne le rendement le plus élevé et le plus noble. Aucune satisfaction n'égale celle de sentir que vous avez été autorisé à placer dans des circonstances confortables, dans leur vieillesse, des personnes que vous connaissez depuis longtemps comme étant gentilles, bonnes et en tout point méritantes, mais qui, sans que ce soit leur faute, n'ont pas les moyens suffisants pour vivre respectablement, sans avoir à se soucier de leur simple entretien. Des sommes modestes leur assurent cette liberté. J'ai été surpris de constater combien étaient nombreux ceux qui avaient besoin d'une aide pour faire la différence entre une vieillesse de bonheur et une vieillesse de misère. Certains de ces cas s'étaient présentés avant que je ne me retire des affaires, et j'ai eu une douce satisfaction de cette source. Je n'ai jamais inscrit sur la liste des pensions une personne qui ne méritait pas pleinement d'être aidée. C'est un véritable tableau d'honneur et d'affection mutuelle. Tous en sont dignes. Il n'y a pas de publicité à ce sujet. Personne ne sait qui est embrassé. Pas un mot n'est jamais soufflé aux autres. C'est ma réponse préférée et la meilleure à la question qui ne descendra jamais dans mes pensées : "Quel bien je fais dans le monde pour mériter toutes mes miséricordes ?" Eh bien, les chers amis de la liste de pension me donnent une réponse satisfaisante, et cela me vient toujours dans le besoin. J'ai eu bien plus que ma juste part des bénédictions de la vie ; c'est pourquoi je ne demande jamais rien à l'Inconnu. Nous sommes en présence de la loi universelle et nous devrions baisser la tête en silence et obéir au Juge intérieur, sans rien demander, sans rien craindre, en faisant simplement notre devoir, sans chercher de récompense ici ou dans l'au-delà. Il est, en effet, plus heureux de donner que de recevoir. Ces chers amis feraient pour moi et les miens ce que je fais pour eux si les positions étaient inversées. J'en suis sûr. J'ai reçu de nombreux et précieux remerciements. Certains osent me dire qu'ils se souviennent de moi tous les soirs dans leurs prières et qu'ils demandent pour moi toutes les bénédictions. Souvent, je ne peux m'empêcher d'exprimer mes véritables sentiments en retour. "Prie, ne fais pas ça", je dis. "Ne demandez rien de plus pour moi. J'ai déjà bien plus que ma juste part. Tout comité équitable qui se pencherait sur mon cas m'enlèverait plus de la moitié des bénédictions déjà accordées." Ce ne sont pas de simples mots, je sens leur vérité. Le fonds de pension des chemins de fer est de nature similaire. De nombreux anciens de la division de Pittsburgh (ou leurs veuves) sont pris en charge par ce fonds. Il a été créé il y a plusieurs années et a atteint ses proportions actuelles. Il profite maintenant aux dignes cheminots qui ont servi sous mes ordres lorsque j'étais surintendant de la Pennsylvanie, ou à leurs veuves, qui ont besoin d'aide. Je n'étais qu'un garçon lorsque j'ai rencontré pour la première fois ces agents de train et que j'ai appris à les connaître par leur nom. Ils ont été très gentils avec moi. J'ai connu personnellement la plupart des hommes bénéficiaires du fonds. Ce sont des amis très chers. Bien que le fonds de quatre millions de dollars que j'ai donné pour les ouvriers des usines (Steel Workers' Pensions) englobe des centaines de personnes que je n'ai jamais vues, il y en a quand même un nombre suffisant dont je me souviens pour que ce fonds ait aussi une forte emprise sur moi.

Chapitre 21 : Le palais de la paix et Pittencrieff

La PAIX, du moins entre les peuples de langue anglaise, a dû faire partie de mes premières pensées. En 1869, lorsque la Grande-Bretagne a lancé le monstre Monarch, qui était alors le plus grand navire de guerre connu, on a dit, pour une raison maintenant oubliée, qu'elle pourrait facilement imposer un tribut à nos villes américaines l'une après l'autre. Rien ne pouvait lui résister. J'ai envoyé un câble à John Bright, alors membre du Cabinet britannique (le câble avait été ouvert récemment) : "Premier et meilleur service possible pour Monarch, ramener le corps de Peabody." Aucune signature n'a été donnée. Curieusement, cela a été fait, et le monarque est ainsi devenu le messager de la paix, et non de la destruction. Bien des années plus tard, j'ai rencontré M. Bright lors d'un petit dîner à Birmingham et lui ai dit que j'étais son jeune correspondant anonyme. Il a été surpris qu'aucune signature ne soit jointe et a dit que son cœur était dans l'acte. Je suis sûr que c'était le cas. Il a droit à tout le crédit. Il était l'ami de la République quand elle avait besoin d'amis pendant la guerre civile. Il a toujours été mon héros vivant préféré dans la vie publique comme il avait été celui de mon père. Dénoncé comme un radical sauvage au début, il a continué sans relâche jusqu'à ce que la nation se rallie à son point de vue. Toujours pour la paix, il aurait évité la guerre de Crimée, dans laquelle la Grande-Bretagne a soutenu le mauvais cheval, comme l'a reconnu par la suite Lord Salisbury. C'est un grand privilège que la famille Bright m'a accordé, en tant qu'ami, de placer une réplique de la statue de Manchester Bright au Parlement, à la place d'une pauvre statue enlevée. J'ai commencé à m'intéresser à la Peace Society of Great Britain lors d'une de mes premières visites et j'ai assisté à plusieurs de ses réunions. Plus tard, j'ai été particulièrement attiré par l'Union parlementaire établie par M. Cremer, le célèbre représentant des travailleurs au Parlement. Peu d'hommes vivants peuvent être comparés à M. Cremer. Lorsqu'il reçut le prix Nobel de 8000 livres sterling comme étant celui qui avait fait le plus pour la paix cette année-là, il s'empressa de donner au comité d'arbitrage la totalité de la somme, sauf 1000 livres sterling, nécessaires pour des besoins urgents. C'était un noble sacrifice. L'argent n'est que de la poussière pour le vrai héros ! M. Cremer est payé quelques dollars par semaine par son métier pour lui permettre d'exister à Londres en tant que membre du Parlement, et voici que la fortune lui est jetée dans les bras pour qu'il la consacre à la cause de la paix. C'est l'héroïsme dans sa plus belle forme. J'ai eu le grand plaisir de présenter le Comité au Président Cleveland à Washington en 1887, qui a reçu les membres cordialement et les a assurés de sa coopération chaleureuse. À partir de ce jour, l'abolition de la guerre a pris de l'importance à mes yeux jusqu'à ce qu'elle éclipse finalement toutes les autres questions. L'action surprenante de la première Conférence de La Haye me procura une joie intense. Appelée principalement à se pencher sur le désarmement (qui s'est avéré être un rêve), elle a créé la réalité imposante d'un tribunal permanent pour régler les différends internationaux. J'y voyais le plus grand pas vers la paix que l'humanité n'ait jamais faite, et comme par inspiration, sans grande discussion préalable. Il n'est pas étonnant que cette idée sublime ait captivé la conférence. Si M. Holls, dont j'ai si profondément déploré la mort, était encore en vie aujourd'hui et s'il était délégué à la prochaine deuxième Conférence avec son chef, Andrew D. White, je pense que tous deux pourraient peut-être aboutir à la création de la Cour internationale nécessaire à l'abolition de la guerre. C'est lui qui a quitté La Haye de nuit pour l'Allemagne, à la demande de son chef, et qui a vu le ministre allemand des Affaires étrangères et l'empereur et les a finalement persuadés d'approuver la Haute Cour et de ne pas retirer leurs délégués comme ils en étaient menacés - un service pour lequel M. Holls mérite d'être inscrit parmi les plus grands serviteurs de l'humanité. Hélas, la mort l'a frappé alors qu'il était encore dans la fleur de l'âge. Le jour où la Cour internationale sera établie deviendra l'un des jours les plus mémorables de l'histoire du monde. [Il sonnera le glas de l'homme qui tue l'homme - le plus profond et le plus noir des crimes. Il devrait être célébré dans tous les pays, comme je crois qu'il le sera un jour, et ce jour-là, peut-être, n'est pas si lointain que prévu. À cette époque, un grand nombre de ceux que l'on a jusqu'ici qualifiés de héros seront tombés dans l'oubli parce qu'ils n'auront pas su promouvoir la paix et la bonne volonté au lieu de la guerre. Lorsque Andrew D. White et M. Holls, à leur retour de La Haye, ont suggéré que j'offre les fonds nécessaires à la construction d'un Temple de la Paix à La Haye, je leur ai dit que je ne pourrais jamais être aussi présomptueux ; que si le gouvernement des Pays-Bas m'informait de son désir d'avoir un tel temple et espérait que j'en fournirais les moyens, la demande serait favorablement considérée ! Ils ont démenti, disant qu'on ne pouvait guère attendre cela d'un gouvernement. J'ai alors dit que je ne pourrais jamais agir en la matière. Finalement, le gouvernement néerlandais a fait une demande, par l'intermédiaire de son ministre, le baron Gevers, à Washington, et je m'en suis réjoui. Cependant, en lui écrivant, j'ai pris soin de dire que les traites de son gouvernement seraient dûment honorées. Je n'ai pas envoyé l'argent. Le gouvernement a fait appel à moi, et la traite d'un million et demi est conservée comme souvenir. Il me semble presque excessif qu'un individu soit autorisé à accomplir un devoir aussi noble que celui de fournir des moyens pour ce Temple de la Paix - l'édifice le plus saint du monde parce qu'il a la fin la plus sainte en vue. Je ne parle même pas de Saint-Pierre ni d'aucun édifice érigé à la gloire de Dieu, que, comme le dit Luther, "nous ne pouvons ni servir ni aider ; il n'a pas besoin de notre aide." Ce temple doit apporter la paix, qui est si grandement nécessaire parmi ses créatures errantes. "Le plus haut culte de Dieu est le service de l'homme". C'est du moins ce que je ressens avec Luther et Franklin. Lorsqu'en 1907, des amis sont venus me demander d'accepter la présidence de la Peace Society of New York, qu'ils avaient décidé d'organiser, j'ai refusé, alléguant que j'étais très occupé par de nombreuses affaires, ce qui était vrai ; mais ma conscience m'a ensuite troublé pour ce refus. Si je n'étais pas prêt à me sacrifier pour la cause de la paix, pourquoi devrais-je me sacrifier ? À quoi étais-je bon ? Heureusement, quelques jours plus tard, le révérend Lyman Abbott, le révérend M. Lynch et quelques autres travailleurs notables pour les bonnes causes m'ont appelé pour me demander de reconsidérer ma décision. J'ai deviné leur but et leur ai dit franchement qu'ils n'avaient pas besoin de parler. Ma conscience me tourmentait depuis mon refus et j'accepterais la présidence et ferait mon devoir. Puis vint le grand rassemblement national (en avril suivant) où, pour la première fois dans l'histoire des réunions de la Société de la Paix, assistèrent des délégués de trente-cinq des États de l'Union, en plus de nombreux étrangers de marque. Ma première décoration est alors arrivée de manière inattendue. Le gouvernement français m'avait fait chevalier commandeur de la Légion d'honneur et, lors du banquet de la paix à New York, que je présidais, le baron d'Estournelles de Constant apparut sur la scène et dans un discours convaincant, m'investit des insignes au milieu des acclamations de l'assistance. C'était un grand honneur, en effet, et je l'ai apprécié parce que je l'ai reçu pour mes services à la cause de la paix internationale. De tels honneurs humilient, ils n'exaltent pas ; qu'ils viennent donc. [Ils servent aussi à me rappeler que je dois m'efforcer plus que jamais, et surveiller plus étroitement chaque acte et chaque parole, afin de me rapprocher un peu plus du niveau que les donateurs - des âmes trompées - supposent à tort dans leurs discours que j'ai déjà atteint.

Aucun cadeau que j'ai fait ou que je ne pourrai jamais faire ne peut approcher celui de Pittencrieff Glen, Dunfermline. Il est saturé de sentiments enfantins - tous les plus purs et les plus doux. Je dois raconter cette histoire : Parmi mes souvenirs les plus anciens figurent les luttes de Dunfermline pour obtenir les droits de la ville sur une partie des terrains de l'abbaye et des ruines du palais. Mon grand-père Morrison a commencé la campagne ou, du moins, était l'un de ceux qui l'ont fait. La lutte fut poursuivie par mes oncles Lauder et Morrison, ce dernier ayant l'honneur d'être accusé d'avoir incité et conduit une bande d'hommes à abattre un certain mur. Les citoyens remportèrent une victoire devant la plus haute cour et le Laird de l'époque ordonna que désormais "aucun Morrison ne soit admis dans le Glen". Moi, qui étais un Morrison comme mon frère-cousin, Dod, j'ai été exclu. Depuis des générations, les Lairds de Pittencrieff étaient en désaccord avec les habitants. Le Glen est unique, pour autant que je sache. Il jouxte les terrains de l'abbaye et du palais, et s'étend à l'ouest et au nord le long de deux des rues principales de la ville. Sa superficie (entre soixante et soixante-dix acres) est finement abritée, ses hautes collines sont superbement boisées. Il a toujours signifié le paradis pour l'enfant de Dunfermline. C'était certainement le cas pour moi. Quand j'ai entendu parler de paradis, j'ai traduit le mot en Pittencrieff Glen, croyant qu'il était aussi proche du paradis que tout ce à quoi je pouvais penser. Nous étions heureux si, par la porte ouverte d'un pavillon, ou par-dessus le mur, ou sous la grille de fer au-dessus du feu, nous pouvions de temps en temps apercevoir l'intérieur. Presque tous les dimanches, l'oncle Lauder emmenait "Dod" et "Naig" se promener autour de l'abbaye jusqu'à une partie qui donnait sur le Glen - les corbeaux affairés voltigeant dans les grands arbres en contrebas. Son Laird était pour nous, enfants, l'incarnation du rang et de la richesse. La Reine, nous le savions, vivait au château de Windsor, mais Pittencrieff ne lui appartenait pas, pas elle

! Hunt of Pittencrieff ne voulait pas échanger avec elle ou avec qui que ce soit. Nous en étions sûrs, car certainement aucun de nous ne le ferait. Dans toutes les constructions de châteaux d'air de mon enfance - oui, et de mes premières années d'homme (qui n'étaient pas petites), rien de comparable en grandeur n'approchait Pittencrieff. Mon oncle Lauder m'a prédit beaucoup de choses lorsque je serais un homme, mais s'il avait prédit qu'un jour je serais assez riche et que j'aurais la chance suprême de devenir Laird de Pittencrieff, il m'aurait peut-être fait tourner la tête. Et puis, être capable de le céder à Dunfermline comme un parc public - le paradis de mon enfance ! Pas pour une couronne, je ne troquerais ce privilège. Lorsque le Dr Ross m'a chuchoté que le Colonel Hunt pourrait être incité à vendre, mes oreilles se sont dressées instantanément. Il souhaitait un prix exorbitant, pensait le docteur, et je n'ai plus entendu parler de lui pendant un certain temps. Lorsque j'étais indisposé à Londres à l'automne 1902, je pensais à ce sujet et j'avais l'intention de demander au Dr Ross de venir me voir. Un matin, Mme Carnegie est entrée dans ma chambre et m'a demandé de deviner qui était arrivé et j'ai deviné le Dr Ross. Et bien sûr, il était là. Nous avons parlé de Pittencrieff. J'ai suggéré que si notre ami commun et citadin, M. Shaw d'Édimbourg (Lord Shaw of Dunfermline) rencontrait un jour les agents du colonel Hunt, il pourrait leur dire que leur client pourrait un jour regretter de ne pas avoir conclu avec moi, car il pourrait ne pas rencontrer un autre acheteur tout aussi désireux d'acheter, et je pourrais changer d'avis ou décéder. M. Shaw a dit au docteur, lorsqu'il a mentionné cela, qu'il avait rendez-vous avec l'avocat de Hunt pour d'autres affaires le lendemain matin et qu'il le dirait certainement. Je m'embarquai peu après pour New York et y reçus un jour un câble de M. Shaw déclarant que le Laird accepterait quarante-cinq mille livres. Devait-il conclure ? J'ai télégraphié : "Oui, à condition que ce soit aux conditions de Ross" ; et la veille de Noël, j'ai reçu la réponse de Shaw : "Salut, Laird de Pittencrieff !" J'étais donc l'heureux possesseur du plus grand titre de la terre à mes yeux. Le Roi - enfin, il n'était que le Roi. Il ne possédait pas la tour du Roi Malcolm ni le sanctuaire de Sainte Margaret ni Pittencrieff Glen. Pas lui, pauvre homme. Moi si, et je serai heureux de montrer avec condescendance ces trésors au Roi s'il visite un jour Dunfermline. En tant que propriétaire du parc et du Glen, j'ai eu l'occasion de découvrir ce que l'argent pouvait faire pour le bien des masses d'une communauté, s'il était placé entre les mains d'un groupe de citoyens soucieux du bien public. Le Dr Ross a été mis dans ma confidence en ce qui concerne le parc de Pittencrieff et, sur ses conseils, certains hommes destinés à former un corps d'administrateurs ont été choisis et invités à Skibo pour s'organiser. Ils pensaient qu'il s'agissait de transférer le parc à la ville ; aucun autre sujet n'a été mentionné, pas même au Dr Ross. Lorsqu'ils apprirent qu'un demi-million de livres sterling en obligations, portant un intérêt de cinq pour cent, devait également leur revenir pour le bénéfice de Dunfermline, ils furent surpris. Cela fait douze ans que le Glen a été remis aux administrateurs et il est certain qu'aucun parc public n'a jamais été plus cher à un peuple. La journée de gala annuelle des enfants, les expositions florales et l'utilisation quotidienne du parc par la population sont surprenantes. Le Glen attire maintenant des gens des villes voisines. Dans de nombreux domaines, les administrateurs ont parfaitement réussi dans la direction indiquée dans l'acte de fiducie, à savoir : Introduire dans la vie monotone des masses laborieuses de Dunfermline, plus de " douceur et de lumière ", leur donner - surtout aux jeunes - un certain charme, un certain bonheur, des conditions de vie plus élevées que la résidence ailleurs leur aurait refusées, afin que l'enfant de ma ville natale, en regardant en arrière après des années, si loin de chez lui qu'il ait pu errer, a le sentiment que, du simple fait d'être ainsi, la vie a été rendue plus heureuse et meilleure. Si tel est le fruit de vos efforts, vous aurez réussi ; sinon, vous aurez échoué. C'est à ce paragraphe que je dois l'amitié du comte Grey, ancien gouverneur général du Canada. Il a écrit au Dr Ross : "Je dois connaître l'homme qui a écrit ce document dans le 'Times' ce matin." Nous nous sommes rencontrés à Londres et avons sympathisé instantanément. C'est une grande âme qui passe instantanément dans le cœur et y reste. Lord Grey est aussi aujourd'hui membre (trustee) du fonds de dix millions de dollars pour le Royaume-Uni. Ainsi, Pittencrieff Glen est le cadeau public le plus satisfaisant pour mon âme que j'ai jamais fait, ou que je pourrai jamais faire. C'est une justice poétique que le petit-fils de Thomas Morrison, leader radical de son temps, neveu de Bailie Morrison, son fils et successeur, et surtout fils de mon Saint-Père et de ma très héroïque mère, se lève et dépossède les lairds, devienne l'agent qui transmet le Glen et le parc aux habitants de Dunfermline pour toujours. C'est une véritable romance, qu'aucun château aérien ne peut tout à fait égaler ou concevoir. La main du destin semble planer sur lui, et j'entends quelque chose chuchoter : "Vous n'avez pas vécu en vain, pas en vain." C'est le couronnement de ma carrière ! Je le distingue de tous mes autres dons publics. En vérité, le tourbillon du temps apporte d'étranges vengeances. Il y a maintenant treize ans que j'ai cessé d'accumuler des richesses et que j'ai commencé à les distribuer. Je n'aurais jamais pu réussir ni l'un ni l'autre si je m'étais contenté d'avoir assez d'argent pour me retirer, mais rien pour me retirer. Mais j'avais l'habitude et l'amour de la lecture, de l'écriture et de la parole à l'occasion, ainsi que la connaissance et l'amitié d'hommes instruits que j'avais nouée avant d'abandonner les affaires. Pendant quelques années après ma retraite, je ne pouvais pas me forcer à visiter les usines. Cela aurait, hélas, rappelé tant de personnes qui m'avaient précédé. Il ne restait guère qu'un seul de mes premiers amis pour me serrer la main comme au bon vieux temps. Seuls un ou deux de ces vieux hommes m'appelaient "Andy". Ne croyez pas, cependant, que mes jeunes partenaires aient été oubliés, ou qu'ils n'aient pas joué un rôle très important en me soutenant dans l'effort de me réconcilier avec les nouvelles conditions. Bien au contraire ! L'influence la plus apaisante de toutes a été leur organisation rapide de l'Association des anciens combattants de Carnegie, qui ne s'éteindra qu'à la mort du dernier membre. Notre dîner annuel, dans notre propre maison à New York, est une source de grand plaisir, si grand qu'il dure d'une année à l'autre. Certains des anciens combattants viennent de loin pour être présents, et ce qui se passe entre nous constitue l'une des plus grandes joies de ma vie. Je porte en moi l'affection de "mes garçons". J'en suis certain. Il n'y a pas d'erreur possible à ce sujet, car je suis de tout cœur avec eux. C'est l'une des nombreuses bénédictions que j'ai eues, et dans bien des heures, je me suis rendu compte de ce fait, et je me suis dit : "Je préfère cette situation, sans la fortune, plutôt qu'une fortune de plusieurs millions, oui, mille fois oui. Mme Carnegie et moi avons la chance de connaître de nombreux amis, hommes et femmes, grands et bons, mais ceux-ci ne changeront jamais notre amour commun pour les "garçons". Car, pour mon plus grand plaisir, elle est de tout cœur avec eux, tout comme moi. C'est elle qui a baptisé notre nouvelle maison de New York avec le premier dîner des anciens combattants. "Les partenaires d'abord" était son mot. Ce n'était pas une simple formalité lorsqu'ils ont élu Mme Carnegie comme première membre honoraire, et notre fille comme deuxième. Leur place dans nos cœurs est assurée. Bien que je sois l'aîné, nous étions quand même "des garçons ensemble". Une confiance parfaite et des objectifs communs, non seulement pour nous-mêmes, mais aussi pour les autres, ainsi qu'une profonde affection, ont fait de nous une fraternité. Nous étions d'abord des amis et ensuite des partenaires. Quarante-trois des quarante-cinq partenaires sont ainsi liés pour la vie. Un autre événement annuel qui fait naître de nombreux esprits de choix est notre dîner littéraire, à la maison, dont notre cher ami M. Richard Watson Gilder, rédacteur du "Century", est le gérant. [Ses artifices et ses citations tirées des écrits de l'invité de l'année, placés sur les cartes des convives, sont si appropriés qu'ils provoquent beaucoup d'hilarité. Puis les discours des novices donnent du piquant à l'occasion. John Morley était l'invité d'honneur lorsqu'il était parmi nous en 1895 et une citation de ses œuvres figurait sur la carte de chaque assiette. Une année, Gilder est apparu tôt le soir du dîner, car il souhaitait faire asseoir les invités. Cela avait été fait, mais il est venu me voir en me disant qu'il avait bien fait de les examiner. Il avait constaté que John Burroughs et Ernest Thompson Seton étaient côte à côte, et comme ils étaient alors engagés dans une vive controverse sur les habitudes des animaux et des oiseaux, dans laquelle tous deux étaient allés trop loin dans leurs critiques, ils étaient à la pointe du poignard. Gilder a dit qu'il ne faudrait jamais les asseoir ensemble. Il les avait séparés. Je n'ai rien dit, mais je me suis glissé dans la salle à manger sans être vu et j'ai replacé les cartes comme avant. La surprise de Gilder fut grande lorsqu'il vit les hommes côte à côte, mais le résultat fut exactement comme je l'avais prévu. Une réconciliation eut lieu et ils se séparèrent en bons amis. Moralité : si vous voulez jouer au pacificateur, placez vos adversaires côte à côte, là où ils doivent commencer par être polis. Burroughs et Seton ont tous deux apprécié le piège que je leur ai tendu. Il est vrai que nous ne haïssons que ceux que nous ne connaissons pas. C'est certainement souvent le chemin de la paix que d'inviter son adversaire à dîner et même de le supplier de venir, sans accepter de refus. La plupart des querelles deviennent aiguës parce que les parties ne se voient pas et ne communiquent pas entre elles et qu'elles entendent trop parler de leur désaccord par les autres. Elles ne comprennent pas pleinement le point de vue de l'autre et tout ce qui peut être dit en sa faveur. Sage est celui qui offre la main de la réconciliation en cas de différend avec un ami. Malheureux celui qui la refuse jusqu'à la fin de ses jours. Aucun gain ne peut compenser la perte d'un ami, même si cet ami vous est devenu un peu moins cher qu'avant. Il s'agit toujours d'une personne avec laquelle vous avez été intime, et avec l'âge, les amis disparaissent rapidement et vous quittent. C'est l'homme heureux qui sent qu'il n'y a pas un être humain à qui il ne souhaite pas le bonheur, une longue vie et un succès mérité, pas un seul sur le chemin duquel il jetterait un obstacle ni à qui il ne rendrait pas service s'il le pouvait. Il peut ressentir tout cela sans être appelé à garder comme ami celui qui s'est montré indigne par une conduite déshonorante. Pour un tel individu, il ne faut éprouver que de la pitié, une pitié infinie. Et de la pitié pour votre propre perte aussi, car la véritable amitié ne peut se nourrir et se développer que sur les vertus. "Quand l'amour commence à être malade et à se décomposer, on a recours à une cérémonie forcée." La générosité d'antan a peut-être disparu à jamais, mais chacun ne peut souhaiter à l'autre que du bonheur. Aucun de mes amis n'a salué ma retraite des affaires avec plus de chaleur que Mark Twain. J'ai reçu de lui la note suivante, à une époque où les journaux parlaient beaucoup de ma richesse. Cher Monsieur et Ami : Vous semblez être prospère ces jours-ci. Pourriez-vous prêter à un admirateur un dollar et demi pour acheter un livre de cantiques ? Dieu vous bénira si vous le faites ; je le sens et je le sais. Moi aussi. S'il y a d'autres demandes, celle-ci ne compte pas. Bien à vous Mark P.S. N'envoyez pas le livre de cantiques, envoyez l'argent. Je veux faire la sélection moi-même. M. Lorsqu'il était malade à New York, je suis allée le voir fréquemment, et nous avons passé de bons moments ensemble, car même alité, il était aussi brillant que jamais. Je l'ai appelé une fois pour lui dire au revoir, avant mon départ pour l'Écosse. Le fonds de pension pour les professeurs d'université a été annoncé à New York peu après mon départ. Une lettre de Mark à ce sujet, adressée à "Saint Andrew", m'est parvenue en Écosse, dont voici un extrait : Vous pouvez prendre mon auréole. Si vous m'aviez dit ce que vous aviez fait à mon chevet, vous l'auriez prise sur-le-champ. C'est de l'étain pur et elle a payé "le droit" quand elle est tombée. Les intimes de M. Clemens (Mark Twain) certifieront qu'il était l'un des charmeurs. Joe Jefferson est le seul homme à qui l'on peut concéder le titre de frère jumeau par ses manières et son discours, leur charme étant du même ordre. L'"Oncle Remus" (Joel Chandler Harris) est un autre homme qui a du charme, tout comme George W. Cable ; oui, et Josh Billings en avait aussi. De telles personnes égayent la vie de leurs amis, indépendamment d'elles-mêmes. Ils mettent du soleil partout où ils vont. Selon les mots de Rip Van Winkle : "Tous à peu près pareils, ces gars-là." Chacun d'entre eux est désintéressé et chaleureux. Le public ne connaît qu'une facette de M. Clemens - la facette amusante. Il est loin de se douter qu'il était un homme aux convictions fortes sur les questions politiques et sociales et un moraliste de premier ordre. Par exemple, sur la capture d'Aguinaldo par ruse, sa plume était la plus tranchante de toutes. Junius était faible en comparaison. La réunion organisée pour célébrer son soixante-dixième anniversaire était unique. L'élément littéraire était là en force, mais Mark n'avait pas oublié de demander à ce que soit placé près de lui le multimillionnaire, M. H.H. Rogers, qui avait été son ami dans le besoin. Tout comme Mark. Sans exception, les grands hommes de lettres s'attardaient dans leurs discours exclusivement sur l'œuvre littéraire de l'invité. Lorsque mon tour est venu, j'y ai fait référence et je leur ai demandé de noter que ce que notre ami avait fait en tant qu'homme vivrait aussi longtemps que ce qu'il avait écrit. Sir Walter Scott et lui étaient indissolublement liés. Notre ami, comme Scott, était ruiné par les erreurs de ses partenaires, qui avaient fait une faillite sans espoir. Deux voies s'offraient à lui. L'un, le chemin lisse, facile et court - la voie légale. Abandonner tous ses biens, faire faillite, et repartir à zéro. C'est tout ce qu'il devait aux créanciers. L'autre voie, longue, épineuse et pénible, un combat de toute une vie, avec tout sacrifié. Il y avait deux voies et c'était sa décision : "La question n'est pas ce que je dois à mes créanciers, mais ce que je dois à moi-même." Il y a des moments dans la vie de la plupart des hommes qui permettent de savoir s'ils sont de la poussière ou de l'or pur. C'est la décision prise dans la crise qui prouve l'homme. Notre ami est entré dans la fournaise ardente en tant qu'homme et en est ressorti en tant que héros. Il a payé ses dettes jusqu'au dernier centime en donnant des conférences dans le monde entier. "Mark Twain, un amusant grincheux", c'est très bien comme verdict populaire, mais qu'en est-il de M. Clemens l'homme et le héros, car il est les deux et au premier rang, aussi, avec Sir Walter. Il avait une héroïne en la personne de sa femme. C'est elle qui l'a soutenu, qui a parcouru le monde avec lui comme son ange gardien et qui lui a permis de conquérir comme Sir Walter l'a fait. Il ne manquait jamais de le dire à ses intimes. Jamais de ma vie, trois mots ne m'ont laissé une douleur aussi vive que ceux prononcés lors de mon premier appel après le décès de Mme Clemens. Je l'ai heureusement trouvé seul et alors que ma main était encore dans la sienne, et avant qu'un seul mot n'ait été prononcé par l'un ou l'autre, il a prononcé, avec une pression plus forte de ma main, ces mots : "Une maison en ruine, une maison en ruine." Le silence n'a pas été rompu. J'écris ces lignes des années après, mais j'entends encore ces mots et mon cœur y répond. Une grâce, refusée à nos ancêtres, nous est accordée aujourd'hui. Si le Juge nous donne un verdict d'acquittement pour avoir bien vécu cette vie, nous n'avons pas d'autre Juge à craindre. "Sois vrai envers toi-même, et il s'ensuit que, comme la nuit, le jour, tu ne peux être faux envers aucun homme." Le châtiment éternel, à cause de quelques années de manquements ici sur terre, serait l'inverse de ce que Dieu a fait. Satan lui-même en reculerait.

Chapitre 22 : Matthew Arnold et autres

L'homme le plus charmant, John Morley et moi en convenons, que nous n'ayons jamais connu était Matthew Arnold. Il avait, en effet, "un charme" - c'est le seul mot qui exprime l'effet de sa présence et de sa conversation. Même son regard et ses silences graves charmaient.

Photographie de Underwood & Underwood,
N.Y. MATTHEW ARNOLD

IL NOUS A ACCOMPAGNÉS en 1880, je crois, à travers le sud de l'Angleterre - William Black et Edwin A. Abbey faisaient partie du groupe. En approchant d'un joli village, il me demanda si l'autocar pouvait s'y arrêter quelques minutes. Il m'expliqua que c'était le lieu de repos de son parrain, l'évêque Keble, et qu'il souhaitait se rendre sur sa tombe. Il poursuit : "Ah, cher, cher Keble ! Je lui ai causé beaucoup de chagrin par mes opinions sur des sujets théologiques, ce qui m'a aussi causé du chagrin, mais malgré le fait qu'il était profondément affligé, cher ami comme il l'était, il s'est rendu à Oxford et a voté pour moi comme professeur de poésie anglaise." Nous avons marché ensemble jusqu'au paisible cimetière. Matthew Arnold, en pensée silencieuse sur la tombe de Keble, m'a fait une impression durable. Plus tard, nous avons abordé le sujet de ses opinions théologiques. Il a dit qu'elles avaient causé du chagrin à ses meilleurs amis. "M. Gladstone a un jour exprimé sa profonde déception, ou quelque chose comme un mécontentement, en disant que j'aurais dû être évêque. Il ne fait aucun doute que mes écrits ont empêché ma promotion, tout en affligeant mes amis, mais je ne pouvais pas m'en empêcher. Je devais exprimer mes opinions." Je me souviens bien de la tristesse du ton avec lequel ces derniers mots ont été prononcés, et avec quelle lenteur ? Ils venaient comme des profondeurs. Il avait son message à délivrer. L'âge a progressé progressivement pour le recevoir. Ses enseignements passent presque inaperçus aujourd'hui. S'il n'y a jamais eu un homme sérieusement religieux, c'est bien Matthew Arnold. Aucun mot irrévérencieux ne s'est jamais échappé de ses lèvres. En cela, Gladstone et lui étaient également irréprochables, et pourtant, en une seule phrase, il avait tué le surnaturel. "Le dossier contre les miracles est clos. Ils ne se produisent pas." Lui et sa fille, aujourd'hui Mme Whitridge, étaient nos invités à New York en 1883, et aussi dans notre maison de montagne dans les Alleghanies, de sorte que j'ai vu beaucoup de choses, mais pas assez, de lui. Ma mère et moi-même l'avons conduit au hall lors de sa première apparition publique à New York. Il n'y a jamais eu de meilleur public réuni. La conférence ne fut pas un succès, uniquement en raison de son incapacité à bien parler en public. Il n'a pas été entendu. Lorsque nous sommes rentrés à la maison, ses premiers mots ont été : "Eh bien, qu'avez-vous tous à dire ? Dites-moi ! Est-ce que je ferai l'affaire en tant que conférencier ?" Je m'intéressais tellement à son succès que je n'ai pas hésité à lui dire qu'il ne pourrait jamais continuer s'il ne se préparait pas à parler en public. Il doit prendre un élocuteur pour lui donner des leçons sur deux ou trois points. J'ai insisté si fortement sur ce point qu'il a consenti à le faire. Après que nous ayons tous eu notre mot à dire, il se tourna vers ma mère et lui dit : "Maintenant, chère Mme Carnegie, ils m'ont tous donné leur avis, mais je souhaite savoir ce que vous avez à dire sur ma première nuit en tant que conférencier en Amérique." "Trop ministériel, M. Arnold, trop ministériel " fut la réponse donnée lentement et doucement. Et jusqu'à la fin, M. Arnold s'y référait de temps en temps, disant qu'il trouvait que cela faisait mouche. Lorsqu'il revint à New York de sa tournée dans l'Ouest, il s'était tellement amélioré que sa voix remplissait complètement l'Académie de musique de Brooklyn. Il avait pris quelques leçons d'un professeur d'élocution à Boston, comme on le lui avait conseillé, et tout s'est bien passé par la suite. Il exprima le désir d'entendre le célèbre prédicateur, M. Beecher, et nous partîmes pour Brooklyn un dimanche matin. M. Beecher avait été averti de notre venue afin qu'il puisse rester après les offices pour rencontrer M. Arnold. Lorsque je présentai M. Arnold, il fut accueilli chaleureusement. M. Beecher exprima sa joie de rencontrer dans la chair quelqu'un qu'il connaissait si bien depuis longtemps dans l'esprit, et, lui prenant la main, il dit "Il n'y a rien de ce que vous avez écrit, M. Arnold, que je n'aie lu attentivement au moins une fois et beaucoup de fois, et toujours avec profit, toujours avec profit !". "Ah, alors, je crains, M. Beecher," répondit Arnold, "que vous ayez trouvé des références à vous-même qui auraient mieux fait d'être omises". "Oh, non, non, ce sont eux qui m'ont fait le plus grand bien", dit Beecher en souriant, et tous deux se mirent à rire. M. Beecher n'était jamais à court d'idées. Après lui avoir présenté Matthew Arnold, j'ai eu le plaisir de lui présenter la fille du Colonel Ingersoll, en disant, en le faisant : "M. Beecher, c'est la première fois que Mlle Ingersoll va dans une église chrétienne." Il tendit les deux mains et saisit la sienne, et la regardant droit dans les yeux et parlant lentement, dit : "Eh bien, eh bien, vous êtes la plus belle païenne que j'aie jamais vue." Ceux qui se souviennent de Mlle Ingersoll dans sa jeunesse ne seront pas très différents de M. Beecher. Ensuite : "Comment va votre père, Mlle Ingersoll ? J'espère qu'il va bien. Nous nous sommes souvent retrouvés sur l'estrade, lui et moi, et quelle chance pour moi d'être du même côté !" Beecher était, en effet, un homme grand, large, généreux, qui absorbait ce qui était bon partout où on le trouvait. La philosophie de Spencer, la perspicacité d'Arnold tempérée par le bon sens, le soutien sans faille d'Ingersoll à des fins politiques élevées étaient des puissances pour le bien de la République. M. Beecher était assez grand pour apprécier et saluer comme des amis utiles tous ces hommes. Arnold nous a rendu visite en Écosse en 1887, et parlant un jour de sport, il a dit qu'il ne tirait pas, qu'il ne pouvait pas tuer quelque chose qui avait des ailes et pouvait s'envoler dans le ciel bleu clair ; mais, a-t-il ajouté, il ne pouvait pas renoncer à la pêche - "les accessoires sont si délicieux." Il racontait son bonheur lorsqu'un certain duc lui offrait une journée de pêche deux ou trois fois par an. J'ai oublié qui était cet aimable duc, mais il avait quelque chose de peu recommandable et cela a été mentionné. On lui a demandé comment il était arrivé à être en termes intimes avec un tel homme. "Ah !" dit-il, "un duc est toujours un personnage chez nous, toujours un personnage, indépendant de la cervelle ou de la conduite. Nous sommes tous des snobs. Des centaines d'années nous ont rendus ainsi, tous des snobs. Nous n'y pouvons rien. C'est dans le sang." Il a dit cela en souriant, et je suppose qu'il a fait quelques réserves mentales. Ce n'était pas un snob, mais quelqu'un qui souriait naturellement aux revendications d'une longue descendance car en général, la "descendance" ne peut être mise en doute. Il s'intéressait cependant aux hommes de rang et de fortune, et je me souviens qu'à New York, il souhaitait particulièrement rencontrer M. Vanderbilt. J'ai osé dire qu'il ne le trouverait pas différent des autres hommes. "Non, mais c'est quelque chose de connaître l'homme le plus riche du monde", a-t-il répondu. "Il est certain que l'homme qui fait sa propre richesse éclipse ceux qui héritent du rang des autres." Je lui ai demandé un jour pourquoi il n'avait jamais écrit de critique sur Shakespeare et ne lui avait jamais attribué sa place sur le trône parmi les poètes. Il m'a répondu qu'il y avait pensé, mais que la réflexion l'avait toujours convaincu qu'il était incompétent pour écrire sur Shakespeare, et encore moins pour le critiquer. Il pensait que cela ne pouvait pas être fait avec succès. Shakespeare était avant tout, ne pouvait être mesuré par aucune règle de critique ; et bien qu'il eût aimé s'attarder sur son génie transcendant, il avait toujours reculé devant ce sujet. J'ai dit que j'étais prêt pour cela, après son hommage qui reste aujourd'hui inégalé, et j'ai rappelé ses propres vers de son sonnet :

SHAKESPEARE.

Les autres acceptent nos questions. Tu es libre. Nous demandons et demandons - tu souris et tu restes, dépassant la connaissance. Pour la plus haute colline qui, aux étoiles, dévoile Sa Majesté, plantant ses pas inébranlables dans la mer, faisant du ciel des cieux sa demeure, n'épargnant que la frontière nuageuse de sa base aux recherches dérobées de la mortalité ; Et toi, qui connaissais les étoiles et les rayons du soleil, toi qui étais autodidacte, auto scannée, auto honorée, sûre d'elle-même, tu te tenais sur la terre sans être devinée - mieux encore ! Toutes les douleurs que doit endurer l'esprit immortel, toutes les faiblesses qui l'affaiblissent, tous les chagrins qui le courbent, trouvent leur seule voix dans ce front victorieux. Je connaissais M. Shaw (Josh Billings) et je souhaitais que M. Arnold, l'apôtre de la douceur et de la lumière, rencontre ce diamant brut - brut, mais toujours un diamant. Heureusement, un matin, Josh vint me voir à l'hôtel Windsor, où nous vivions alors, et fit allusion à notre invité, exprimant son admiration pour lui. Je lui ai répondu : "Vous allez dîner avec lui ce soir. Les dames sortent et Arnold et moi allons dîner seuls ; vous complétez la trinité." Il s'y opposa, étant un homme modeste, mais je fus inexorable. Aucune excuse ne serait acceptée ; il devait venir pour m'obliger. Il le fit. Je me suis assis entre eux au dîner et j'ai apprécié cette rencontre des extrêmes. M. Arnold s'intéressa profondément à la manière de présenter les choses de M. Shaw et apprécia ses anecdotes sur l'Ouest, riant de bon cœur comme je ne l'avais jamais vu faire auparavant. Les incidents se succédaient, tirés de l'expérience du conférencier, car M. Shaw avait donné des conférences pendant quinze ans dans toutes les villes de dix mille habitants ou plus des États-Unis. M. Arnold était désireux d'entendre comment le conférencier tenait ses audiences. "Eh bien, dit-il, vous ne devez pas les faire rire trop longtemps, ou ils penseront que vous vous moquez d'eux. Après avoir amusé le public, vous devez devenir sérieux et jouer un rôle sérieux. Par exemple, "Il y a deux choses dans cette vie pour lesquelles aucun homme n'est jamais préparé. Qui me dira ce que c'est ? Finalement, quelqu'un s'écrie : "La mort". Alors, qui me donne l'autre ? Beaucoup répondent - richesse, bonheur, force, mariage, impôts. Enfin Josh commence, solennellement : "Aucun d'entre vous a donné le second. Il ya deux choses sur la terre pour laquelle aucun homme n'est jamais préparé, et ce sont des jumeaux, et la maison tremble. " M. Arnold a fait de même. "Est-ce que vous continuez à inventer de nouvelles histoires ?" a-t-on demandé. "Oui, toujours. Vous ne pouvez pas faire de conférences année après année sans trouver de nouvelles histoires, et parfois celles-ci ne parviennent pas à se casser. J'en ai eu une qui, j'en étais sûr, allait craquer et faire s'écrouler la maison, mais j'ai eu beau essayer, elle ne s'est jamais rendu justice, tout cela parce que je n'arrivais pas à trouver le mot indispensable, un seul mot. J'étais assis devant un bon feu de bois, un soir, dans le Michigan, quand m'est venu le mot qui, je le savais, ferait mouche. Je l'ai essayé sur les garçons et ça a marché. Il a duré plus longtemps que n'importe quel autre mot que j'ai utilisé. J'ai commencé par : "Nous sommes à une époque très critique. Les gens ne croiront pas tant qu'ils n'auront pas tout compris. Maintenant, il y a Jonas et la baleine. Ils veulent tout savoir à ce sujet, et je pense que ni Jonas ni la baleine ne l'ont bien compris. Et ensuite, ils demandent ce que Jonas faisait dans la société de la baleine... de la baleine". M. Shaw se promenait un jour sur Broadway quand il a été accosté par un vrai Occidental, qui lui a dit : "Je pense que vous êtes Josh Billings." "Eh bien, parfois, on m'appelle comme ça." "J'ai cinq mille dollars pour vous dans mon portefeuille." "Voici le Delmonico, entrez et racontez-moi tout." Après s'être assis, l'étranger a dit qu'il était copropriétaire d'une mine d'or en Californie, et a expliqué qu'il y avait eu un différend au sujet de sa propriété et que la conférence des partenaires s'était séparée en se disputant. L'étranger a dit qu'il était parti, menaçant de prendre le taureau par les cornes et d'entamer une procédure judiciaire. Le lendemain matin, je me suis rendu à la réunion et j'ai dit que j'avais consulté l'almanach de Josh Billings ce matin-là et que la leçon du jour était la suivante : "Quand vous prenez le taureau par les cornes, prenez-le par la queue ; vous pourrez mieux le tenir et le lâcher quand vous en aurez envie". Nous avons ri et ri et avons pensé que c'était du bon sens. Nous avons suivi ton conseil, nous nous sommes installés et nous nous sommes quittés en bons amis. Quelqu'un a proposé que cinq mille dollars soient donnés à Josh, et comme j'arrivais dans l'Est, ils m'ont nommé trésorier et j'ai promis de les remettre. Voilà." La soirée s'est terminée par les propos de M. Arnold : "Eh bien, M. Shaw, si jamais vous venez donner une conférence en Angleterre, je serai heureux de vous accueillir et de vous présenter à votre premier auditoire. N'importe quel homme stupide appelé lord pourrait vous faire plus de bien que moi en vous présentant, mais j'aimerais tellement le faire." Imaginez Matthew Arnold, l'apôtre de la douceur et de la légèreté, présentant Josh Billings, le plus grand des bouffons, à un public londonien trié sur le volet. Par la suite, il ne manquait jamais de demander des nouvelles de "notre ami léonin, M. Shaw". J'ai rencontré Josh au Windsor un matin après le dîner des notables, je me suis assis avec lui dans la rotonde et il a sorti un petit carnet de notes, en disant ce qu'il faisait : "Où est Arnold ? Je me demande ce qu'il dirait de ça. Le "Century" me donne 100 dollars par semaine, je leur envoie tout ce qui me passe par la tête. J'essaie de leur donner quelque chose. Voici ce que dit l'oncle Zekiel, mon budget hebdomadaire : "Bien sûr, le critique est un homme plus grand que l'auteur. Tout homme qui peut signaler les erreurs commises par un autre homme est un homme sacrément plus intelligent que celui qui les a commises". J'ai raconté à M. Arnold une histoire de Chicago, ou plutôt une histoire sur Chicago. Une dame de la haute société de Boston qui rendait visite à son amie d'école à Chicago, qui était sur le point de se marier, était submergée d'attentions. Un soir, un citoyen éminent lui demanda ce qui l'avait le plus charmée à Chicago et elle répondit gracieusement : "Ce qui me surprend le plus, ce n'est pas l'agitation des affaires, ni votre remarquable développement matériel, ni vos grandes résidences ; c'est le degré de culture et de raffinement que je trouve ici." La réponse ne s'est pas fait attendre : "Oh, nous sommes juste étourdis par le culte ici, tu parles." M. Arnold n'était pas préparé à apprécier Chicago, qui lui avait paru être le quartier général du philistinisme. Il a cependant été surpris et satisfait de rencontrer tant de "culture et de raffinement". Avant de partir, il était curieux de savoir ce qu'il trouverait de plus intéressant. Je lui ai répondu en riant qu'il serait probablement amené à voir ce qu'il y avait de plus merveilleux, à savoir les abattoirs, avec leurs nouvelles machines si perfectionnées que le porc introduit d'un côté sortait en jambon de l'autre avant que l'on ait pu entendre son cri. Puis, après une pause, il demanda, pensif : "Mais pourquoi aller dans les abattoirs, pourquoi entendre les porcs couiner ?". Je n'ai pu donner aucune raison, alors la question est restée en suspens. Le favori de M. Arnold pour l'Ancien Testament était certainement Isaïe : du moins ses fréquentes citations de ce grand poète, comme il l'appelait, conduisaient-elles à cette conclusion. J'ai constaté dans mon tour du monde que les livres sacrés des autres religions avaient été dépouillés des scories qui s'étaient nécessairement accumulées autour de leurs légendes. Je me suis souvenu que M. Arnold avait dit que les Écritures devaient être traitées de la sorte. Les joyaux de Confucius et d'autres qui ravissent le monde ont été sélectionnés avec beaucoup de soin et apparaissent sous forme de "recueils". Le disciple ne se voit pas présenter les accrétions répréhensibles d'un passé ignorant. Plus on réfléchit à la question, plus on est convaincu que le chrétien devra suivre l'exemple de l'Orient et séparer le bon grain de l'ivraie - pire que l'ivraie, parfois des déchets pernicieux et même empoisonnés. Burns, dans le "Cotter's Saturday Night", représente le bonhomme qui descend la grande Bible pour le service du soir : "Il distribue une portion avec un soin judicieux." Nous devrions avoir ces portions sélectionnées et n'utiliser que ces sélections. En cela, et bien d'autres choses encore, l'homme que je suis si reconnaissant d'avoir connu et que j'ai le privilège d'appeler ami, s'est révélé le véritable professeur en avance sur son temps, le plus grand professeur de poésie dans le domaine de "l'avenir et de ses choses invisibles". J'ai emmené Arnold de notre maison d'été à Cresson, dans les Alleghanies, pour voir Pittsburgh, noire et enfumée. Sur le chemin qui va de l'aciérie Edgar Thomson à la gare, il y a deux volées de marches jusqu'au pont qui traverse la voie ferrée, la deuxième étant assez raide. Après en avoir monté les trois quarts, il s'est soudainement arrêté pour reprendre son souffle. S'appuyant sur la rampe et mettant la main sur son cœur, il me dit : "Ah, cela fera un jour pour moi, comme cela a fait pour mon père." Je ne connaissais pas alors la faiblesse de son cœur, mais je n'ai jamais oublié cet incident, et lorsque peu de temps après la triste nouvelle de sa mort soudaine, après un effort en Angleterre pour tenter d'éviter un obstacle, il m'est revenu avec une grande douleur que notre ami avait prédit son destin. Notre perte était grande. L'épitaphe de Burns sur Tam Samson ne pourrait s'appliquer de manière plus appropriée à aucun homme que j'ai connu : "L'argile usée de Tam Samson est ici : zélateurs, épargnez-le ! Si la valeur honnête du ciel augmente, vous réparerez ou gagnerez près de lui." Le nom d'un homme cher me vient ici, le Dr Oliver Wendell Holmes, de Boston, le médecin de tout le monde, dont le seul malheur vers la fin était d'avoir quatre-vingts ans. Il a été un garçon jusqu'à la fin. Lorsque Matthew Arnold mourut, quelques amis ne purent s'empêcher de prendre des mesures pour ériger un monument approprié à sa mémoire. Ces amis ont discrètement fourni la somme nécessaire, car aucun appel public ne pouvait être envisagé. Personne ne pouvait être autorisé à contribuer à un tel fonds, sauf ceux qui avaient droit à ce privilège, car on estimait que c'était un privilège. Le double, le triple de la somme aurait pu être facilement obtenu. J'ai eu la grande satisfaction d'être autorisé à me joindre à ces quelques privilégiés et d'accorder un peu d'attention à la question de notre côté de l'Atlantique. Bien sûr, je n'ai jamais pensé à en parler à ce cher Dr Holmes - non pas qu'il ne fasse pas partie des élus, mais parce qu'aucun auteur ou professionnel ne devrait être invité à contribuer à des fonds qui, à de rares exceptions près, sont mieux employés lorsqu'ils sont utilisés pour eux-mêmes. Un matin, cependant, j'ai reçu un mot du docteur, disant qu'on lui avait chuchoté qu'il y avait un tel mouvement en cours, et que j'avais été mentionné en rapport avec lui, et que s'il était jugé digne d'avoir son nom sur le tableau d'honneur, il serait gratifié. Depuis qu'il en a entendu parler, il ne pouvait pas se reposer sans m'écrire, et il aimerait avoir une réponse. Il va sans dire qu'il a été jugé digne. C'est le genre de mémorial que tout homme peut souhaiter. J'ose dire qu'il n'y a pas une seule personne qui y a contribué qui n'a pas été reconnaissante envers le destin de lui en avoir donné l'occasion.

Chapitre 23 : Leaders politiques britanniques

À Londres, Lord Rosebery, qui faisait alors partie du cabinet de Gladstone et qui était un homme d'État en pleine ascension, eut la gentillesse de m'inviter à dîner avec lui pour rencontrer M. Gladstone, et je lui suis redevable d'avoir rencontré le premier citoyen du monde. C'était, je crois, en 1885, car ma "Démocratie triomphante" a paru en 1886, et je me souviens avoir donné à M. Gladstone, à cette occasion, quelques chiffres étonnants que j'avais préparés pour ce livre. Je n'ai jamais fait ce que je pensais être juste dans une affaire sociale avec plus d'abnégation que lorsque, plus tard, M. Gladstone m'a invité à dîner avec lui. J'étais engagé à dîner ailleurs et j'étais fortement tenté de plaider qu'une invitation du véritable dirigeant de la Grande-Bretagne devait être considérée comme un commandement au même titre que celle d'un dignitaire ornemental. Mais j'ai respecté mon engagement et j'ai manqué l'homme que je souhaitais le plus rencontrer. Le privilège m'a été accordé plus tard, heureusement, lors de mes visites ultérieures à Hawarden. Lord Rosebery a ouvert la première bibliothèque que j'ai donnée, celle de Dunfermline, et il a récemment (1905) ouvert la dernière que j'ai donnée, celle de Stornoway. Lors de sa dernière visite à New York, je l'ai conduit le long de la promenade Riverside, et il a déclaré qu'aucune ville au monde ne possédait une telle attraction. C'était un homme aux idées brillantes, mais ses résolutions étaient "Souffrant de la pâleur de la pensée." S'il était né pour travailler et était entré à la Chambre des communes dans sa jeunesse, au lieu d'être parachuté sans effort dans la chambre haute dorée, il aurait pu acquérir dans les difficultés de la vie une peau plus dure, car il était très sensible et manquait de la ténacité essentielle pour s'imposer dans la vie politique. Il était un orateur charmant, un panégyriste avec la touche la plus légère et le style le plus gracieux sur certains thèmes de tous les orateurs de son époque. [Depuis que ces lignes ont été écrites, il est devenu, peut-être, le plus grand panégyriste de notre race. Il a atteint une place élevée. Tout honneur à lui ! Un matin, je lui ai rendu visite sur rendez-vous. Après les salutations, il a pris une enveloppe qui, comme je l'ai vu en entrant, avait été soigneusement posée sur son bureau, et me l'a tendue en disant : "Je souhaite que vous renvoyiez votre secrétaire." "C'est une grosse commande, Votre Seigneurie. Il est indispensable, et c'est un Écossais", ai-je répondu. "Qu'est-ce qu'il a ?" "Ce n'est pas votre écriture, c'est la sienne. Que pensez-vous d'un homme qui épelle Rosebery avec deux r ?" J'ai dit que si j'étais sensible sur ce point, la vie ne me serait pas supportable. Je reçois quotidiennement de nombreuses lettres quand je suis chez moi et je suis sûr que vingt à trente pour cent d'entre elles orthographient mal mon nom, allant de "Karnaghie" à "Carnagay". Mais il était sérieux. Ce genre de petites choses l'ennuyait beaucoup. Les hommes d'action devraient apprendre à rire de ces petites choses et à s'en réjouir, sinon ils risquent eux-mêmes de devenir "petits". Une personnalité charmante, mais timide, sensible, capricieuse et réservée, des qualités que quelques années aux Communes auraient probablement modifiées. Lorsqu'il était, en tant que libéral, en train de surprendre la Chambre des Lords et de créer un certain remue-ménage, je me suis risqué à lâcher un peu de ma propre démocratie sur lui. "Présentez-vous hardiment au Parlement. Abandonnez votre rang héréditaire, en déclarant que vous dédaignez d'accepter un privilège qui n'est pas le droit de tout citoyen. Faites-vous ainsi le véritable chef du peuple, ce que vous ne pourrez jamais être tant que vous serez pair. Vous êtes jeune, brillant, captivant, avec le don de la parole charmante. Il n'est pas question que vous soyez Premier ministre si vous vous lancez dans l'aventure." À ma surprise, bien qu'apparemment intéressé, il a dit très calmement : "Mais la Chambre des communes n'a pas pu m'admettre comme pair." "C'est ce que je devrais espérer. Si j'étais à votre place, et si j'étais rejeté, je me représenterais au prochain poste vacant et je forcerais la question. Insistez pour que celui qui a renoncé à ses privilèges héréditaires soit élevé au rang de citoyen et soit éligible à tout poste auquel il est élu. La victoire est certaine. C'est jouer le rôle d'un Cromwell. La démocratie vénère un créateur de précédent ou un créateur de précédent." Nous avons laissé tomber le sujet. En racontant cela à Morley par la suite, je n'oublierai jamais son commentaire : "Mon ami, Cromwell ne réside pas au numéro 38 de Berkeley Square." Lentement, solennellement parlé, mais concluant. Un bon gars, Rosebery, mais il a été handicapé par sa naissance en tant que pair. En revanche, Morley, qui est sorti du rang, son père chirurgien ayant du mal à maintenir son fils à l'université, est toujours "Honest John", qui n'a pas été affecté le moins du monde par la soi-disant élévation à la pairie et la Légion d'honneur, toutes deux accordées pour le mérite. Il en va de même pour "Bob" Reid, M.P., qui est devenu comte Loreburn et Lord High Chancellor, Lord Haldane, son successeur en tant que Chancellor ; Asquith, Premier ministre, Lloyd George, et d'autres. Même les dirigeants de notre République d'aujourd'hui ne sont pas des hommes du peuple plus démocratiques ou plus complets. Lorsque le plus grand citoyen du monde est décédé, la question était de savoir qui allait succéder à Gladstone, qui pouvait lui succéder. Les plus jeunes membres du Cabinet ont convenu de laisser la décision à Morley. Harcourt ou Campbell-Bannerman ? Il n'y avait qu'un seul obstacle dans la voie du premier, mais il était fatal - l'incapacité de contrôler son tempérament. La question l'avait malheureusement excité à de tels débordements qu'il n'était vraiment pas apte à diriger, et donc l'homme au jugement calme, sobre et sans nuage était considéré comme indispensable. J'étais chaleureusement attaché à Harcourt, qui était à son tour un admirateur dévoué de notre République, comme l'est devenu le mari de la fille de Motley. Notre recensement et nos rapports imprimés, que je prenais soin de lui faire parvenir, l'intéressaient profondément. Bien entendu, l'élévation du représentant de ma ville natale de Dunfermline (Campbell-Bannerman) m'a fait un plaisir non dissimulé, d'autant plus qu'en rendant les remerciements de la Town House au peuple assemblé, il a employé ces mots : "Je dois mon élection à mon président, Bailie Morrison." Le Bailie, le principal radical de Dunfermline, était mon oncle. Nous étions des familles radicales en ce temps-là et nous le sommes encore, les Carnegie et les Morrison, et d'intenses admirateurs de la Grande République, comme celui qui a exalté Washington et ses collègues comme "des hommes qui savaient et osaient proclamer la royauté de l'homme" - une proclamation qui en vaut la peine. Il n'y a rien de plus certain que la race anglophone, dans un développement ordonné et légal, établira bientôt la règle d'or de la citoyenneté par l'évolution, jamais par la révolution : "Le rang n'est que le cachet de la guinée, l'homme est le gag pour ça." Ce sentiment prévaut déjà dans toutes les colonies britanniques. La chère vieille poule de la mère patrie a des canards pour poules qui lui donnent beaucoup d'anxiété en rasant les vagues, tandis qu'elle, alarmée, crie sauvagement depuis le rivage ; mais elle apprendra à nager aussi de temps en temps. À l'automne 1905, Mme Carnegie et moi-même avons assisté à la cérémonie de remise du Freedom of Dunfermline à notre ami, le Dr John Ross, président du Carnegie Dunfermline Trust, qui a travaillé avec le plus grand zèle pour le bien de la ville. Dans son discours, le prévôt Macbeth a informé l'auditoire que cet honneur était rarement conféré, qu'il n'y avait que trois bourgmestres encore en vie : leur député, H. Campbell-Bannerman, alors Premier ministre ; le comte d'Elgin de Dunfermline, ancien vice-roi des Indes, alors secrétaire aux Colonies ; et le troisième, moi-même. Cela me semblait une excellente compagnie, tant j'étais en dehors de la course en ce qui concerne les fonctions officielles. Le comte d'Elgin est le descendant de The Bruce. Leur caveau familial se trouve à l'abbaye de Dunfermline, où son grand ancêtre repose sous la cloche de l'abbaye. Il a été noté comment le secrétaire Stanton a choisi le général Grant comme le seul homme du parti qui ne pouvait pas être le commandant. On serait très enclin à faire une erreur similaire à propos du Comte. Lorsque les universités écossaises devaient être réformées, le Comte était le deuxième membre du comité. Lorsque le gouvernement conservateur a formé son comité sur la guerre des Boers, le Comte, un libéral, a été nommé président. Lorsque la décision de la Chambre des Lords a semé la confusion dans l'Église libre unie d'Écosse, Lord Elgin a été appelé en tant que président du comité pour régler la question. Le Parlement a incorporé son rapport dans un projet de loi, et une fois de plus il a été placé à la tête pour l'appliquer. Lorsque les administrateurs du Fonds pour les universités d'Écosse ont dû être sélectionnés, j'ai dit au Premier ministre Balfour que je pensais que le comte d'Elgin, en tant que magnat de Dunfermline, pourrait être incité à prendre la présidence. Il m'a répondu que je ne pouvais pas trouver un meilleur homme en Grande-Bretagne. C'est ce qui s'est passé. John Morley m'a dit un jour après, mais avant qu'il n'ait eu, en tant que membre du Dunfermline Trust, l'expérience du président : "J'avais l'habitude de penser qu'Elgin était l'homme public le plus problématique dans une position élevée que j'aie jamais rencontré, mais je le considère maintenant comme l'un des plus compétents. Des actes, pas des mots ; un jugement, pas des paroles." Tel est le descendant du Bruce aujourd'hui, l'incarnation de la valeur modeste et de la sagesse combinées. Une fois lancés dans une carrière d'obtention de libertés, ces honneurs ne semblaient pas avoir de fin. [Avec le quartier général à Londres en 1906, j'ai reçu six Freedoms en six jours consécutifs, et deux la semaine suivante, en partant par le train du matin et en revenant le soir.

On pourrait penser que la cérémonie deviendrait monotone, mais il n'en fut rien, les conditions étant différentes dans chaque cas. J'ai rencontré des hommes remarquables parmi les maires et les prévôts, ainsi que les principaux citoyens liés aux affaires municipales, et chaque communauté avait sa propre empreinte, ses problèmes, ses succès et ses échecs. Il y avait généralement une amélioration grandement souhaitée qui éclipsait toutes les autres questions absorbant l'attention des gens. Chacun était un petit monde en soi. Le conseil municipal est un cabinet en miniature et le maire, le Premier ministre. La politique intérieure tient les gens en haleine. Les relations extérieures ne manquent pas. Il y a les questions interurbaines avec les communautés voisines, les entreprises conjointes d'eau, de gaz ou d'électricité d'une grande importance, les conférences décidant pour ou contre les alliances ou les séparations. Dans aucun département, le contraste entre l'ancien et le Nouveau Monde n'est plus grand que dans l'administration municipale. Dans le premier cas, les familles résident pendant des générations dans le lieu de naissance, avec un dévouement croissant pour la ville et ses environs. Un père qui accède au poste de maire incite son fils à y aspirer. Ce bien inestimable qu'est la fierté de la ville est créé, culminant dans un attachement romantique aux lieux d'origine. On cherche à devenir conseiller municipal pour que chacun, de son temps et de sa génération, puisse rendre service à la ville. Pour les meilleurs citoyens, c'est là un objet d'ambition honorable. Peu d'entre eux, en effet, vont au-delà - la fonction de membre du Parlement étant pratiquement réservée aux hommes de fortune, ce qui implique la résidence à Londres sans compensation. Toutefois, cette situation va bientôt changer et la Grande-Bretagne adoptera la pratique universelle consistant à payer les législateurs pour les services rendus. (En 1908 ; réalisé depuis ; quatre cents livres sont maintenant payés). Après cela, elle suivra probablement l'exemple du reste du monde en faisant en sorte que le Parlement se réunisse pendant la journée, ses membres étant frais et dispos pour le travail de la journée, au lieu de consacrer toute la journée au travail professionnel et d'entreprendre ensuite, le cerveau épuisé, le travail de gouverner le pays après le dîner. Cavendish, l'autorité en matière de whist, à qui l'on demandait s'il était possible qu'un homme puisse faire preuve de finesse à l'égard d'un valet, d'un deuxième tour et d'un troisième joueur, répondit, après réflexion, "Oui, il le pourrait après le dîner". Les conseils des villes britanniques sont composés des meilleurs éléments, des hommes incorruptibles, animés d'un esprit public, fiers de leur foyer et dévoués à celui-ci. Aux États-Unis, on fait des progrès dans ce sens, mais nous sommes encore loin derrière la Grande-Bretagne. Néanmoins, les gens ont tendance à s'installer de façon permanente dans certains endroits à mesure que le pays devient plus peuplé. Nous développerons le patriote local qui est soucieux de laisser le lieu de sa naissance un peu mieux qu'il ne l'a trouvé. Il y a seulement une génération que la prévôté des villes écossaises était généralement réservée à l'un des propriétaires locaux appartenant aux classes supérieures. Que "le Britannique aime tendrement un lord" est toujours vrai, mais cet amour disparaît rapidement. À Eastbourne, Kings-Lynn, Salisbury, Ilkeston et dans de nombreuses autres villes anciennes, j'ai constaté que le maire était sorti du rang et avait généralement travaillé de ses mains. La majorité du conseil municipal était également de ce type. Tous donnaient leur temps gratuitement. Ce fut une source de grand plaisir pour moi de connaître les prévôts et les chefs de conseil de tant de villes d'Écosse et d'Angleterre, sans oublier l'Irlande où ma tournée de la Liberté fut tout aussi attrayante. Rien ne pouvait surpasser l'accueil qui m'a été réservé à Cork, Waterford et Limerick. Il était surprenant de voir l'accueil sur les drapeaux exprimés dans les mêmes mots gaéliques, Cead mille failthe (signifiant "cent mille accueils") que ceux utilisés par les locataires de Skibo. Rien n'aurait pu me donner un tel aperçu de la vie publique locale et du patriotisme en Grande-Bretagne que le Freedom-taking, qui autrement aurait pu devenir ennuyeux. Je me sentais tellement à l'aise parmi les chefs de la ville que l'embarras des drapeaux, des foules et des gens aux fenêtres le long de notre route était facilement assumé comme faisant partie du devoir du jour, et même le discours du premier magistrat fournissait habituellement de nouvelles phases de la vie sur lesquelles je pouvais m'attarder. Les mairesses étaient ravissantes dans toute leur fierté et leur gloire. Ma conclusion est que le Royaume-Uni est mieux servi par les citoyens de premier plan de ses municipalités, élus par le vote populaire, que tout autre pays lointain ne peut l'être ; et que tout est sain jusqu'à la moelle dans cette importante branche du gouvernement. Le Parlement lui-même pourrait facilement être constitué d'une délégation de membres des conseils municipaux sans que cela ne nuise à son efficacité. Peut-être que lorsque la rémunération suffisante des membres sera établie, un grand nombre d'entre eux se retrouveront à Westminster, et ce, à l'avantage du Royaume.

Chapitre 24 : Gladstone et Morley

M. GLADSTONE a fait tout un compliment à mon "American Four-in-Hand in Britain" lorsque Mme Carnegie et moi étions ses invités à Hawarden en avril 1892. Il me proposa un jour de passer la matinée avec lui dans sa nouvelle bibliothèque, pendant qu'il rangeait ses livres (que personne d'autre que lui n'était autorisé à toucher) et que nous pouvions converser. En rôdant sur les étagères, j'ai trouvé un volume unique et j'ai appelé mon hôte, alors en haut d'une échelle de bibliothèque, loin de moi, en train de manipuler de lourds volumes : "M. Gladstone, j'ai trouvé ici un livre intitulé 'Dunfermline Worthies', écrit par un ami de mon père. J'ai connu certains de ces dignes quand j'étais enfant." "Oui", répondit-il, "et si vous passez votre main trois ou quatre livres sur la gauche, je pense que vous trouverez un autre livre écrit par un Dunfermlinois". Je l'ai fait et j'ai vu mon livre "An American Four-in-Hand in Britain". Mais avant que je ne l'ait fait, j'ai entendu cette voix d'orgue qui parlait à tue-tête du haut de l'échelle : "Ce que la Mecque est pour le mahométan, Bénarès pour l'hindou, Jérusalem pour le Chrétien, tout ce que Dunfermline est pour moi." Mes oreilles ont entendu la voix quelques instants avant que mon cerveau ne réalise qu'il s'agissait de mes propres paroles, appelées par le premier aperçu que nous avons eu de Dunfermline alors que nous nous en approchions par le sud. "Comment diable avez-vous eu ce livre ?" J'ai demandé. "Je n'ai pas eu l'honneur de vous connaître quand il a été écrit et je n'aurais pas pu vous en envoyer un exemplaire." "Non, répondit-il, je n'avais pas alors le plaisir de vous connaître, mais quelqu'un, Rosebery, je crois, m'a parlé de ce livre, je l'ai envoyé chercher et je l'ai lu avec plaisir. L'hommage rendu à Dunfermline m'a paru si extraordinaire qu'il est resté gravé dans ma mémoire. Je n'ai jamais pu l'oublier." Cet incident s'est produit huit ans après la rédaction de l'"American Four-in-Hand", et ajoute une autre preuve aux nombreuses preuves de la merveilleuse mémoire de M. Gladstone. On me pardonnera peut-être, en tant qu'auteur vaniteux, de confesser ma reconnaissance pour son jugement non moins merveilleux.

Photographie de Underwood & Underwood,
N.Y. WILLIAM E. GLADSTONE

L'HOMME POLITIQUE QUI se présente publiquement comme "lecteur de la leçon" le dimanche, est susceptible d'être considéré avec méfiance. J'avoue que, jusqu'à ce que je connaisse bien M. Gladstone, j'avais pensé de temps en temps que le vieux monsieur prudent pouvait au moins penser que ces apparitions ne lui coûtaient pas de voix. Mais tout cela s'est évanoui à mesure que j'apprenais son véritable caractère. Il était pieux et sincère, si jamais un homme l'était. Oui, même lorsqu'il note dans son journal (auquel Morley fait référence dans sa "Vie de Gladstone") que, alors qu'il s'adressait à la Chambre des communes sur le budget pendant plusieurs heures avec une grande acceptation, il avait "conscience d'être soutenu par la puissance divine au-dessus". On a beau essayer, qui peut nier que, pour une personne d'une foi aussi abondante, cette croyance dans le soutien de la Puissance inconnue a dû réellement s'avérer une influence soutenante, bien que cela puisse choquer d'autres personnes de penser qu'un être mortel puisse être aussi audacieux que d'imaginer que le Créateur de l'Univers se préoccupe du budget de M. Gladstone, préparé pour un petit grain de cette petite parcelle de terre ? Cela semble presque sacrilège, et pourtant, pour M. Gladstone, nous savons que c'était l'inverse - une croyance religieuse telle qu'elle a sans doute souvent permis à des hommes d'accomplir des merveilles en tant qu'agents directs de Dieu et en accomplissant son œuvre. La nuit du jubilé de la Reine en juin 1887, M. Blaine et moi devions dîner chez Lord Wolverton à Piccadilly, pour rencontrer M. et Mme Gladstone - c'était la première fois que M. Blaine le rencontrait. Nous sommes partis en taxi de l'hôtel Métropole à temps, mais la foule était si dense que le taxi a dû être abandonné au milieu de St James's Street. Arrivé sur le trottoir, M. Blaine me suivant, je trouvai un policier et lui expliquai qui était mon compagnon, où nous allions, et lui demandai s'il ne pouvait pas se charger de nous y conduire. Il le fit, se frayant un chemin à travers la foule avec toute l'autorité de sa fonction, et nous le suivîmes. Mais il était neuf heures avant que nous n'arrivions chez Lord Wolverton. Nous nous sommes séparés après onze heures. M. Gladstone a expliqué que lui et Mme Gladstone avaient pu rejoindre la maison en traversant Hyde Park et en passant par l'arrière. Ils pensaient revenir à leur résidence, alors à Carlton Terrace, de la même façon. M. Blaine et moi avons pensé que nous devrions profiter des rues et tenter notre chance de retourner à l'hôtel en nous frayant un chemin à travers la foule. Nous y parvenions et nous avancions lentement avec le courant devant le Reform Club lorsque j'ai entendu un ou deux mots prononcés par une voix proche du bâtiment sur ma droite. J'ai dit à M. Blaine : "C'est la voix de M. Gladstone." Il a dit : "C'est impossible. Nous venons de le laisser retourner à sa résidence." "Je m'en moque ; je reconnais mieux les voix que les visages, et je suis sûr que c'est celle de Gladstone". Finalement, je l'ai persuadé de faire quelques pas en arrière. Nous sommes arrivés près du côté de la maison et nous avons reculé. Je me suis approché d'une silhouette étouffée et j'ai chuchoté : "Qu'est-ce qui fait sortir "Gravity" de son lit à minuit ?" M. Gladstone a été découvert. Je lui ai dit que j'avais reconnu sa voix chuchotant à son compagnon. "Et ainsi," ai-je dit, "le vrai souverain sort pour voir les illuminations préparées pour le souverain nominal !". Il a répondu : "Jeune homme, je pense qu'il est temps que vous soyez au lit." Nous sommes restés quelques minutes avec lui, en prenant soin de ne pas enlever de sa tête et de son visage le manteau qui les recouvrait. Il était alors minuit passé et il avait quatre-vingts ans, mais, comme un garçon, après avoir ramené Mme Gladstone chez elle, il avait décidé de voir le spectacle. Au cours du dîner, la conversation entre M. Gladstone et M. Blaine a porté sur les différences de procédure parlementaire entre la Grande-Bretagne et l'Amérique. Au cours de la soirée, M. Gladstone a soumis M. Blaine à un contre-interrogatoire très approfondi sur le mode de procédure de la Chambre des représentants dont M. Blaine avait été le président. J'ai vu la " question préalable ", et les règles sommaires que nous avons adoptées pour limiter les débats inutiles ont fait une profonde impression sur M. Gladstone. Par intervalles, la conversation s'élargissait. M. Gladstone s'intéressait à plus de sujets que peut-être tout autre homme en Grande-Bretagne. La dernière fois que je l'ai rencontré en Écosse, chez M. Armistead, son esprit était aussi clair et vigoureux que jamais, son intérêt pour les affaires tout aussi fort. Le sujet qui l'intéressait alors le plus, et sur lequel il m'a harcelé de questions, était les grands bâtiments en acier de notre pays, dont il avait entendu parler. Ce qui l'intriguait, c'était de savoir comment il se faisait que la maçonnerie d'un cinquième ou d'un sixième étage était souvent terminée avant le troisième ou le quatrième. Je l'ai expliqué, à sa grande satisfaction. Pour aller au fond des choses, il était infatigable. M. Morley (bien qu'il soit un lord, il demeure un auteur plain John Morley) est devenu assez tôt l'un de nos amis britanniques en tant qu'éditeur de la "Fortnightly Review", qui a publié ma première contribution à un périodique britannique. Notre amitié s'est élargie et approfondie dans notre vieillesse jusqu'à ce que nous nous confessions mutuellement que nous sommes des amis très proches l'un de l'autre. [Nous avons l'habitude d'échanger des notes brèves (parfois longues) le dimanche après-midi, lorsque l'esprit nous y pousse. Nous ne sommes pas semblables, loin de là. Nous sommes attirés l'un vers l'autre parce que les opposés s'enrichissent mutuellement. Je suis optimiste ; tous mes canards sont des cygnes. Il est pessimiste, regarde sobrement, même sombrement, les dangers réels qui nous attendent, et imagine parfois des choses vaines. Il est enclin à voir "un officier dans chaque buisson". Le monde me semble lumineux, et la terre est souvent un véritable paradis, tant je suis heureux et reconnaissant envers les bons destins. Morley est rarement, voire jamais, sauvage à propos de quoi que ce soit ; son jugement est toujours délibéré et ses yeux voient toujours les taches du soleil.

Photographie de Underwood & Underwood, N.Y.
VICOMTE MORLEY DE BLACKBURN

JE LUI RACONTAI L'HISTOIRE du pessimiste à qui rien ne plaisait jamais et de l'optimiste à qui rien ne déplaisait jamais, félicités par les anges pour avoir obtenu l'entrée au paradis. Le pessimiste répondit : "Oui, très bon endroit, mais d'une manière ou d'une autre, cette auréole ne s'adapte pas exactement à ma tête." L'optimiste répliqua en racontant l'histoire d'un homme transporté au purgatoire et du Diable couchant sa victime contre une berge pendant qu'il prenait un verre à une source dont la température était très élevée. Un vieil ami l'accosta : "Eh bien, Jim, qu'est-ce que ça donne ? Aucun remède possible, tu es un raton laveur, c'est sûr." La réponse est venue : "Chut, ça pourrait être pire." "C'est comment, quand on est emporté dans le puits sans fond ?" "Chut" - en désignant sa majesté satanique - "il pourrait prendre l'idée de me faire porter". Morley, comme moi, aimait beaucoup la musique et se délectait de l'heure matinale pendant laquelle on jouait de l'orgue à Skibo. Il était attiré par les oratorios, tout comme Arthur Balfour. Je me souviens qu'ils avaient acheté ensemble des billets pour un oratorio au Crystal Palace. Tous deux sont sains d'esprit, mais philosophes, et pas très éloignés l'un de l'autre en tant que philosophes, si j'ai bien compris ; mais certaines productions récentes de Balfour l'envoient très loin dans la spéculation - un domaine que Morley n'aborde jamais. Il garde le pied sur le sol ferme et ne foule que là où le chemin est dégagé. Il ne risque pas de se "perdre dans les bois" en cherchant le chemin. L'annonce la plus étonnante de Morley ces derniers jours a été faite dans son discours aux éditeurs du monde entier, réunis à Londres. Il les a informés en effet que quelques lignes de Burns avaient fait plus pour former et maintenir les conditions politiques et sociales améliorées actuelles du peuple que tous les millions d'éditoriaux jamais écrits. Il a ensuite fait remarquer qu'il y avait de temps en temps quelques mots écrits ou prononcés qui étaient en eux-mêmes des événements ; ils accomplissaient ce qu'ils décrivaient. Les "Droits de l'homme" de Tom Paine ont été mentionnés comme tels. À son arrivée à Skibo après ce discours, nous en avons discuté. J'ai fait référence à son hommage à Burns et à ses six lignes, et il m'a répondu qu'il n'avait pas besoin de me dire quelles étaient ces lignes. "Non", ai-je dit, "je les connais par cœur". Dans un discours ultérieur, à l'occasion de l'inauguration d'une statue de Burns dans le parc de Montrose, j'ai répété les lignes auxquelles je pensais qu'il faisait référence, et il les a approuvées. Lui et moi, étrangement, avions reçu la liberté de Montrose ensemble des années auparavant, nous sommes donc des compagnons de liberté. J'ai finalement incité Morley à nous rendre visite en Amérique, et il a effectué une tournée dans une grande partie de notre pays en 1904. Nous avons essayé de lui faire rencontrer des hommes distingués comme lui. Un jour, le sénateur Elihu Root est venu à ma demande et Morley a eu un long entretien avec lui. Après le départ du sénateur, Morley me fit remarquer qu'il avait beaucoup apprécié son compagnon, qui était l'homme d'État américain le plus satisfaisant qu'il ait jamais rencontré. Il ne s'est pas trompé. Pour ce qui est de la solidité de son jugement et de sa connaissance approfondie de nos affaires publiques, Elihu Root n'a pas de supérieur. Morley nous a quittés pour rendre visite au président Roosevelt à la Maison-Blanche, et a passé plusieurs jours fructueux en compagnie de cet homme extraordinaire. Plus tard, Morley a fait la remarque suivante : "Eh bien, j'ai vu deux merveilles en Amérique, Roosevelt et Niagara." C'était intelligent et fidèle à la vie - une grande paire de merveilles rugissantes, culbutantes, fringantes, et éclaboussâtes, ne connaissant aucun repos, mais faisant toutes deux leur travail désigné, tel qu'il est. Morley était la personne la mieux placée pour avoir la bibliothèque d'Acton et c'est ainsi que je lui en ai fait cadeau. Lorsque M. Gladstone m'a fait part de la situation dans laquelle se trouvait Lord Acton, j'ai accepté, à sa suggestion, d'acheter la bibliothèque d'Acton et de la laisser à son usage pendant sa vie. Malheureusement, il n'a pas vécu longtemps pour en profiter - seulement quelques années - et j'avais alors la bibliothèque sur les bras. J'ai décidé que Morley pourrait en faire le meilleur usage pour lui-même et qu'il la laisserait certainement à l'institution appropriée. J'ai commencé à lui dire qu'elle m'appartenait lorsqu'il m'a interrompu en disant : "Eh bien, je dois vous dire que je le sais depuis le jour où vous l'avez acheté. M. Gladstone n'a pas pu garder le secret, tellement il était ravi que Lord Acton en ait la garantie à vie." Nous étions, lui et moi, en étroite intimité, et pourtant jamais l'un n'avait mentionné la situation à l'autre ; mais ce fut une surprise pour moi que Morley ne soit pas surpris. Cet incident prouva l'étroitesse du lien entre Gladstone et Morley - le seul homme avec lequel il ne pouvait résister à partager son bonheur concernant les affaires terrestres. Pourtant, sur les sujets théologiques, ils étaient très éloignés, là où Acton et Gladstone étaient proches. L'année après que j'ai donné le fonds pour les universités écossaises, Morley s'est rendu à Balmoral en tant que ministre en charge de Sa Majesté, et a télégraphié qu'il devait me voir avant notre départ. Nous nous sommes rencontrés et il m'a informé que Sa Majesté était profondément impressionnée par le don aux universités et les autres dons que j'avais faits à mon pays natal, et qu'il souhaitait savoir s'il y avait quelque chose en son pouvoir que je pourrais apprécier. J'ai demandé : "Qu'est-ce que tu as dit ?" Morley a répondu : "Je ne le pense pas." Je lui ai répondu : "Vous avez tout à fait raison, sauf que si Sa Majesté m'écrivait un mot exprimant sa satisfaction pour ce que j'ai fait, comme elle l'a fait pour vous, cela serait profondément apprécié et transmis à mes descendants comme quelque chose dont ils seraient tous fiers." Cela a été fait. La note autographe du Roi a déjà été transcrite ailleurs dans ces pages. Que Skibo se soit avéré être la meilleure des stations thermales pour Morley est en effet une chance, car il vient chez nous plusieurs fois par été et fait partie de la famille, Lady Morley l'accompagnant. Il aime le yacht autant que je l'aime moi-même et, heureusement encore, c'est le meilleur remède pour nous deux. Morley est, et doit toujours rester, "Honest John". Il ne tergiverse pas, il ne dit pas de bêtises, il est ferme comme un roc sur toutes les questions et dans toutes les situations d'urgence, mais il regarde toujours autour de lui, de l'avant à l'arrière, de la droite à la gauche, avec un grand cœur qui ne se révèle pas souvent dans toute sa tendresse, mais qui, à de rares intervalles et en de bonnes occasions, ne laisse aucun doute sur sa présence et sa puissance. Et après ce silence.

MR. CARNEGIE AVEC LE VICOMTE MORLEY

LA FAMILLE CARNEGIE À SKIBO

CHAMBERLAIN ET MORLEY étaient des amis très proches en tant que radicaux avancés, et je les ai souvent rencontrés et discutés lorsqu'ils étaient en Grande-Bretagne. Lorsque la question du Home Rule a été soulevée, notre système fédéral américain a suscité un grand intérêt en Grande-Bretagne. On a fait appel à moi librement et j'ai prononcé des discours publics dans plusieurs villes, expliquant et vantant notre union, plusieurs en un, le gouvernement le plus libre des parties produisant le gouvernement le plus fort du tout. J'ai envoyé à M. Chamberlain l'ouvrage de Miss Anna L. Dawes intitulé " How We Are Governed ", à sa demande d'information, et j'ai eu des conversations avec Morley, Gladstone et bien d'autres sur le sujet. J'ai dû écrire à M. Morley que je n'approuvais pas le premier Home Rule Bill pour les raisons que j'ai données. Lorsque j'ai rencontré M. Gladstone, il a exprimé son regret à ce sujet et une discussion approfondie s'en est suivie. Je me suis opposé à l'exclusion des membres irlandais du Parlement comme étant une séparation pratique. J'ai dit que nous n'aurions jamais dû permettre aux États du Sud de cesser d'envoyer des représentants à Washington. "Qu'auriez-vous fait s'ils avaient refusé ?" a-t-il demandé. "Nous avons utilisé toutes les ressources de la civilisation - d'abord, nous avons arrêté le courrier", ai-je répondu. Il a fait une pause et a répété : "Arrêtez les courriers." Il a senti la paralysie que cela impliquait, s'est tu et a changé de sujet. En réponse aux questions sur ce que je devais faire, j'ai toujours fait remarquer que l'Amérique avait de nombreuses législatures, mais un seul Congrès. La Grande-Bretagne devrait suivre son exemple, un seul Parlement et des législatures locales (pas des parlements) pour l'Irlande, l'Écosse et le Pays de Galles. Ceux-ci devraient devenir des États comme New York et la Virginie. Mais comme la Grande-Bretagne n'a pas de Cour suprême, comme nous en avons une, pour décider des lois adoptées, non seulement par les législatures des états, mais aussi par le Congrès, le judiciaire étant l'autorité finale et non le politique, la Grande-Bretagne devrait avoir le Parlement comme autorité nationale finale sur les mesures irlandaises. Par conséquent, les actes de la législature locale de l'Irlande devraient reposer pendant trois mois de session continue sur le bureau de la Chambre des communes, sous réserve d'une action défavorable de la Chambre, mais devenant exécutoires à moins d'être désapprouver. La disposition resterait lettre morte à moins qu'une législation inappropriée ne soit adoptée, mais s'il y avait une législation inappropriée, alors elle serait salutaire. La clause, ai-je dit, était nécessaire pour assurer aux gens timides qu'aucune sécession ne pourrait survenir. En faisant valoir ce point de vue à M. Morley par la suite, il m'a dit que cela avait été proposé à Parnell, mais rejeté. M. Gladstone aurait alors pu dire : "Très bien, cette disposition n'est pas nécessaire pour moi et les autres qui pensent comme moi, mais elle est nécessaire pour nous permettre d'emmener la Grande-Bretagne avec nous. Je suis maintenant incapable d'aborder la question. La responsabilité vous incombe." Un matin à Hawarden, Mme Gladstone a dit : "William me dit qu'il a des conversations extraordinaires avec vous." Il en avait, sans doute. Il n'avait pas souvent, voire jamais, entendu le discours désinvolte d'un authentique républicain et ne comprenait pas mon incapacité à concevoir des rangs héréditaires différents. Il me semblait étrange que des hommes abandonnent délibérément le nom que leur donnaient leurs parents, et ce nom celui de leurs parents. Particulièrement amusants étaient les nouveaux titres qui demandaient aux anciens nobles héréditaires beaucoup d'efforts pour s'abstenir de sourire lorsqu'ils saluaient le nouveau pair qui avait peut-être acheté son titre pour dix mille livres, plus ou moins, données à la caisse du parti. M. Blaine était avec nous à Londres et j'ai dit à M. Gladstone qu'il m'avait fait part de son étonnement et de sa douleur de le voir dans sa vieillesse, chapeau à la main, par une journée froide comme celle-là, à une garden-party rendant hommage à des nobodies titrés. L'union de l'Église et de l'État a été abordée, ainsi que mon " Look Ahead ", qui prédit la réunion de notre race en raison de l'incapacité des îles britanniques à s'étendre. J'avais soutenu que le démantèlement de l'Église anglaise était inévitable, parce que, entre autres raisons, elle était une anomalie. Aucune autre partie de la race ne l'avait. Toutes les religions étaient encouragées, aucune n'était favorisée, dans tous les autres États de langue anglaise. M. Gladstone a demandé : "Combien de temps donnez-vous à notre Église établie pour vivre ?" Je lui ai répondu que je ne pouvais pas fixer de date ; il avait plus d'expérience que moi dans le démantèlement des églises. Il a hoché la tête et a souri. Lorsque j'ai parlé d'une certaine diminution relative de la population en Grande-Bretagne par rapport à d'autres pays de plus grande superficie, il a demandé : "Quel avenir lui réservez-vous ?" J'ai fait référence à la Grèce parmi les nations anciennes et j'ai dit que ce n'était peut-être pas un hasard si Chaucer, Shakespeare, Spenser, Milton, Burns, Scott, Stevenson, Bacon, Cromwell, Wallace, Bruce, Hume, Watt, Spencer, Darwin et d'autres célébrités étaient nés ici. Le génie ne dépendait pas des ressources matérielles. Longtemps après que la Grande-Bretagne ne pourra plus figurer en tête des nations industrielles, non pas par son déclin, mais par la croissance plus grande des autres, elle pourrait, à mon avis, devenir la Grèce moderne et atteindre l'ascendant moral parmi les nations. Il s'est accroché aux mots, les répétant d'un air songeur : "L'ascendant moral, l'ascendant moral, j'aime ça, j'aime ça." Jamais auparavant je n'avais autant apprécié une conférence avec un homme. Je lui rendis encore visite à Hawarden, mais ma dernière visite fut chez Lord Randall à Cannes, l'hiver 1897, alors qu'il souffrait beaucoup. Il avait encore son charme d'antan et était particulièrement attentif à ma belle-sœur, Lucy, qui le voyait alors pour la première fois et était profondément impressionnée. Alors que nous partions en voiture, elle murmurait : "Un aigle malade ! Un aigle malade !" Rien ne pourrait mieux décrire ce meneur d'hommes, fané et usé, tel qu'il m'est apparu ce jour-là. Ce n'était pas seulement un grand homme, mais un homme vraiment bon, animé des impulsions les plus pures, une âme haute et impérieuse regardant toujours vers le haut. Il avait, en effet, mérité le titre :

"Le plus grand citoyen du monde". En Grande-Bretagne, en 1881, j'étais entré en relations d'affaires avec Samuel Storey, M.P., un homme très compétent, un radical sévère et un véritable républicain. Nous avons acheté plusieurs journaux britanniques et commencé une campagne de progrès politique sur des lignes radicales. Passmore Edwards et quelques autres se joignirent à nous, mais le résultat ne fut pas encourageant. L'harmonie ne régnait pas parmi mes amis britanniques et j'ai finalement décidé de me retirer, ce que j'ai heureusement pu faire sans perte. Ma troisième entreprise littéraire, "La démocratie triomphante", a eu pour origine la constatation du peu que l'étranger le mieux informé, ou même le Britannique, savait de l'Amérique, et combien ce peu était déformé. C'était prodigieux ce que ces éminents Anglais ne savaient pas alors de la République. Je n'oublierai jamais mon premier entretien avec M. Gladstone en 1882. Lorsque j'ai eu l'occasion de dire que la majorité de la race anglophone était maintenant républicaine et que c'était une minorité de monarchistes qui était sur la défensive, il a dit : "Pourquoi, comment ça ?" "Eh bien, M. Gladstone", ai-je dit, "la République exerce son influence sur un plus grand nombre d'anglophones que la population de la Grande-Bretagne et de toutes ses colonies, même si les colonies anglophones étaient deux fois plus nombreuses." "Ah ! comment ça ? Quelle est votre population ? " "Soixante-six millions, et le vôtre n'est pas beaucoup plus que la moitié." "Ah, oui, surprenant !" En ce qui concerne la richesse des nations, il a été tout aussi surpris d'apprendre que le recensement de 1880 prouvait que la République centenaire pouvait acheter la Grande-Bretagne et l'Irlande et tous leurs capitaux et investissements réalisés, puis payer la dette de la Grande-Bretagne, sans pour autant épuiser sa fortune. Mais la déclaration la plus surprenante de toutes est celle que j'ai pu faire lorsque la question du libre-échange a été abordée. J'ai fait remarquer que l'Amérique était maintenant la plus grande nation manufacturière du monde. (Plus tard, je me souviens que le Lord Chancelier Haldane a commis la même erreur en appelant la Grande-Bretagne le plus grand pays manufacturier du monde, et il m'a remercié de l'avoir rectifié). J'ai cité les chiffres de Mulhall : les manufactures britanniques en 1880, huit cent seize millions de livres sterling ; les manufactures américaines onze cent vingt-six millions de livres sterling. Son seul mot a été : "Incroyable !" D'autres déclarations surprenantes ont suivi et il a demandé : "Pourquoi un écrivain ne s'empare-t-il pas de ce sujet et ne présente-t-il pas les faits sous une forme simple et directe au monde ?". J'étais alors, en fait, en train de rassembler des matériaux pour la "Démocratie triomphante", dans laquelle j'avais l'intention d'accomplir le service même qu'il a indiqué, comme je l'ai informé. " Round the World " et " American Four-in-Hand " ne m'ont pas demandé le moindre effort, mais la préparation de " Triumphant Democracy ", que j'ai commencée en 1882, était tout autre. Elle exigeait un travail constant et laborieux. Il fallait examiner et arranger les chiffres, mais à mesure que j'avançais, l'étude devenait fascinante. Pendant quelques mois, j'ai eu l'impression d'avoir la tête remplie de statistiques. Les heures passaient sans qu'on y prête attention. C'était le soir quand je pensais qu'il était midi. La deuxième maladie grave de ma vie est due à la tension que m'a fait subir ce travail, car je devais aussi m'occuper des affaires. Je réfléchirai à deux fois avant de me confier à nouveau à quelque chose d'aussi fascinant que des chiffres.

Chapitre 25 : Herbert Spencer et son disciple

HERBERT SPENCER, avec son ami M. Lott et moi-même, étions compagnons de voyage sur le *Servia* de Liverpool à New York en 1882. Je portais une note d'introduction de M. Morley, mais j'avais rencontré le philosophe à Londres avant cela. J'étais l'un de ses disciples. En tant que voyageur plus âgé, j'ai pris en charge M. Lott et lui. Nous nous sommes assis à la même table pendant le voyage. Un jour, la conversation est tombée sur l'impression que nous font les grands hommes lors de leur première rencontre. Se sont-ils révélés, ou non, tels que nous les avions imaginés ? Chacun donna son expérience. La mienne était que rien ne pouvait être plus différent que l'être imaginé et l'être vu en chair et en os. "Oh !" dit M. Spencer, "dans mon cas, par exemple, était-ce le cas ?". "Oui", ai-je répondu, "vous plus que tout autre. J'avais imaginé mon maître, le grand philosophe calme, méditant, comme Bouddha, sur toutes choses, impassible ; jamais je n'avais rêvé de le voir excité par la question du fromage Cheshire ou Cheddar". La veille, il avait repoussé avec mauvaise humeur le premier lorsque le steward le lui avait présenté, en s'exclamant : "Cheddar, Cheddar, pas Cheshire ; j'ai dit Cheddar." Il y eut un rugissement auquel personne ne se joignit plus chaleureusement que le sage lui-même. Il fait référence à cet incident du voyage dans son Autobiographie. Spencer aimait les histoires et était un bon rieur. Les histoires américaines semblaient lui plaire plus que les autres, et parmi celles-ci, j'ai pu lui en raconter quelques-unes, qui étaient généralement suivies de rires explosifs. Il était impatient de connaître nos territoires de l'Ouest, qui attiraient alors l'attention en Europe, et une histoire que je lui ai racontée sur le Texas l'a frappé comme étant amusante. Lorsqu'un émigrant déçu de cet État a été interrogé sur le pays alors stérile, il a répondu : "Étranger, tout ce que j'ai à dire sur le Texas, c'est que si je possédais le Texas et h-l, je vendrais le Texas." Quel changement par rapport à ces premiers jours ! Le Texas compte aujourd'hui plus de quatre millions d'habitants et on dit que son sol permet de produire plus de coton que le monde entier en 1882. La promenade jusqu'à la maison, lorsque j'ai fait sortir le philosophe à Pittsburgh, m'a rappelé une autre histoire américaine, celle du visiteur qui commençait à monter l'allée du jardin. Lorsqu'il ouvrit la porte, un gros chien de la maison se précipita sur lui. Il se retira et referma la porte du jardin juste à temps, l'hôte criant : "Il ne te touchera pas, tu sais qu'un chien qui aboie ne mord jamais." "Oui, s'exclame le visiteur, en tremblant, je le sais et vous le savez, mais le chien le sait-il ?". Un jour, mon neveu aîné a été vu en train d'ouvrir la porte sans faire de bruit et d'épier l'endroit où nous étions assis. Sa mère lui demanda ensuite pourquoi il avait agi ainsi et le garçon de onze ans répondit : "Mamma, je voulais voir l'homme qui a écrit dans un livre qu'il était inutile d'étudier la grammaire." Spencer était très heureux d'entendre cette histoire et y faisait souvent référence. Il avait foi en ce neveu.

HERBERT SPENCER À SOIXANTE-DIX HUIT ANS

EN LUI DISANT UN JOUR que le fait qu'il ait signé une remonstrance contre un tunnel entre Calais et Douvres m'avait surpris, il expliqua que pour lui-même, il était aussi désireux que quiconque d'avoir le tunnel et qu'il ne croyait à aucune des objections soulevées contre lui, mais qu'il avait signé la remonstrance parce qu'il savait que ses compatriotes étaient tellement idiots que l'élément militaire et naval en Grande-Bretagne pourrait faire fuir les masses, les effrayer et stimuler le militarisme. On exigerait alors une augmentation de l'armée et de la marine. Il a fait référence à une peur qui s'était déjà manifestée et qui avait entraîné la dépense de plusieurs millions pour des fortifications qui s'étaient avérées inutiles. Un jour, nous étions assis dans nos chambres du Grand Hôtel et nous regardions Trafalgar Square. Les Life Guards sont passés et ce qui suit s'est produit : "Monsieur Spencer, je ne vois jamais d'hommes habillés comme Merry Andrews sans être attristé et indigné qu'au dix-neuvième siècle, la race la plus civilisée, telle que nous nous considérons, trouve encore des hommes prêts à adopter comme profession - jusqu'à tout récemment la seule profession pour les gentlemen - l'étude des moyens les plus sûrs de tuer d'autres hommes." M. Spencer a dit : "C'est ce que je ressens moi-même, mais je vais vous dire comment je réfrène mon indignation. Chaque fois que je la sens monter, je suis calmé par cette histoire d'Emerson : il avait été hué et bousculé de la plate-forme de Faneuil Hall pour avoir osé parler contre l'esclavage. Il se décrit comme rentrant chez lui, en proie à une violente colère, jusqu'à ce qu'il ouvre le portail de son jardin et regarde à travers les branches des grands ormes qui poussaient entre le portail et sa modeste maison, et qu'il voie les étoiles briller à travers. Elles lui ont dit : "Quoi, il fait si chaud, mon petit monsieur ?". J'ai ri et il a ri, et je l'ai remercié pour cette histoire. Il n'est pas rare que je doive me répéter : "Quoi, si chaud, mon petit monsieur ?" et cela suffit. La visite de M. Spencer en Amérique a eu son point culminant lors du banquet donné pour lui au Delmonico. Je l'y ai conduit et j'y ai vu le grand homme dans un état second. Il ne pouvait penser à rien d'autre qu'au discours qu'il devait prononcer. [Je crois qu'il avait rarement parlé en public auparavant. Sa grande crainte était d'être incapable de dire quoi que ce soit d'utile pour le peuple américain, qui avait été le premier à apprécier ses œuvres. Il a peut-être assisté à de nombreux banquets, mais jamais à un banquet composé de personnes aussi distinguées que celui-ci. C'était une réunion remarquable. Les hommages rendus à Spencer par les hommes les plus éminents étaient uniques. Le point culminant fut atteint lorsque Henry Ward Beecher, concluant son discours, se retourna et s'adressa à M. Spencer en ces termes : "À mon père et à ma mère, je dois mon être physique ; à vous, monsieur, je dois mon être intellectuel. À un moment critique, vous avez fourni les chemins sûrs à travers les tourbières et les marécages ; vous avez été mon professeur. " Ces mots ont été prononcés sur un ton lent et solennel. Je ne me souviens pas d'avoir jamais remarqué une telle profondeur de sentiments ; de toute évidence, ils venaient d'un débiteur reconnaissant. M. Spencer a été touché par ces paroles. Elles donnèrent lieu à des remarques considérables, et peu de temps après, M. Beecher prêcha une série de sermons, exposant son point de vue sur l'évolution. La conclusion de cette série était attendue avec impatience, car le fait qu'il reconnaisse sa dette envers Spencer comme son professeur avait suscité l'inquiétude dans les cercles ecclésiastiques. Dans l'article de conclusion, comme dans son discours, si je me souviens bien, M. Beecher disait que, bien qu'il crût à l'évolution (darwinisme) jusqu'à un certain point, cependant, lorsque l'homme avait atteint son niveau humain le plus élevé, son Créateur l'avait alors investi (et l'homme seul de tous les êtres vivants) du Saint-Esprit, le faisant ainsi entrer dans le cercle des êtres divins ! Il répondait ainsi à ses détracteurs. M. Spencer s'intéressait de près aux appareils mécaniques. Lorsqu'il visitait nos usines avec moi, les nouveaux appareils l'impressionnaient et, par la suite, il s'y référait parfois en disant que son estimation de l'invention et de la poussée américaines avait été pleinement réalisée. Il était naturellement heureux de la déférence et de l'attention qu'on lui portait en Amérique. Il était rare que je visite l'Angleterre sans aller le voir, même après qu'il se soit installé à Brighton pour pouvoir vivre en regardant la mer, ce qui l'attirait et l'apaisait. Je n'ai jamais rencontré un homme qui semblait peser si soigneusement chaque action, chaque mot - même les plus petits - et qui cherchait si complètement à se laisser guider par sa propre conscience. Il ne se moquait pas des questions religieuses. Dans le domaine de la théologie, cependant, il avait peu de considération pour la bienséance. Pour lui, c'était un système très défectueux qui empêchait la véritable croissance, et l'idée de récompenses et de punitions lui semblait faire appel à des natures très basses. Pourtant, il n'est jamais allé aussi loin que Tennyson à l'occasion d'une discussion sur certaines des vieilles idées. Knowles m'a dit que Tennyson avait perdu le contrôle de lui-même. Knowles a dit qu'il était très déçu par la vie du poète racontée par son fils, car elle ne donne pas une image fidèle de son père dans sa révolte contre la théologie sévère. Spencer a toujours été le philosophe calme. Je crois que, de l'enfance à la vieillesse - lorsque la course était terminée - il ne s'est jamais rendu coupable d'un acte immoral ou d'une injustice envers un être humain. Il était certainement l'un des hommes les plus consciencieux dans toutes ses actions qui soit né. Peu d'hommes ont souhaité connaître un autre homme plus fortement que moi de connaître Herbert Spencer, car rarement quelqu'un a été plus profondément redevable que moi envers lui et envers Darwin. La réaction contre la théologie d'autrefois vient de beaucoup de gens qui ont été entourés dans leur jeunesse par des gens d'Église entièrement satisfaits que la vérité et la foi indispensables au bonheur futur ne provenaient que des credos calvinistes les plus stricts. Le jeune homme réfléchi est naturellement entraîné et disposé à y souscrire. Il ne peut que penser, jusqu'à une certaine période de son développement, que ce que croient les personnes les plus instruites autour de lui - celles qu'il considère comme des exemples et des instructeurs - doit être vrai. Il résiste au doute comme étant inspiré par le Malin qui cherche son âme, et qui est sûr de l'obtenir si la foi ne vient pas à la rescousse. Malheureusement, il découvre bientôt que la foi n'est pas exactement à sa portée. Le péché originel, pense-t-il, doit être à l'origine de cette incapacité à voir ce qu'il veut voir, à croire ce qu'il veut croire. Il lui semble clair qu'il n'est déjà guère mieux que l'un des perdus. Il ne peut certainement pas faire partie des élus, car ceux-ci doivent être des ministres, des anciens et des hommes strictement orthodoxes. Le jeune homme est bientôt en rébellion chronique, essayant d'assumer la piété avec les autres, acquiesçant extérieurement au credo et à tous ses enseignements, et pourtant au fond totalement incapable de concilier son accord extérieur avec son doute intérieur. S'il y a de l'intelligence et de la vertu dans l'homme, il n'y a qu'un seul résultat possible ; c'est la position de Carlyle après sa terrible lutte, lorsqu'après des semaines de tourments il s'est exprimé : "Si c'est incroyable, au nom de Dieu, alors, qu'on le discrédite." C'est ainsi que le poids du doute et de la peur l'a quitté pour toujours. Lorsque, avec trois ou quatre de mes compagnons de bonté, j'en étais à ce stade de doute sur la théologie, y compris l'élément surnaturel, et en fait sur tout le plan du salut par l'expiation vicariale et sur toute la structure qui en découle, je suis heureusement tombé sur les ouvrages de Darwin et de Spencer, "Les données de l'éthique", "Les premiers principes", "La statique sociale", "La descendance de l'homme". Arrivé aux pages qui expliquent comment l'homme a absorbé les nourritures mentales qui lui étaient favorables, retenant ce qui était salutaire, rejetant ce qui était délétère, je me souviens que la lumière est venue comme un flot et que tout était clair. Non seulement je m'étais débarrassé de la théologie et du surnaturel, mais j'avais trouvé la vérité de l'évolution. "Tout est bien puisque tout s'améliore" est devenu ma devise, ma véritable source de réconfort. L'homme n'a pas été créé avec l'instinct de sa propre dégradation, mais de l'inférieur il s'est élevé aux formes supérieures. Il n'y a pas non plus de fin concevable à sa marche vers la perfection. Son visage est tourné vers la lumière, il se tient debout au soleil et regarde vers le haut. L'humanité est un organisme qui, par nature, rejette tout ce qui est délétère, c'est-à-dire mauvais, et absorbe après essai ce qui est bénéfique, c'est-à-dire bon. S'il en avait été disposé ainsi, l'Architecte de l'Univers, nous devons le supposer, aurait pu rendre le monde et l'homme parfaits, exempts de mal et de douleur, comme les anges du ciel sont censés l'être ; mais bien que cela n'ait pas été fait, l'homme a reçu le pouvoir de progresser plutôt que de régresser. L'Ancien et le Nouveau Testament restent, comme d'autres écrits sacrés d'autres pays, précieux en tant que témoins du passé et pour les bonnes leçons qu'ils inculquent. Comme les anciens auteurs de la Bible, nos pensées devraient se concentrer sur cette vie et sur nos devoirs ici. "Bien accomplir les devoirs de ce monde, sans se préoccuper d'un autre, est la sagesse première", dit Confucius, grand sage et maître. Le monde suivant et ses devoirs, nous les considérerons lorsque nous y serons placés. Je suis comme un grain de poussière dans le soleil, et même pas grand-chose, dans cet univers solennel, mystérieux, inconnaissable. Je me rétracte. Je vois une vérité. Franklin avait raison. "Le plus grand culte de Dieu est le service de l'homme." Tout cela, cependant, n'empêche pas l'espoir éternel de l'immortalité. Ce ne serait pas un plus grand miracle de naître à une vie future que d'être né pour vivre dans cette vie présente. L'une a été créée, pourquoi pas l'autre ? Il y a donc lieu d'espérer l'immortalité. Espérons.

Chapitre 26 : Blaine et Harrison

S'il est vrai que l'on est connu par la compagnie que l'on fréquente, il est tout aussi vrai que l'on est connu par les histoires que l'on raconte. M. Blaine était l'un des meilleurs conteurs d'histoires que je n'ai jamais rencontrés. Il était d'une nature lumineuse et ensoleillée, avec une histoire pleine d'esprit et de finesse pour chaque occasion. Le discours de M. Blaine à Yorktown (je l'y avais accompagné) a été grandement admiré. Il accordait une attention particulière à l'amitié cordiale qui s'était développée entre les deux branches de la race anglophone, et se terminait par l'espoir que la paix et la bonne volonté qui prévalaient entre les deux nations existeraient pendant de nombreux siècles à venir. Lorsqu'il m'a lu cela, je me souviens que le mot "beaucoup" m'a interpellé, et j'ai dit : "M. le Secrétaire, puis-je suggérer le changement d'un mot ? Je n'aime pas 'beaucoup' ; pourquoi pas 'tous' les siècles à venir ?" "Bien, c'est parfait !" Et c'est ainsi qu'il a été donné dans le discours : "pour tous les siècles à venir." Nous avons eu une belle nuit en revenant de Yorktown, et, assis à l'arrière du navire au clair de lune, la fanfare militaire jouant en avant, nous avons parlé de l'effet de la musique. M. Blaine a dit que son morceau préféré à ce moment-là était le " Sweet By and By ", qu'il avait entendu jouer en dernier par le même orchestre aux funérailles du président Garfield, et il pensait qu'à cette occasion, il avait été plus profondément ému par des sons doux qu'il ne l'avait jamais été de sa vie. Il demanda que ce soit le dernier morceau joué ce soir-là. Gladstone et lui aimaient tous deux la musique simple. Ils pouvaient apprécier Beethoven et les maîtres classiques, mais Wagner était encore un livre scellé pour eux. En réponse à ma question sur le discours le plus réussi qu'il ait jamais entendu au Congrès, il a répondu que c'était celui de l'Allemand Ritter, ex-gouverneur de Pennsylvanie. Le premier projet de loi affectant des fonds pour les eaux douces intérieures était à l'étude. La Chambre est divisée. Les tenants d'une interprétation stricte jugeaient cette loi inconstitutionnelle ; seuls les ports de la mer salée relevaient du gouvernement fédéral. La lutte était vive et le résultat douteux, lorsqu'à l'étonnement de la Chambre, le gouverneur Ritter se leva lentement pour la première fois. Le silence règne aussitôt. Qu'allait dire le vieil ex-gouverneur allemand - qui n'avait jamais rien dit du tout

? Seulement ceci : "Monsieur le Président, je ne connais pas beaucoup de détails sur la constitution, mais je sais ceci : je ne donnerais pas un centime pour une constitution qui ne se lave pas aussi bien à l'eau douce qu'à l'eau salée." La Chambre éclate d'un rire incontrôlable, et le projet de loi est adopté. C'est ainsi qu'est née cette nouvelle façon de dépenser l'argent du gouvernement et d'employer les ingénieurs de l'armée et de la marine, l'une des plus bénéfiques. Peu d'argent dépensé par le gouvernement donne un rendement aussi important. Ainsi se développe notre constitution flexible pour répondre aux nouveaux besoins d'une population en expansion. Qui fera la constitution si on nous permet aujourd'hui de l'interpréter ?

Photographie de Underwood & Underwood, N.Y.
JAMES G. BLAINE

LA MEILLEURE HISTOIRE de M. Blaine, si l'on peut en choisir une parmi tant d'autres qui étaient excellentes, était, je pense, la suivante : Au temps de l'esclavage et des chemins de fer clandestins, vivait sur les rives de l'Ohio, près de Gallipolis, un démocrate réputé du nom de Juge French, qui dit à des amis anti-esclavagistes qu'il aimerait qu'ils amènent à son bureau le premier nègre fugitif qui traversait la rivière, en direction du nord par le chemin de fer clandestin. Il ne pouvait pas comprendre pourquoi ils souhaitaient s'enfuir. Ce fut fait, et la conversation suivante eut lieu : Juge : "Donc vous avez fui le Kentucky. Mauvais maître, je suppose ?" Esclave : "Oh, non, M. le Juge ; très bien, gentil Massa." Juge : "Il vous a fait travailler trop dur ?" Esclave : "Non, sah, je ne me suis jamais surmené de toute ma vie." Jugez, en hésitant : "Il ne vous a pas donné assez à manger ?" Esclave : "Pas assez à manger à Kaintuck ? Oh, Seigneur, plein de choses à manger." Juge : "Il ne vous a pas bien habillé ?" Esclave : "Des vêtements assez bien pour moi, M. le Juge." Juge : "Vous n'aviez pas une maison confortable ?" Esclave : "Oh, Seigneur, ça me fait pleurer de penser à ma jolie petite cabane dans le vieux Kaintuck." Le juge, après une pause : "Tu avais un bon et gentil maître, tu n'étais pas surmené, tu avais beaucoup à manger, de bons vêtements, une belle maison. Je ne vois pas pourquoi diable tu as voulu t'enfuir." Esclave : "Eh bien, Juge, j'ai laissé la situation ouverte. Vous pouvez aller droit au but et l'obtenir." Le Juge avait vu une grande lumière. "La liberté a des milliers de charmes à montrer, que les esclaves, bien que satisfaits, ne connaissent pas." Le fait que les gens de couleur, en si grand nombre, aient tout risqué pour la liberté est la meilleure preuve possible qu'ils s'approcheront progressivement et atteindront finalement la pleine stature de la citoyenneté dans la République. Je n'ai jamais vu M. Blaine aussi heureux que lorsqu'il était avec nous à Cluny. Il était redevenu un enfant et nous avons fait la fête ensemble. Il n'avait jamais pêché à la mouche. Je l'ai emmené sur le Loch Laggan et il a commencé maladroitement, comme tout le monde, mais il a vite pris le coup de main. Je n'oublierai jamais sa première capture : "Mon ami, vous m'avez appris un nouveau plaisir dans la vie. Il y a une centaine de lochs de pêche dans le Maine, et je passerai mes vacances à l'avenir à y pêcher la truite." À Cluny, il n'y a pas de nuit en juin et nous avons dansé sur la pelouse dans le crépuscule lumineux jusqu'à tard. Mrs Blaine, Miss Dodge, Mr Blaine et d'autres invités essayaient de faire le Scotch reel, et "whooping" comme des Highlanders. Nous étions de joyeux fêtards pendant ces deux semaines. Un soir plus tard, lors d'un dîner dans notre maison à

New York, composé principalement de nos visiteurs de Cluny, M. Blaine a dit à la compagnie qu'il avait découvert à Cluny ce qu'étaient de vraies vacances. "C'est quand les plus petites choses deviennent les événements les plus sérieux de la vie". La nomination du Président Harrison pour la présidence en 1888 est venue à M. Blaine alors qu'il faisait un voyage en car avec nous. M. et Mme Blaine, Miss Margaret Blaine, le sénateur et Mme Hale, Miss Dodge, et Walter Damrosch étaient dans l'autocar avec nous de Londres au château de Cluny. En approchant Linlithgow d'Édimbourg, nous avons trouvé le prévôt et les magistrats dans leurs magnifiques robes à l'hôtel pour nous recevoir. J'étais avec eux lorsque M. Blaine est entré dans la chambre avec un télégramme à la main qu'il m'a montré en me demandant ce qu'il signifiait. Il disait : "Utilisez le cryptogramme." C'était du Sénateur Elkins à la Convention de Chicago. M. Blaine avait câblé la veille, refusant d'accepter la nomination à la présidence à moins que le secrétaire Sherman de l'Ohio n'y consente, et le sénateur Elkins voulait sans doute être certain qu'il était en correspondance avec M. Blaine et non avec quelque intrus. J'ai dit à M. Blaine que le sénateur était venu me voir avant de partir et qu'il avait suggéré que nous ayons des mots codés pour les principaux candidats. Je lui en ai donné quelques-uns et j'en ai gardé une copie sur un bout de papier que j'ai mis dans mon livre de poche. J'ai cherché et heureusement je l'ai trouvé. Blaine était "Victor" ; Harrison, "Trump" ; Phelps du New Jersey, "Star" ; et ainsi de suite. J'ai câblé "Trump" et "Star". C'était dans la soirée. Nous nous sommes retirés pour la nuit et, le lendemain, les autorités de la ville ont fait défiler tout le groupe dans leurs robes le long de la rue principale jusqu'aux terrains du palais, qui étaient finement décorés de drapeaux. Des discours de bienvenue ont été prononcés et des réponses ont été données. M. Blaine a été appelé par le peuple et a répondu dans une courte allocution. Juste à ce moment-là, un télégramme lui a été remis : "Harrison et Morton nommés". Phelps avait refusé. Ainsi s'évanouit à jamais la chance de M. Blaine d'occuper la plus haute des fonctions politiques - l'élection de la majorité de la race anglophone. Mais il a été élu à juste titre à la présidence et éliminé de l'État de New York, comme cela a été enfin clairement prouvé, les auteurs de la fraude ayant été punis pour avoir tenté de répéter la même fraude lors d'une élection ultérieure. M. Blaine, en tant que secrétaire d'État dans le cabinet de Harrison, a connu un succès certain et le Congrès panaméricain a été son plus brillant triomphe. C'est à cette époque que j'ai eu ma seule expérience politique, celle d'un délégué des États-Unis au Congrès. Cela m'a donné une vue très intéressante des Républiques sud-américaines et de leurs divers problèmes. Nous nous sommes assis ensemble, représentants de toutes les républiques sauf le Brésil. Un matin, on a annoncé qu'une nouvelle constitution avait été ratifiée. Le Brésil était devenu membre de la fraternité, ce qui faisait dix-sept républiques en tout - maintenant vingt-et-une. Il y eut de grands applaudissements et une salutation cordiale des représentants du Brésil ainsi soudainement élevé. J'ai trouvé les représentants sud-américains plutôt méfiants à l'égard des intentions de leur grand frère. Un esprit d'indépendance sensible se manifestait, qu'il était de notre devoir de reconnaître. Je crois que nous y sommes parvenus, mais il appartiendra aux gouvernements suivants de respecter scrupuleusement le sentiment national de nos voisins du Sud. Ce n'est pas le contrôle, mais une coopération amicale dans des conditions de parfaite égalité que nous devons rechercher. J'étais assis à côté de Manuel Quintana, qui est devenu par la suite président de l'Argentine. Il s'intéressait beaucoup aux débats et, un jour, il s'est montré assez critique sur une question insignifiante, ce qui a donné lieu à une discussion animée entre lui et le président Blaine. Je crois que l'origine en est une fausse traduction d'une langue à l'autre. Je me suis levé, je me suis glissé derrière le président sur l'estrade, lui murmurant au passage que si un ajournement était proposé, j'étais certain que les divergences pourraient être réglées. Il a fait un signe d'assentiment. Je suis retourné à mon siège et j'ai proposé l'ajournement, et pendant l'intervalle, tout a été arrangé de façon satisfaisante. En passant devant les délégués, alors que nous étions sur le point de quitter la salle, un incident s'est produit qui me revient en mémoire au moment où j'écris. Un délégué a jeté un bras autour de moi et, de l'autre main, m'a tapoté la poitrine en s'exclamant : "M. Carnegie, vous avez plus ici que là" - en montrant sa poche. Nos frères du Sud sont si affectueusement démonstratifs. Climats chauds et cœurs chaleureux. En 1891, le président Harrison m'a accompagné de Washington à Pittsburgh, comme je l'ai déjà dit, pour inaugurer le Carnegie Hall et la bibliothèque que j'avais offerts à Allegheny City. Nous avons emprunté le chemin de fer de Baltimore et de l'Ohio en plein jour et nous avons apprécié le voyage, le président étant particulièrement satisfait du paysage. En arrivant à Pittsburgh à la nuit tombée, les fours à coke en flammes et les épaisses colonnes de fumée et de feu l'ont stupéfié. La description bien connue de Pittsburgh, vue du haut des collines, comme "H-l avec le couvercle enlevé", lui a semblé très appropriée. Il fut le premier président à visiter Pittsburgh. Le président Harrison, son grand-père, y était toutefois passé de bateau à vapeur en bateau de canal, alors qu'il se rendait à Washington après son élection. La cérémonie d'ouverture a été très suivie en raison de la présence du Président et tout s'est bien passé. Le lendemain matin, le Président a souhaité visiter notre aciérie, et il y a été escorté, recevant un accueil cordial de la part des ouvriers. J'ai appelé chaque directeur de département successif à mesure que nous passions et je l'ai présenté. Enfin, lorsque M. Schwab fut présenté, le président se tourna vers moi et me dit, "Comment cela, M. Carnegie ? Vous ne présentez que des garçons à moi." "Oui, M. le Président, mais remarquez-vous quel genre de garçons ce sont ?" "Oui, des escrocs, chacun d'entre eux" fut son commentaire. Il avait raison. Aucun jeune homme n'aurait pu être trouvé pour un tel travail ailleurs dans ce monde. Ils avaient été promus partenaires sans coût ni risque. Si les bénéfices ne payaient pas leurs parts, aucune responsabilité ne pesait sur les jeunes hommes. Donner ainsi à des "partenaires" est très différent de payer des salaires à des "employés" dans des sociétés. La visite du Président, non pas à Pittsburgh, mais à Allegheny, de l'autre côté de la rivière, a eu un résultat bénéfique. Les membres du conseil municipal de Pittsburgh m'ont rappelé que j'avais d'abord offert à Pittsburgh de l'argent pour une bibliothèque et une salle, ce qu'elle avait refusé, et qu'ensuite la ville d'Allegheny m'avait demandé si je les lui donnerais, ce que j'ai fait. La visite du président à Allegheny pour y inaugurer la bibliothèque et la salle, et l'ignorance de Pittsburgh, c'était trop. Ses autorités sont revenues me voir le matin suivant l'ouverture de la ville d'Allegheny, pour me demander de renouveler mon offre à Pittsburgh. Dans l'affirmative, la ville accepterait et consentirait à consacrer à l'entretien un pourcentage plus élevé que celui que j'avais demandé précédemment. Je n'étais que trop heureux de le faire et, au lieu de deux cent cinquante mille, j'ai offert un million de dollars. Mes idées avaient pris de l'ampleur. C'est ainsi que fut créé l'Institut Carnegie. Les principaux citoyens de Pittsburgh dépensent sans compter pour les choses artistiques. Ce centre manufacturier a son orchestre permanent depuis quelques années - Boston et Chicago étant les seules autres villes d'Amérique à pouvoir s'en vanter. Un club de naturalistes et une école de peinture ont vu le jour. Le succès de la Bibliothèque, de la Galerie d'art, du Musée et du Music-Hall - un noble quatuor dans un immense bâtiment - est l'une des principales satisfactions de ma vie. C'est mon monument, car c'est ici que j'ai vécu mes premières années et que j'ai fait mes débuts, et je suis aujourd'hui, dans mon cœur, un fils dévoué de cette chère vieille ville enfumée de Pittsburgh. Herbert Spencer a entendu, pendant qu'il était avec nous à Pittsburgh, un compte rendu du rejet de ma première offre d'une bibliothèque à Pittsburgh. Quand la seconde offre fut faite, il m'écrivit qu'il ne comprenait pas comment je pouvais la renouveler ; il n'aurait jamais pu le faire ; ils ne la méritaient pas. J'ai écrit au philosophe que si j'avais fait la première offre à Pittsburgh pour recevoir ses remerciements et sa gratitude, je méritais les flèches personnelles décochées contre moi et les accusations selon lesquelles on ne cherchait que ma propre glorification et un monument à ma mémoire. J'aurais alors probablement dû ressentir la même chose que lui. Mais, comme j'avais en vue le bien des habitants de Pittsburgh, parmi lesquels j'avais fait fortune, les soupçons infondés de certaines natures n'ont fait que renforcer mon désir d'œuvrer à leur bien en plantant au milieu d'eux une puissante influence pour des choses plus élevées. C'est ce que l'Institut a fait, grâce à la grâce du destin. Pittsburgh a joué son rôle noblement.

Chapitre 27 : Diplomatie de Washington

Le président HARRISON avait été un soldat et, en tant que président, il était un peu enclin à se battre. Son attitude a inquiété certains de ses amis. Il s'opposait à l'arbitrage de la question de la mer de Behring alors que Lord Salisbury, sous la dictée du Canada, avait dû répudier l'accord Blaine pour son règlement, et était disposé à prendre des mesures extrêmes. Mais des conseils plus calmes ont prévalu. Il était également déterminé à maintenir le Force Bill contre le Sud. Lorsque la querelle a éclaté avec le Chili, il y a eu un moment où il semblait presque impossible d'empêcher le président de prendre des mesures qui auraient entraîné la guerre. Il avait une grande provocation personnelle, car les autorités chiliennes avaient été très indiscrètes dans leurs déclarations concernant son action. Je suis allé à Washington pour voir si je ne pouvais pas faire quelque chose pour réconcilier les belligérants, car, ayant été membre de la première conférence panaméricaine, j'avais fait connaissance avec les représentants de nos républiques sœurs du sud et j'étais en bons termes avec eux. Par chance, je venais d'entrer dans l'hôtel Shoreham lorsque j'ai vu le sénateur Henderson du Missouri, qui avait été mon collègue délégué à la Conférence. Il s'est arrêté et m'a salué, et en regardant de l'autre côté de la rue, il a dit : "Il y a le Président qui vous fait signe." J'ai traversé la rue. "Bonjour, Carnegie, quand êtes-vous arrivé ?" "Je viens d'arriver, M. le Président ; j'entrais dans l'hôtel." "Pourquoi êtes-vous ici ?" "Pour avoir une conversation avec vous." "Eh bien, venez et parlez pendant que nous marchons." Le président prit mon bras et nous nous promenâmes dans les rues de Washington à la tombée de la nuit pendant plus d'une heure, au cours de laquelle la discussion fut animée. Je lui ai dit qu'il m'avait nommé Délégué à la Conférence panaméricaine, qu'il avait assuré aux délégués sud-américains, lors de leur départ, qu'il avait donné une revue militaire en leur honneur pour leur montrer, non pas que nous avions une armée, mais plutôt que nous n'en avions pas et n'en avions pas besoin, que nous étions le grand frère dans la famille des républiques, et que tous les différends, s'il y en avait, seraient réglés par un arbitrage pacifique. J'ai donc été surpris et affligé de constater qu'il semblait maintenant adopter une ligne de conduite différente, menaçant de recourir à la guerre pour un différend dérisoire avec le petit Chili. "Vous êtes un New-Yorkais et vous ne pensez qu'aux affaires et aux dollars. C'est ainsi que sont les New-Yorkais ; ils ne se soucient pas de la dignité et de l'honneur de la République", a déclaré son Excellence. "M. le Président, je suis l'un des hommes aux États-Unis qui profiterait le plus de la guerre ; elle pourrait jeter des millions dans mes poches en tant que plus grand fabricant d'acier." "Eh bien, c'est probablement vrai dans votre cas ; j'avais oublié." "M. le Président, si je devais me battre, je prendrais quelqu'un de ma taille." "Eh bien, laisseriez-vous une nation vous insulter et vous déshonorer à cause de sa taille ?" "Monsieur le Président, aucun homme ne peut me déshonorer, sauf moi-même. Les blessures d'honneur doivent être auto-infligées." "Vous voyez, nos marins ont été attaqués sur le rivage et deux d'entre eux ont été tués, et vous supporteriez cela ?" a-t-il demandé. "Monsieur le Président, je ne pense pas que les États-Unis soient déshonorés chaque fois qu'une querelle entre marins ivres a lieu ; d'ailleurs, il ne s'agissait pas du tout de marins américains, mais d'étrangers, comme vous le voyez à leurs noms. Je serais disposé à encaisser le capitaine de ce navire pour avoir permis aux marins de se rendre à terre alors qu'il y avait des émeutes dans la ville et que la paix publique avait déjà été troublée." La discussion se poursuivit jusqu'à ce que nous ayons finalement atteint la porte de la Maison Blanche dans l'obscurité. Le Président m'a dit qu'il avait un engagement pour dîner dehors ce soir-là, mais il m'a invité à dîner avec lui le soir suivant, lorsque, comme il l'a dit, il n'y aurait que la famille et nous pourrions parler. "Je suis très honoré et je serai avec vous demain soir", ai-je dit. Et nous nous sommes séparés. Le lendemain matin, je suis allé voir M. Blaine, alors secrétaire d'État. Il s'est levé de son siège et m'a tendu les deux mains. "Oh, pourquoi n'avez-vous pas dîné avec nous hier soir ? Lorsque le président a dit à Mme Blaine que vous étiez en ville, elle a répondu : "Pensez-y, M. Carnegie est en ville et j'avais un siège vacant qu'il aurait pu occuper". Je lui ai répondu : "Eh bien, M. Blaine, je pense que c'est plutôt une chance que je ne vous aie pas vu", et je lui ai raconté ce qui s'était passé avec le président. "Oui," a-t-il dit, "c'était vraiment une chance. Le Président aurait pu penser que vous et moi étions de connivence." Le sénateur Elkins, de Virginie occidentale, un ami intime de M. Blaine, et aussi un très bon ami du président, est entré par hasard, et il a dit qu'il avait vu le président, qui lui a dit qu'il avait eu une conversation avec moi sur l'affaire chilienne hier soir et que j'étais revenu à la charge sur ce sujet. "Eh bien, Monsieur le Président", a dit le sénateur Elkins, "il est peu probable que M. Carnegie vous parle aussi franchement qu'à moi. Il a des sentiments très vifs, mais il serait naturellement quelque peu réservé en vous parlant." Le Président a répondu : "Je n'ai pas vu la moindre indication de réserve, je vous l'assure". L'affaire fut réglée, grâce à la politique de paix caractéristique de M. Blaine. Plus d'une fois, il a tenu les États-Unis à l'écart des problèmes étrangers, comme je le sais personnellement. La réputation qu'il avait d'être un Américain agressif a réellement permis à ce grand homme de faire des concessions qui, faites par un autre, n'auraient peut-être pas été facilement acceptées par le peuple. J'ai eu une longue conversation amicale avec le Président ce soir-là au dîner, mais il n'avait pas l'air bien du tout. J'ai osé lui dire qu'il avait besoin de se reposer. Il devait absolument s'absenter. Il m'a dit qu'il avait l'intention de partir en bateau pour quelques jours, mais que le juge Bradley de la Cour suprême était décédé et qu'il devait trouver un digne successeur. Je lui ai dit qu'il y en avait un que je ne pouvais pas recommander parce que nous avions pêché ensemble et que nous étions des amis si intimes que nous ne pouvions pas nous juger de façon désintéressée, mais qu'il pouvait se renseigner sur lui : M. Shiras, de Pittsburgh. Il le fit et le nomma. M. Shiras a reçu l'appui ferme des meilleurs éléments partout. Ni ma recommandation ni celle de quiconque, n'aurait pesé d'un pouce sur le président Harrison au moment de procéder à cette nomination s'il n'avait pas trouvé en M. Shiras l'homme qu'il voulait. Dans le différend sur la mer de Behring, le Président était courroucé par la répudiation par Lord Salisbury des stipulations pour régler la question qui avaient été convenues. Le président avait décidé de rejeter la contre-proposition et de soumettre la question à l'arbitrage. M. Blaine était avec le président à ce sujet et naturellement indigné que son plan, que Salisbury avait vanté par l'intermédiaire de son ambassadeur, ait été écarté. Je les ai trouvés tous deux d'humeur peu conciliante. Le président était cependant beaucoup plus excité que les deux. En discutant avec M. Blaine seul, je lui ai expliqué que Salisbury était impuissant. Contre les protestations du Canada, il ne pouvait pas forcer l'acceptation des stipulations qu'il avait acceptées à la hâte. Il y avait un autre élément. Il avait en main un différend avec Terre-Neuve, que cette dernière insistait pour que l'on règle à son avantage. Aucun gouvernement en Grande-Bretagne ne pouvait ajouter le mécontentement du Canada à celui de Terre-Neuve. Salisbury avait fait de son mieux. Après un certain temps, Blaine en est convaincu et réussit à faire rentrer le Président dans le rang. Les troubles de la mer de Behring ont donné lieu à des situations plutôt amusantes. Un jour, Sir John Macdonald, Premier ministre canadien, et son groupe sont arrivés à Washington et ont demandé à M. Blaine d'organiser une entrevue avec le président à ce sujet. M. Blaine a répondu qu'il verrait le président et informerait Sir John le lendemain matin. "Bien sûr, a dit M. Blaine en me racontant l'histoire à Washington juste après l'incident, je savais très bien que le président ne pouvait pas rencontrer officiellement sir John et ses amis, et quand ils ont appelé, je le leur ai dit." Sir John a répondu que le Canada était indépendant, "aussi souverain que l'État de New York l'était dans l'Union." M. Blaine a répondu qu'il craignait que s'il obtenait un jour une entrevue en tant que Premier ministre du Canada avec les autorités de l'État de New York, il entendrait bientôt quelque chose à ce sujet de Washington, tout comme les autorités de l'État de New York. C'est parce que le président et M. Blaine étaient convaincus que le gouvernement britannique en place ne pourrait pas respecter les stipulations convenues qu'ils ont accepté la proposition d'arbitrage de Salisbury, croyant qu'il avait fait de son mieux. Ce fut une très grande déception pour M. Blaine. Il avait suggéré que la Grande-Bretagne et l'Amérique placent chacune deux petits navires sur la mer de Behring avec des droits égaux d'arraisonner ou d'arrêter les navires de pêche sous l'un ou l'autre des pavillons - en fait, une force de police conjointe. Pour donner à Salisbury le crédit qui lui revient, il a câblé à l'ambassadeur britannique, Sir Julian Pauncefote, pour féliciter M. Blaine de cette "brillante suggestion". Elle aurait donné des droits égaux à chacun et sous l'un ou l'autre des deux drapeaux pour la première fois dans l'histoire - un pacte juste et fraternel. Sir Julian avait montré ce câble à M. Blaine. Je le mentionne ici pour suggérer que des hommes d'État capables et volontaires, désireux de coopérer, sont parfois incapables de le faire. M. Blaine était en effet un grand homme d'État, un homme aux vues larges, au jugement sûr, et toujours en faveur de la paix. En ce qui concerne la guerre avec le Chili, le projet de loi sur la force et la question de la mer de Behring, il était calme, sage et pacifique. Il était particulièrement favorable à un rapprochement de plus en plus étroit avec notre propre race anglophone. Pour la France, il avait une gratitude sans bornes pour le rôle qu'elle avait joué dans notre guerre révolutionnaire, mais cela ne lui faisait pas perdre la tête. Un soir, lors d'un dîner à Londres, M. Blaine s'est retrouvé un moment dans une situation très proche. Le traité Clayton-Bulwer fut évoqué. Un des principaux hommes d'État présent a dit que l'impression qu'ils avaient était que M. Blaine avait toujours été hostile à la mère patrie. M. Blaine l'a nié, et à juste titre, pour autant que je connaisse ses sentiments. Sa correspondance sur le traité Clayton-Bulwer a été citée en exemple. M. Blaine a répondu : "Lorsque je suis devenu secrétaire d'État et que j'ai dû m'occuper de ce sujet, j'ai été surpris de constater que votre secrétaire aux affaires étrangères nous informait toujours de ce que Sa Majesté 'attendait', tandis que notre secrétaire d'État vous disait ce que notre président 'se risquait à espérer'. Lorsque j'ai reçu une dépêche nous disant ce que Sa Majesté attendait, j'ai répondu en vous disant ce que notre Président 'attendait'." "Eh bien, vous admettez que vous avez changé le caractère de la correspondance ?" lui a-t-on lancé. La réponse a été rapide comme l'éclair : "Pas plus que les conditions n'avaient changé. Les États-Unis ont dépassé le stade de "se risquer à espérer" avec toute puissance qui "s'attend à". Je n'ai fait que suivre votre exemple, et si jamais Sa Majesté " s'aventure à espérer ", le Président fera toujours de même. Je crains que tant que vous "attendez", les États-Unis "attendent" aussi en retour." Un soir, il y avait un dîner où M. Joseph Chamberlain et Sir Charles Tennant, président de la Scotland Steel Company, étaient invités. Au cours de la soirée, le premier a déclaré que son ami Carnegie était un bon gars et qu'ils étaient tous ravis de le voir réussir, mais qu'il ne savait pas pourquoi les États-Unis devaient lui accorder une protection d'un million de livres sterling par an ou plus, pour avoir condescendu à fabriquer des rails en acier. "Eh bien, dit M. Blaine, nous ne voyons pas les choses sous cet angle. Je m'intéresse aux chemins de fer, et nous avions l'habitude de vous payer pour les rails d'acier quatre-vingt-dix dollars par tonne pour chaque tonne que nous obtenions - rien de moins. Maintenant, juste avant mon départ de la maison, nos gens ont fait un grand contrat avec notre ami Carnegie à trente dollars par tonne. J'ai l'impression que si Carnegie et d'autres n'avaient pas risqué leur capital en développant leur fabrication de notre côté de l'Atlantique, nous vous paierions encore aujourd'hui quatre-vingt-dix dollars par tonne". C'est là que Sir Charles intervint : "Vous pouvez être sûr que vous le ferez. Quatre-vingt-dix dollars était le prix convenu pour vous, les étrangers." M.

Blaine a fait remarquer en souriant : "M. Chamberlain, je ne pense pas que vous ayez fait un très bon procès à notre ami Carnegie." "Non, répondit-il, comment pourrais-je, avec Sir Charles qui m'abandonne comme ça ? Blaine était un raconteur rare et son discours avait ce grand mérite : je ne l'ai jamais entendu raconter une histoire ou dire un mot impropre à être entendu par quiconque, même la compagnie la plus pointilleuse. Il était aussi rapide qu'un piège d'acier, un compagnon délicieux, et il aurait fait un président excellent et pourtant sûr. Je l'ai trouvé vraiment conservateur et partisan de la paix sur toutes les questions internationales.

CHÂTEAU SKIBO

Chapitre 28 : Hay et Mc Kinley

JOHN HAY ÉTAIT NOTRE invité fréquent en Angleterre et en Écosse, et était sur le point de nous rejoindre à Skibo en 1898 lorsque le Président McKinley l'a rappelé pour en faire son Secrétaire d'État. Peu de gens ont fait un tel parcours dans cette fonction. Il inspirait aux hommes une confiance absolue en sa sincérité, et ses aspirations étaient toujours élevées. Il détestait la guerre et pensait ce qu'il disait lorsqu'il la déclarait "la folie la plus féroce et pourtant la plus futile de l'homme". L'annexion des Philippines était une question brûlante lorsque je l'ai rencontré, ainsi que Henry White (secrétaire de légation et plus tard ambassadeur en France), à Londres, sur le chemin de New York. J'ai été heureux de constater que nos points de vue étaient similaires sur cette proposition d'écart sérieux par rapport à notre politique traditionnelle qui consistait à éviter les possessions éloignées et déconnectées et à maintenir notre empire sur le continent, en particulier en le tenant à l'écart du tourbillon du militarisme. Hay, White et moi nous sommes serrés les mains dans le bureau de Hay à Londres et nous nous sommes mis d'accord sur ce point. Avant cela, il m'avait écrit la note suivante : Londres, 22 août 1898 Mon cher Carnegie, Je vous remercie pour le tétras de Skibo et aussi pour votre gentille lettre. C'est une chose solennelle et absorbante que d'entendre tant de paroles aimables et non méritées comme je l'ai entendu et lu cette dernière semaine. J'ai l'impression que l'on parle d'un autre homme, alors que c'est moi qui suis censé faire le travail. J'aimerais pouvoir conserver un peu de cette gentillesse jusqu'à ce que je quitte définitivement le bureau. J'ai lu avec le plus vif intérêt votre article dans le "North American"]. Je ne suis pas autorisé à dire dans ma situation actuelle combien je suis d'accord avec vous. La seule question qui me préoccupe est de savoir dans quelle mesure il nous est maintenant possible de nous retirer des Philippines. Je suis plutôt reconnaissant qu'il ne me soit pas donné de résoudre cette question capitale. C'est un étrange destin qui lui a imposé la tâche même qu'il s'était félicité de ne jamais avoir à accomplir. Il s'est d'abord présenté seul comme un ami de la Chine dans les troubles des Boxers et a réussi à obtenir pour elle des conditions de paix équitables. Son estime pour la Grande-Bretagne, en tant que membre de notre propre race, était profonde, et ici le Président était entièrement d'accord avec lui, et reconnaissant au-delà de toute mesure à la Grande-Bretagne pour s'être opposé aux autres puissances européennes disposées à favoriser l'Espagne dans la guerre de Cuba. Le traité Hay-Pauncefote concernant le canal de Panama a semblé à beaucoup d'entre nous insatisfaisant. Le sénateur Elkins m'a dit que mes objections, formulées dans le "New York Tribune", lui étaient parvenues le jour où il devait s'exprimer à ce sujet, et qu'elles étaient utiles. En visite à Washington peu après la parution de l'article, je me suis rendu avec le sénateur Hanna à la Maison-Blanche tôt le matin et j'ai trouvé le président très préoccupé par l'amendement du Sénat au traité. Je n'avais aucun doute quant à l'acquiescement rapide de la Grande-Bretagne aux exigences du Sénat, et je l'ai dit. Elle donnerait tout ce qui était raisonnable, puisque c'était nous qui devions fournir les fonds pour le travail dont elle serait, après nous, la plus grande gagnante. Le sénateur Hanna m'a demandé si j'avais vu "John", comme lui et le président McKinley appelaient toujours M. Hay. J'ai répondu par la négative. Puis il m'a demandé d'aller le voir et de lui remonter le moral, car il était découragé par les amendements. Je l'ai fait. J'ai fait remarquer à M. Hay que le traité Clayton-Bulwer avait été modifié par le Sénat et que presque personne ne le savait maintenant et que personne ne s'en souciait. Le traité Hay-Pauncefote serait exécuté tel qu'amendé et personne ne se soucierait de savoir s'il était dans sa forme originale ou non. Il en doutait et pensait que la Grande-Bretagne ne serait pas disposée à reculer. Peu de temps après, en dînant avec lui, il a dit que j'avais prouvé que j'étais un vrai prophète et que tout allait bien. Bien sûr qu'il l'était. La Grande-Bretagne nous avait pratiquement dit qu'elle souhaitait la construction du canal et qu'elle agirait de la manière souhaitée. Le canal est maintenant comme il devrait être, c'est-à-dire entièrement américain, sans complications internationales possibles. Il ne valait peut-être pas la peine d'être construit à ce moment-là, mais il valait mieux dépenser trois ou quatre cents millions pour cela que de construire des monstres marins destructeurs pour combattre des ennemis imaginaires. L'un peut être une perte et donc une fin ; l'autre peut être une source de guerre, pour des raisons de sécurité. "Souvent, la vue des moyens pour faire de mauvaises actions rend les actions mal faites." La bête noire de M. Hay était le Sénat. Sur ce point, et sur ce point seulement, il n'a pas tenu compte des convenances. Lorsqu'il a eu l'audace de modifier un mot, en remplaçant le mot " accord " par le mot " traité ", qui n'apparaissait qu'à un seul endroit dans le projet de traité d'arbitrage de 1905, il s'est indûment excité. Je crois que cela était dû en grande partie à sa mauvaise santé, car il était clair à ce moment-là pour ses amis intimes que sa santé était sérieusement compromise. La dernière fois que je l'ai vu, c'était lors d'un déjeuner chez lui, alors que le traité d'arbitrage, tel qu'amendé par le Sénat, était soumis à l'examen du président Roosevelt. Les arbitristes, dirigés par l'ex-secrétaire d'État Foster, demandaient instamment au président d'accepter le traité amendé. Nous pensions qu'il y était favorable, mais d'après mon entretien ultérieur avec le secrétaire Hay, j'ai compris que l'accord du président serait vivement ressenti. Je ne serais pas surpris que le rejet du traité par Roosevelt ait été décidé principalement pour apaiser son cher ami John Hay dans sa maladie. Je suis sûr que j'ai senti que je pourrais être amené à faire, seulement avec la plus grande difficulté, tout ce qui pourrait ennuyer cette noble âme. Mais sur ce point, Hay était obstiné ; il ne se rendait pas au Sénat. En quittant sa maison, j'ai dit à Mme Carnegie que je doutais de revoir un jour notre ami. Nous ne l'avons jamais revu. La Carnegie Institution de Washington, dont Hay était le président et l'un des administrateurs depuis le début, a reçu son aval et son attention soutenue, et nous lui sommes redevables de ses sages conseils. En tant qu'homme d'État, il s'est fait une réputation en moins de temps et avec une touche plus sûre que quiconque à ma connaissance. Et l'on peut douter qu'un homme public n'ait jamais eu des amis plus profondément attachés à lui. J'ai gardé longtemps une de ses notes. Elle aurait été la plus flatteuse de toutes pour ma vanité littéraire si je n'avais pas su qu'il était d'une nature très aimable et qu'il avait une chaleur excessive pour ses amis. Le monde est plus pauvre pour moi aujourd'hui, au moment où j'écris, depuis qu'il l'a quitté. La guerre d'Espagne est le résultat d'une vague de passion déclenchée par les rapports sur les horreurs de la révolution cubaine. Le président McKinley s'efforça de l'éviter. Lorsque le ministre espagnol a quitté Washington, l'ambassadeur français est devenu l'agent de l'Espagne et les négociations pacifiques se sont poursuivies. L'Espagne offrit l'autonomie à Cuba. Le président répond qu'il ne sait pas exactement ce que signifie "autonomie". Ce qu'il souhaite pour Cuba, ce sont les droits que possède le Canada. Il les comprend. Le ministre français a montré au président un câble indiquant que l'Espagne avait accordé ces droits et le président a supposé que tout était réglé. C'était le cas, apparemment. Le président Reed venait habituellement me voir le dimanche matin lorsqu'il était à New York, et c'est immédiatement après mon retour d'Europe cette année-là qu'il m'a appelé pour me dire qu'il n'avait jamais perdu le contrôle de la Chambre auparavant. Pendant un instant, il a pensé quitter le fauteuil et aller sur le parquet pour s'adresser à la Chambre et essayer de la calmer. En vain, on lui expliqua que le Président avait reçu de l'Espagne la garantie d'un gouvernement autonome pour Cuba. Hélas ! il était trop tard, trop tard ! "Que fait l'Espagne ici, d'ailleurs ?" demandait impérieusement le Congrès. Un nombre suffisant de républicains avaient accepté de voter avec les démocrates du Congrès pour la guerre. Un tourbillon de passion a balayé la Chambre, intensifié, sans doute, par la malheureuse explosion du navire de guerre Maine dans le port de La Havane, supposée par certains être l'œuvre de l'Espagne. Cette supposition donnait à l'Espagne beaucoup trop de crédit pour son habileté et son activité. La guerre est déclarée - le Sénat étant choqué par la déclaration du sénateur Proctor sur les camps de concentration qu'il avait vus à Cuba. Le pays a répondu au cri de "Que fait l'Espagne ici de toute façon ?". Le président McKinley et sa politique de paix furent laissés en plan, et il ne lui restait plus qu'à suivre le pays. Le gouvernement annonça alors que la guerre n'était pas entreprise pour l'agrandissement du territoire, et Cuba fut promis à l'indépendance - une promesse fidèlement tenue. Nous ne devrions pas oublier cela, car c'est le seul aspect encourageant de la guerre. La possession des Philippines a laissé une tache. Il ne s'agissait pas seulement d'une acquisition territoriale ; elles avaient été arrachées à une Espagne réticente et vingt millions de dollars avaient été versés pour les acquérir. Les Philippins avaient été nos alliés dans la lutte contre l'Espagne. Le Cabinet, sous la direction du président, avait convenu que seule une station de ravitaillement en charbon aux Philippines devait être demandée, et l'on dit que telles furent les instructions données d'abord par câble aux commissaires de paix à Paris. Le président McKinley fit ensuite une tournée dans l'Ouest et, bien sûr, fut acclamé lorsqu'il parla du drapeau et de la victoire de Dewey. Il est revenu, impressionné par l'idée que le retrait serait impopulaire, et a inversé sa politique antérieure. Un membre de son cabinet m'a dit que tous les membres étaient opposés à ce revirement. Un sénateur m'a dit que le juge Day, l'un des commissaires de la paix, avait écrit une lettre de protestation depuis Paris, qui, si elle était publiée un jour, aurait le même rang que le discours d'adieu de Washington, tant elle était belle. À ce stade, un membre important du Cabinet, mon ami Cornelius N. Bliss, m'a appelé et m'a demandé de me rendre à Washington et de voir le Président à ce sujet. Il a dit : "Vous avez de l'influence sur lui. Aucun de nous n'a pu le faire bouger depuis qu'il est revenu de l'Ouest." Je suis allé à Washington et j'ai eu un entretien avec lui. Mais il est resté inflexible. Le retrait créerait une révolution dans son pays, disait-il. Finalement, en persuadant ses secrétaires qu'il devait se plier à l'explosion, et en soutenant toujours que ce ne serait qu'une occupation temporaire et qu'une issue serait trouvée, le Cabinet a cédé. Il fit venir le président Schurman, de l'Université Cornell, qui s'était opposé à l'annexion, et le nomma président du comité chargé de rendre visite aux Philippins ; plus tard, il demanda au juge Taft, qui s'était prononcé contre une telle violation de la politique américaine, d'y aller en tant que gouverneur. Lorsque le juge déclara qu'il semblait étrange d'envoyer quelqu'un qui avait publiquement dénoncé l'annexion, le Président dit que c'était la raison même pour laquelle il souhaitait qu'il soit nommé. Tout cela était très bien, mais s'abstenir d'annexer et renoncer à un territoire une fois acheté sont des propositions différentes. On le vit bientôt. M. Bryan a eu le pouvoir, à un moment donné, de faire rejeter par le Sénat cet aspect du traité de paix avec l'Espagne. Je suis allé à Washington pour essayer d'y parvenir et j'y suis resté jusqu'au vote. On m'a dit que lorsque M. Bryan était à Washington, il avait conseillé à ses amis que ce serait une bonne politique de parti de permettre l'adoption du traité. Cela discréditerait le parti républicain devant le peuple ; que "payer vingt millions pour une révolution" mettrait en échec n'importe quel parti. Il y avait sept hommes fidèles à Bryan désireux de voter contre l'annexion des Philippines. M. Bryan avait appelé pour me voir à New York à ce sujet, parce que mon opposition à l'achat avait été si prononcée, et je lui ai maintenant envoyé un télégramme à Omaha pour lui expliquer la situation et le prier de me télégraphier que ses amis pouvaient utiliser leur propre jugement. Il m'a répondu ce que j'ai dit - mieux vaut que les Républicains adoptent la loi et qu'elle soit ensuite soumise au peuple. J'ai pensé qu'il était indigne de sa part de subordonner une telle question, lourde de conséquences déplorables, à une simple politique de parti. Il a fallu la voix prépondérante de l'orateur pour que la mesure soit adoptée. Un seul mot de M. Bryan aurait sauvé le pays du désastre. Je n'ai pas pu être cordial avec lui pendant des années après. Il m'avait semblé être un homme prêt à sacrifier son pays et ses convictions personnelles pour l'avantage du parti. Lorsque j'ai rendu visite au président McKinley immédiatement après le vote, je l'ai consolé d'être dépendant pour son soutien de son principal adversaire. Je lui ai expliqué comment sa victoire avait été remportée et je lui ai suggéré d'envoyer ses remerciements à M. Bryan. Une possession coloniale à des milliers de kilomètres était un problème nouveau pour le président McKinley, et en fait pour tous les hommes d'État américains. Ils ne se doutaient pas des troubles et des dangers qu'elle impliquerait. La République commettait là sa première grave erreur internationale, une erreur qui l'entraînait dans le tourbillon du militarisme international et d'une grande marine. Quel changement s'est opéré sur les hommes d'État depuis lors ! Lors d'un dîner avec le président Roosevelt à la Maison-Blanche il y a quelques semaines (1907), il a déclaré : "Si vous souhaitez voir les deux hommes aux États-Unis qui sont les plus impatients de quitter les Philippines, les voici", en désignant le secrétaire Taft et lui-même. "Alors pourquoi pas toi ?" J'ai répondu. "Le peuple américain en serait ravi, en effet." Mais le président et le juge Taft pensaient tous deux que notre devoir exigeait que nous préparions d'abord les îles à l'autonomie. C'est la politique du "N'allez pas dans l'eau avant d'avoir appris à nager". Mais le plongeon doit être fait et sera fait un jour. On a insisté sur le fait que si nous n'occupions pas les Philippines, l'Allemagne le ferait. Il n'est jamais venu à l'esprit des instigateurs que cela signifierait que la Grande-Bretagne accepterait que l'Allemagne établisse une base navale à Macao, à quelques encablures de la base navale britannique à l'Est. La Grande-Bretagne lui permettrait tout aussi bien d'établir une base à Kingston, en Irlande, à quatre-vingts milles de Liverpool. J'ai été surpris d'entendre des hommes - des hommes comme le juge Taft, bien qu'il ait été opposé au début à l'annexion - donner cette raison lorsque nous discutions de la question après que le pas fatal ait été franchi. Mais nous connaissons mal les relations étrangères. Jusqu'à présent, nous avons été un pays consolidé. Ce sera un triste jour si nous devenons un jour autre chose.

Chapitre 29 : Rencontre avec l'empereur Allemand

MON premier discours rectoral aux étudiants de l'université de St Andrews a attiré l'attention de l'empereur allemand, qui m'a fait savoir à New York par Herr Ballin qu'il en avait lu chaque mot. Il m'a également envoyé par lui une copie de son discours lors de la consécration de son fils aîné. Des invitations à le rencontrer ont suivi, mais ce n'est qu'en juin 1907 que j'ai pu partir, en raison d'autres engagements. Mme Carnegie et moi sommes allés à Kiel. M. Tower, notre ambassadeur américain en Allemagne, et Mme Tower nous y ont rencontrés et ont été très gentils dans leurs attentions. Grâce à eux, nous avons rencontré de nombreux hommes publics distingués pendant notre séjour de trois jours. Le premier matin, M. Tower m'emmena m'inscrire sur le yacht de l'Empereur. Je ne m'attendais pas à voir l'empereur, mais il est arrivé sur le pont et, voyant M. Tower, il a demandé ce qui l'avait amené sur le yacht si tôt. M. Tower a expliqué qu'il m'avait amené pour m'inscrire, et que M. Carnegie était à bord. Il a demandé : "Pourquoi ne pas le présenter maintenant ? Je souhaite le voir." Je parlais aux amiraux qui se réunissaient pour une conférence, et je n'ai pas vu M. Tower et l'Empereur s'approcher par-derrière. Un contact sur mon épaule et je me suis retourné. "M. Carnegie, l'empereur." Il fallut un moment avant que je réalise que l'Empereur était devant moi. J'ai levé les deux mains, et me suis exclamé : "Cela s'est passé comme je l'avais souhaité, sans cérémonie, et l'Homme du Destin est tombé des nuages." Puis j'ai continué : "Votre Majesté, j'ai voyagé pendant deux nuits pour accepter votre généreuse invitation, et je ne l'avais jamais fait auparavant pour rencontrer une tête couronnée." Puis l'Empereur, souriant - et un sourire si captivant : "Oh ! oui, oui, j'ai lu vos livres. Vous n'aimez pas les rois." "Non, Votre Majesté, je n'aime pas les rois, mais j'aime un homme derrière un roi quand je le trouve." "Ah ! il y a un roi que vous aimez, je le sais, un roi écossais, Robert le Bruce. C'était mon héros dans ma jeunesse. J'ai été élevé avec lui." "Oui, Votre Majesté, je l'étais aussi, et il repose dans l'abbaye de Dunfermline, dans ma ville natale. Quand j'étais enfant, je me promenais souvent autour de l'imposant monument carré de l'abbaye - un mot sur chaque bloc en grosses lettres de pierre : "King Robert the Bruce"

- avec toute la ferveur d'un catholique qui compte ses perles. Mais Bruce était bien plus qu'un roi, Votre Majesté, il était le chef de son peuple. Et pas le premier ; Wallace l'homme du peuple vient en premier. Votre Majesté, je possède maintenant la tour du roi Malcolm à Dunfermline, celui dont vous tirez votre précieux héritage de sang écossais. Peut-être connaissez-vous la vieille et belle ballade "Sir Patrick Spens". "'Le roi est assis dans la tour de Dunfermline et boit le vin rouge bluid.' Je voudrais vous escorter un jour à la tour de votre ancêtre écossais, afin que vous puissiez rendre hommage à sa mémoire." Il s'est exclamé : "Ce serait très bien. Les Écossais sont beaucoup plus rapides et intelligents que les Allemands. Les Allemands sont trop lents." "Votre Majesté, pour tout ce qui concerne l'Écosse, je dois refuser de vous accepter comme juge impartial." Il a ri et a fait ses adieux en appelant : "Vous dînerez avec moi ce soir" - et s'excusant, il alla saluer les amiraux qui arrivaient. Une soixantaine de personnes étaient présentes au dîner et nous avons passé un moment agréable, en effet. Sa Majesté, en face de laquelle j'étais assis, a eu la gentillesse de lever son verre et de m'inviter à boire avec elle. Après l'avoir fait avec M. Tower, notre ambassadeur, qui était assis à sa droite, il a demandé à travers la table - entendu par les personnes proches - si j'avais dit au prince von Bülow, à côté duquel j'étais assis, que son héros (celui de l'Empereur), Bruce, reposait dans ma ville natale de Dunfermline, et que la tour de son ancêtre à Pittencrieff Glen était en ma possession. "Non, répondis-je, avec Votre Majesté, je suis amené à de telles frivolités, mais mes rapports avec votre Lord Haut Chancelier, je vous l'assure, seront toujours d'une importance sérieuse." Nous avons dîné avec Mme Goelet sur son yacht, un soir, et Sa Majesté étant présente, je lui ai dit que le président Roosevelt m'avait dit récemment qu'il souhaitait que la coutume lui permette de quitter le pays afin qu'il puisse courir le voir (l'Empereur). Il pensait qu'un entretien substantiel permettrait d'accomplir quelque chose de bien. Je le pensais aussi. L'empereur était d'accord et a dit qu'il souhaitait vivement le voir et espérait qu'il viendrait un jour en Allemagne. J'ai suggéré qu'il (l'Empereur) était libre de toute barrière constitutionnelle et qu'il pouvait venir voir le Président. "Ah, mais mon pays a besoin de moi ici ! Comment pourrais-je partir ?" J'ai répondu : "Avant de quitter la maison une année, lorsque je me suis rendu à nos usines pour dire au revoir aux fonctionnaires et que j'ai exprimé mon regret de les laisser tous au travail, étouffant sous le soleil brûlant, mais que je trouvais que j'avais maintenant chaque année la possibilité de me reposer et que, quelle que soit ma fatigue, une demi-heure à la proue du bateau à vapeur, fendant les vagues de l'Atlantique, me soulageait parfaitement, mon habile directeur, le capitaine Jones, a répliqué : "Et, oh, Seigneur ! Pensez au soulagement que nous avons tous. Il pourrait en être de même pour votre peuple, Votre Majesté." Il a ri de bon cœur, encore et encore. Cela a ouvert un nouveau train de pensées. Il a répété son désir de rencontrer le président Roosevelt, et j'ai dit : "Eh bien, Votre Majesté, quand vous serez ensemble, je pense que je devrai être avec vous. Vous et lui, je le crains, pourriez faire des bêtises." Il a ri et a dit : "Oh, je vois ! Vous voulez nous conduire ensemble. Eh bien, je suis d'accord si vous faites le premier cheval de Roosevelt, je suivrai." "Ah, non, Votre Majesté, je connais mieux la chair des chevaux que de tenter de conduire deux poulains aussi gais en tandem. On n'obtient jamais un bon appui sur le premier cheval. Je dois vous atteler tous les deux dans les arbres, coude à coude, pour pouvoir vous retenir." Je n'ai jamais rencontré un homme qui appréciait les histoires plus que l'Empereur. Il est de bonne compagnie, et je crois que c'est un homme sérieux, soucieux de la paix et du progrès du monde. Il suffit de dire qu'il insiste sur le fait qu'il est, et a toujours été, pour la paix. [Il chérit le fait qu'il a régné pendant vingt-quatre ans et n'a jamais versé de sang humain. Il considère que la marine allemande est trop petite pour affecter les Britanniques et n'a jamais été destinée à être une rivale. Néanmoins, il est à mon avis très imprudent, car inutile, de l'agrandir. Le prince von Bülow partage ces sentiments et je crois que la paix du monde a peu à craindre de l'Allemagne. Ses intérêts sont tous favorables à la paix, le développement industriel étant son but ; et dans ce domaine désirable, elle fait certainement de grands progrès. J'ai envoyé à l'Empereur, par l'intermédiaire de son ambassadeur, le Baron von Sternberg, le livre "La politique de Roosevelt", dont j'avais écrit une introduction qui a plu au Président, et je me réjouis d'avoir reçu de lui un beau bronze de lui-même avec une lettre précieuse. Il n'est pas seulement un empereur, mais quelque chose de beaucoup plus élevé - un homme soucieux d'améliorer les conditions existantes, infatigables dans ses efforts pour promouvoir la tempérance, empêcher les duels et, je crois, assurer la paix internationale. Depuis un certain temps, je suis hanté par le sentiment que l'Empereur était effectivement un homme de destin. Les entretiens que j'ai eus avec lui ont renforcé ce sentiment. J'ai de grands espoirs de le voir faire quelque chose de vraiment grand et bon dans le futur. Il a peut-être encore un rôle à jouer qui lui donnera une place parmi les immortels. Il a régné en paix sur l'Allemagne pendant vingt-sept ans, mais on attend de celui qui a le pouvoir d'établir la paix entre les nations civilisées par une action positive qu'il dépasse même ce record. Maintenir la paix dans son propre pays n'est pas suffisant de la part de celui dont l'invitation aux autres grandes nations civilisées à s'unir et à établir l'arbitrage de tous les conflits internationaux serait volontiers suivie d'effet. L'avenir nous dira s'il passera dans l'histoire comme le seul gardien de la paix intérieure ou s'il s'élèvera à la mission qui lui a été confiée, celle d'apôtre de la paix parmi les grandes nations civilisées. L'année dernière (1912), je me suis tenu devant lui dans le grand palais de Berlin et lui ai présenté le discours américain de félicitations pour son règne pacifique de vingt-cinq ans, sa main n'ayant pas été souillée par le sang humain. Comme je m'approchais pour lui remettre le coffret contenant l'adresse, il m'a reconnu et, les bras tendus, s'est exclamé : "Carnegie, vingt-cinq ans de paix, et nous espérons beaucoup plus." Je n'ai pas pu m'empêcher de répondre : "Et dans cette noble mission, vous êtes notre principal allié." Il était resté jusqu'ici assis, silencieux et immobile, prenant les discours successifs d'un officier et les remettant à un autre pour qu'il les dépose sur la table. Le principal sujet de discussion avait été la paix mondiale, qu'il aurait pu, et à mon avis, aurait obtenue, s'il n'avait pas été entouré de la caste militaire qui se rassemble inévitablement autour de celui qui est né sur le trône - une caste qui devient généralement aussi permanente que le potentat lui-même, et qui a jusqu'à présent prouvé en Allemagne son pouvoir de contrôle chaque fois que la question de la guerre a été présentée. Tant que le militarisme ne sera pas subordonné, il ne pourra y avoir de paix mondiale.

En lisant ceci aujourd'hui [1914], quel changement ! Le monde est convulsé par la guerre comme jamais auparavant ! Des hommes qui s'entretuent comme des bêtes sauvages ! Je n'ose pas renoncer à tout espoir. Ces derniers jours, je vois un autre dirigeant s'avancer sur la scène mondiale, qui pourrait s'avérer être l'immortel. L'homme qui a défendu l'honneur de son pays dans le conflit du péage du canal de Panama est maintenant président. Il a la volonté indomptable du génie, et le véritable espoir que l'on nous dit, "Elle fait des rois des dieux, et des créatures plus méchantes des rois." Rien n'est impossible au génie ! Regardez le Président Wilson ! Il a du sang écossais dans les veines.

ANDREW CARNEGIE À SKIBO (1914)

BIBLIOGRAPHIE

AUTOBIOGRAPHY OF ANDREW Carnegie (1920). Traduction et adaptation de l'anglais au français Jason Nollan. Tous droits réservés.

www.ingramcontent.com/pod-product-compliance
Lightning Source LLC
LaVergne TN
LVHW040516200726
843493LV00017B/997